復刻版

現代京都人物素描

著者◉高村宗次郎
復刻編集◉堀雅昭

クスリ

復刻版◉現代宇部人物素描

＊目次

目次

復刻版◉「はじめに」

本書の原書『現代宇部人物素描』を目にしたのは、令和五(二〇二三)年二月に、山口県宇部市内の旧家を尋ねたときであった。

当地で新聞記者をしていた高村宗治郎が、一四〇名の知名士を取材して、昭和一七年に刊行した人物録である。

大正一一年に「宇部市の新聞界隈の人」となった高村は、翌一二年から仕事の傍ら取材をはじめていた。彼のインタビュー記事には、満洲や朝鮮での事績まで詳細に書かれていた。

しかも国会図書館にも所蔵がなく、公立図書館では唯一、下関市立長府図書館の「秋田商会文庫」だけが所蔵していただけである。

著者の高村は、「明治、大正、昭和の三代は宇部市民史中の一大劃期的時代」と語った。ゆえに「五十年、百年後の史家的の立場」で、「ペンで描いた人物畫」を自ら刊行したと豪語する。

その意気込みに圧倒されて読むと、最初に目にとまったのが、秋富久太郎の箇所であった。

秋富氏は昭和一五年に鍋倉山の山頂に軍事関連施設(陸軍の監視所カ)らしきものを設置しており、その部分が伏字になっていた。昭和一七年一〇月二〇日に短時間だが、東久邇宮稔彦親王殿下が門司港から海路で宇部入りし、鍋倉山から被災地を眺望、「かねて防空施設をご視察」されたと『宇部戦前史 一九三一年以後』に見えるのが、おそらくその伏字部分に関わるものではあるまいか。

あるいは小島成美(宇部鑛業組合主事)の箇所にも、戦時統制下の石炭産業の貴重な記録が確認できた。

そこで可能な限り原文(旧字)に忠実に翻刻することにしたのである。特に読みにくい文面に句読点を補い、会話文は読みやすさを重視して「 」で統一、適宜改行した。固有名詞などの「 」が重なるときは〈 〉に変更し、難読漢字は( )にルビを入れ、補足が必要な箇所には注釈をつけるなどの編集を行った。なお、「牧三平次」は「牧三平治」と表記した別の資料があるが、本書では小見出しに合わせ、「次」の字で統一した。

本書の特徴は、移住者たちにも光を当てていたことだった。山口県内はもとより福岡、長崎、佐賀、熊本、大分の九州各県。島根、広島、岡山、香川の中国地方の各県。滋賀や山形などの出身者たちも活躍していた。

例えば福岡県出身の榎本高三郎は、小倉の小炭鉱で働いた後、大正元年に宇部に入ると酒類商の傍ら新浦炭鑛(長生炭鑛の前身)に奉職し、同郷の頭山満の縁を通じて上海の支那商人に三〇〇〇トンの大派炭を輸出させていた。これが宇部での石炭輸出の端緒だったのである。

山口高等商業学校教授だった国吉省三は滋賀県出身で、後に宇部窒素工業株式會社の常務となり、沖ノ山炭鑛株式會社取締役や宇都銀行監査役、株式會社緑屋百貨店社の社長などを歴任していた。

一方で、郷土出身で宇部興産㈱(現、UBE㈱)を創業した俵田明の紹介もユニークである。当時すでに沖ノ山炭鑛から化学工業へ転換を訴えていた俵田は、官僚政治を痛烈に批判していた。

「立憲政治と銘打つ以上、理想としては國民を基礎に醸成された政黨政治でなければならぬものを如何にも天降り式に政黨無視？ も露骨過ぎはしないか」

反骨精神丸出しで、地方産業の「革新」と近代化を推進する技術系実業家だった。俵田は、地方における日本的起業家の典型といってよい。

あるいは衆議院議員の庄晋太郎などは、他人のために金を工面するうちに金欠となるが、商工会の前身である実業会や漁業組合を立ち上げていた。この人も一風変わった面白い人だ。

中村次之介は東京浅草の時計店で修業の後、常盤湖畔の料亭〈ひさご〉の経営者となるが、中村の足跡に付随した娯楽史も、今では貴重な歴史資料と思われた。同様に神戸出身の上杉治助・藤高の父子が、老松町遊郭の創業に手を染めた背景も詳述されていて興味深い。

そうかとおもえば、瀬戸内側の「寒漬」の製造開始時期も、西村萬平が日露戦争期に、「軍隊の用達」として開発したのが発端と明かされていた。あるいは、「採炭夫」から東見初炭鑛の「組長」に出世したプロレタリア階級の古林喜七も、堂々と登場する多士済々ぶりなのだ。

本書は戦時下の産炭地で活躍した開拓者や、統制経済下の社会を克明に記録していた。それが、「五十年、百年後の史家的の立場」で高村が書いた『現代宇部人物素描』の本質であったのだ。

果たして、ここに登場する一四一名の子孫縁者たちは、どうしておられるのか。そこで可能な限り、御子孫や縁者を探り出し、巻末に協賛広告をお願いしたが、これとて、忘れ去られた空白の歴史を現代に結び付ける工夫であった。

すると多くの皆さんが、突然の祖先との出会いに、「こんな話が残っていたとは…」と懐かしがられ、様々な協力をしてくださったのである。

おかげで埋もれていた資料を発掘でき、本州西端の採炭地における開拓者たちに、再び命を吹き込むことができた。

復刻に際してお世話になった皆さんに、この場を借りて心からのお礼を申し上げたい。

令和五(二〇二三)年七月

UBE出版 代表・堀雅昭

『自序』

洋々たる周防灘を南に控へ、藩政の往時を偲ばしむる厚東の城趾を北に背ひ、西は厚東川清き流れは今も昔も變りなく、東は床波、岐波、阿知須の古き港も今は只だ過ぎ越し方の夢物語りの種草として、此の中間に抱かれた宇部港の素晴らしさ。

四十年前の白濱は、小松並木の彼方此方へ寄せては返す小波に、貝採る乙女と漁夫が……俗世間との交渉を絶つた其の生活様式を一變して、現在の宇部市を大成したるはそも如何。

明治、大正、昭和の三代は宇部市民史中の一大劃期的時代である。恐らくは五十年、百年の後に於て、史家？でなくとも誰かの筆によつて錦繪の如く描き出されなければならぬ。斯かる時代の幸運に狎〔な〕れて、我々は却つて、これを忘れるともなく見遁がしてゐはしないであらうか。我々の身邊を見渡すならば、何れの都市の何れの時代にも劣らない大きな情景が展開してゐはしないだらうか。

過去に於て八幡を中心とした北九州の都市、或は神戸、横濱に於ける開花期のやうな力が今日の宇部にはあるのだ。

その宇部が、精神都市として、炭都として、将又工業都市として羨望に似た驚異をもつて、今國内的視聴の中心に坐して居る時、其の宇部の自治政の上に、直接、間接に、或は事業、否な產業の上に於て、教育の上に、其他あらゆる方面に於いて、この宇部市達成に中心を爲した人々は誰々であるのか、どういふ人々の努力と天才と奉仕とが今日のやうな隆運を、この海岸に花咲かせたのであらうか。

そうした心持から……五十年、百年後の史家的立塲にたつて、今日の宇部の人物風景の素描をして見たら、といふことを私はよく考へる。それを「ペンで描いた人物畫」にして見たのである。今日までに、宇部の產業及人物紹介といふ様な形で新聞や雜誌其他で多く宣傳せられてある。何れも、其の努力のほどは感服せらるるのであるが、私はもつと變つた姿で、といふより、かざり氣のないスタイルを現代の宇部人について描いて見た。

斯るときに、何れ菖蒲〔しょうぶ〕と曳きわづらふ、敷多き天才、能才、達人のうちより、或る人數を限つて、その人物を、ペン書によりて紙上に其の片鱗を寫し出したのである。

それは單に現代宇部の支配者として、否な指導階級として私の興味を牽くのではない。五十年、百年後の宇部市民史中に殘すべき大いなる足跡の故に、私の眼のうちに浮んだのだ。そうして一面には後進の奮起を促したいといふことも亦素願である。

この計畫は、つい昨日や今日思ひついたものではない。數年前からであつたが、私の此の冀望〔きぼう〕を達成するには、尠なからぬ財力を要するので、その日稼ぎの私には奈何ともなしがたく、唯胸中深く腹案を臟するに留つてゐたが、顧みれば、大正十一年五月、宇部市の新聞界隈の人となり、昭和十六年六月を迎へて滿十五周年に相當するので、奮然この機を期して記念すべく四年前の七月、本書の著作に着手し、荏苒〔じんぜん〕四ヶ年の歳月を經て漸く出來上つたのであるが、それは職業の餘暇を利用しなければならなかつた爲である。この永年月を費やしたにも拘らず、一見實は慚愧に堪へないものがある。それは私の淺學菲才を思惟し得なかつた大膽さであるが、今更悔いて詮ないこと。たゞ内容の良否は一つに大方の批評に俟たなければならぬと同時に、時局柄資材不充分の爲め本書中に上梓し得なかつた人物のあることを遺憾に思ふものであるが、それは他日機會を得、改めて内容と共に完璧を期したいと思ふ。

最後に前述の如く四ヶ年の歳月を經過してゐるので、現在ではその記事中既に故人となつた人々や、或は職業を轉換した人々のあることを特に附記して陳謝する次第である。

昭和十六年五月　　高村宗次郎

宇部市憲

一、皇恩の渥きを奉戴し義勇奉公の誠を致すべし。
一、固有の美風を發揮し協同一致の精神を貫くべし。
一、公徳を守り推譲を重んじ共存同榮の實を擧ぐべし。
一、勤倹力行以て文化生活を進め大に社會奉仕に努むべし。
一、世界の進運に鑑み鋭意内容の充實を期し本市の使命を完ふすべし。

宇部市の沿革

宇部市は周防灘に濱し、往昔は名なき一農漁村にして、海岸一帯は白砂青松蜿蜒として眞に風光明媚なる土地なりしも、今や一大鑛工業都市を形成し躍進的發展の巨歩を進めつゝあり。然し當市發展の原動力たる石炭の採掘は今より百數十年前、常盤附近に於て農家が露出せるものを、自家用として採掘せるに始まり、爾來暫次地方的産業として認められ鹽田用として需要せらるゝに至りたれども、僅かに農閑期を利用して採掘せるに過ぎず。而して其他の産業も亦何等見るべきものなく、極めて不振の狀態なりしが、明治三十年頃より海底炭鑛日に增し、其の成績を擧げ、日露役當時より著しき斯業の進展を來し、稼働者を初めとし、商工業者の移住するもの逐年多く、随つて、綠ヶ濱一帯の松林も次第に其の影を歿し、人家、工塲之れに代り、啻[ただ]に炭鑛のみに止らず各種の工塲、会社も相繼いで創立せられ、追々殷賑を招來し、戸口も逐年增加し、大正九年には人口三萬八千に達し、村勢の進展著しく、遂に大正十年十一月一日村より一躍して、市制を施行するに至り、而して昭和六年八月一日隣接の藤山村を合併し、現在人口十萬を突破する躍進振りである。

宇部市の位置及地勢

宇部市は山口縣の南西部に位し、東は防長國境にして、吉敷郡西岐波村にして、北東は厚狹郡二俣瀬村に、北西は同郡厚東村及び厚南の沖の旦に接し、西は厚東川を隔てゝ厚南村に對し、南は周防灘に面して遙かに四國九州を望む。

東部の岬と、西部の沖ノ山埋立地とに相抱かれた宇部港は、防波堤の築造其の他の築港計畫漸次進捗し、昭和八年より四ヶ年計畫を以つて、縣營として修築に着手し、仝十二年度に於て完了せり。是より先昭和十年二月十五日を以つて第二種重要港灣に選定せられるに至れり。然れども縣營工事の完了すると雖も、尚港内の水深及海陸連絡の設備充分ならざるにつき、内務省に於ては重要港灣としての使命を完ふし得る計畫の下に國營を以て、昭和十二年度以降八ヶ年の繼續事業として、三百十七萬九千餘圓を投じ、之が浚渫と埋立及び繫船壁の築造を企劃せられ工事に着手せられたり(昭和十四年度)。

宇部共同義會

時勢の推移を自覺し、明治十九年、各種工業勃興の機運に向ひ、事業の前途に光明を認むるに至つた。この時に當り、宇部村の先覺相謀り、壹千四百金を醵出し、擧村一致、時運に伴ふべく左記趣意書を宣して、同志を糾合した。

趣意書

當五ヶ村石炭の義は、地方の一大産物にして、この事業の適否は地方財政の消長に關するは、今更吾輩の喋々を待たず。之が事業に注目し、其の利原を永遠に維持するは、地方銘々に於て共に忽諸すべからざる要務と云ふべし。然るに舊來の慣習に因り、未だ進んで其計畫を謀議するもの稀なりしも、時勢の變遷により今や所在坑主は自己の營利に趨[はし]り、甲乙相軋し、丙丁相競ひ、徒らに採掘に汲々として、地主の福利を顧るに遑あらざるは自然の勢にして、之が爲め貴重の產物を一朝奸商或は他人の手中に掌握せらるゝに至る。吾輩と感を同ふする者あり、各自協力同心、永くこの福利を繼續する事を謀れり、諸君も亦我輩及同志と共に、此の議に贊成あらん事を希望す(因みに五ヶ村とは現在の大字にして、沖宇部、中宇部、上宇部、川上、小串を云ふ)。明治十九年十一月廿六日、當時千二百餘戸の村民は、欣然これに贊同し、茲に協同義會は成立し、爾來公共事業の助成、其他諸般に渉り圓滿なる發達を見せ、殊に村内の鑛業利益を一私人にて壟断[ろうだん]する事なく全村普及に努力し、一切の情實を排し、協力一致、以て斯業の堅實なる進捗を期するに至つた。

當時舊主福原家も之れが成立を援助せられ、所有九鑛區を同會に譲與し、仝村民も亦、各自の地主權に附隨せる鑛區先願權を擧げて同會に一任した。同會は調査と研究の後ち、十四鑛區の鑛業權を領有するに至つた。斯の如く村内の鑛業權を共同義會の掌中に統一し得たるは、福原家の恩惠と同時に地主が自己……に偏せず、一つに公共観念の信條より出づる誠意の現はれとして、現在他に比類なき、精神都市と謳はるゝに至つた所以である。

斯くして事業の合同統一と共に、濫掘を制して、需要を調節し、關係地主と圓滿なる融和を計り、一面には子孫に永く傳へるべく計畫を樹立し、斤先制度をもつて稼行せしめ、事業主より石炭百斤に付二厘乃至四厘の斤先金を徴収し、その金員は擧げて、公共事業の助成に努むるので、故に村内の鑛業權は、共同義會の所有なりといふ不文律を村民等しく遵守するに至つた。之等は市憲の一節に、「固有の美風を發揮し共同一致の精神を貫くべし」といふことに合致する。

時は恰も明治二十三年、鑛業條例發布され、鑛區の設定權が自由となり、茲に共同義會の事業は一頓座を來し、單に所有鑛區の維持經營に止め、鑛區出願に對しては、唯だ傍觀的成行に任すの止むなきに至つた。然し斤先制度は爾來引繼き同會の財源事業として繼續され、宇部中學校、宇部工業學校を主として、其他教育社會事業等に幾多市民の福利增進に寄與して居る。

宇部達聽會

宇部達聽會は畏くも五ヶ條御誓文の精神に則り、明治二十一年四月をもつて、發布せられたる市町村制の圓滿なる運營を念とし、宇部村民輿論〔よろん〕の中心となり、之を善導するとともに、協同一致の精神を村民に徹底せしめ、自治體の使命たる萬機公論に決するの御聖旨を尊奉し、これが實現を期し、謂ゆる輿論機關として、明治二十一年に誕生したもので其の趣旨は左の如し

辯言

茲に時運の進行を見て大に感觸する所あり、困りて以て相謀り、達聽會を創立す。是れ四聽を達するの意なり。是に於て宇部五箇村各地に於て、若干名の會員を募集し、公平無私の會議を設け、弘く衆人の思想を伸張せしめ、彼我所見の異同を討議して以て、村内一致圓滑の成績を見んと欲す。夫れ萬般の事物偏倚する時は、必ず種々の弊害を生ず、然らば即ち五箇村の有志者一室に會同して、無偏無私の心情を主とし、一地方の悪習に拘泥せず、公論正義を爲すに於ては、村内の幸福自ら來らん。此の會の本旨之れにあり。苟〔いやしく〕も會員たる者自ら思ひ、自ら省み、誠衷以て計畫せば、始めて會名に背かずと言ふべし、聊〔いささ〕か以て辯言とす

明治二十一年五月三日　宇部達聽會

斯の如くして、宇部在住者は悉く達聽會員なりといふ不文律のうちに、若干名の聽會議員を選擧し、この聽會議員によつて、村會議員、縣會議員、衆議院議員等の候補者を決定した以上は、本格の法定選擧の場合にも必ず當選するので、随つて自由に立候補する者もなく、否な自由立候補を許されないまでに、絶對的權威であつたが、我が國に普通選擧法の實施せらるゝに當り、之れ等は幾分緩和されたが現在未だ輿論の樞軸となり、自治體の発達に努力し、共同義會と爲したものである。

大正十年、宇部市制の實施に當り、達聽會は誓文五則を市會に建議した。市會は之れを容れて、市憲を定め市民の向ふところを示した。

沖ノ山本鉱全景（大正4年5年に沖ノ山炭鉱創立20周年で刊行された『沖ノ山』より）

精神都市の慈父

元宇部市長　紀藤閑之介氏

　宇部市民の守り神、琴崎八幡宮の北方、川上部落の一角に、老松と竹林に圍まれ、一見城廓にも似た邸宅がある。これが、宇部切つての素封家であり、學徳兼備の智勇として、定評ある元宇部市長紀藤閑之介氏の本邸である。

　氏に初のお目見得をしたのが、筆者が新聞記者として大正十一年、陽春正に酣(たけな)はの頃であつた。櫻花爛漫と咲き誇る古木の枝が、彼の廣い石段に覆ひかぶさつた下を潜つて、やつと玄關に訪れ、

「御免なさい、御免なさい」

と、遠慮勝ちの案内を乞ふと、二度目の、「御免なさい」といふ言葉の了らぬうちに、自らスツと障子を開いて應接されたのが、當の御本人紀藤氏であつた。名刺を差出すと、ヂツと見入つて後ち、幾分苦笑を浮べながら、「どうぞこちらへと……」

　次の應接間に通された。

　長者であり、素封家である、その應接室は頗る質素であり、眞に簡素でもあつた。何等目立つた裝飾品らしきものも見付からない壁間に只だ一つ「忍從」と書いた一枚の額と、墨繪の山水の中折がかゝつて居ただけだつた。

「斯な遠い山奥へ、あなた御苦勞にも……」

　苦笑を一つ見せられたので、筆者は新聞記者として、

「一度御挨拶旁々御高見を伺ひたいと存じまして……」

　恐る恐る來意を述べると、

「こんな山の中にゐたのでは何も明からないが……」

と謙遜しながら、先づ宇部共同義會の創立とその精神を説かれ、第二に宇部達聰會（共同義會及達聰會の本文は別項に記載してあるので、茲には省略する）の設立精神等其他有ゆる方面について滔々數千言を述べられて、市民は今後益々共存同榮の精神を涵養しなければならぬ理由を、茲に初めて筆者の頭に深く刻み込まれた……。

　爾來十八年の歳月を經たが、其間同氏が宇部市の發展に努力されたことは枚擧に遑なく、共同義會の指導、或は達聰會の改善に、又は社會施設にその實績の見るべきもの決して尠くはないが、就中自治政の上には、市議員として已然(いにしか)らず、市長としてもよく百年大計のもとに、市會に善處するその手腕は敏腕といふよりは寧ろ徳望の然らしむるところに私心なき人格の全貌が窺知されるのである。即ち、その高邁なる識見は、その人格と共に市民の崇敬措く能はざる處であつて、資性眞に謹直にして、然も情に溺れず、智を誇らず、平々凡々の中に烱眼よく後進を導く事、實に慈父のごとく懇篤である。

　げに汚風滔々として道義地を拂つて憂ふべき現代社會に獨り、巍然として心情の高潔なること氏のごときは、眞に郷黨の誇りであり、鑑でなければならぬ。これを一言にしてつくせば、あわてず、さわがず、所謂泰然自若といふ言葉が最も適切である。翼は國家多事多端の折柄、幸ひに自重せられんこと。

衆議院議員　庄晉太郎氏

　豪放磊落と言ふ言辭を用ふれば、最もふさはしく、氏の面影を表す事が出來る。未だかつて物に動じた事がない、何事も開放主義で秘密等と言ふ事は、氏の最も不得手とする處である。

　政界に於いても、財界に於いても、常に堂々と正義を以つて眞正面から行くので、不利を招く事が多い。財界に於いては殊にそれが多いのでよく損をする。財界に於けるかけ引と言ふ事が、も少し巧妙であつたなれば、今のやうに財産を散して仕まふやうな事はなかつたであらう。

　氏が今日の狀態に有るもう一面の方から見ると俠氣が多すぎる。何々の事業を起こすからと人に頼まれると、往々算盤を持たずに力を貸す。其他何の方面でも此調子で行くから、金は幾らあつても足りつこはない。人間としては最もよい事ではあるが、此俠氣が氏に災いして、何時も金に追ひまくられて居なければならぬ。

　最近の事では、防毒マスクを製造する宇部化學工業株式會社でもさうである。

　之れは併し經營さへよければ將來大變有望な事業であるが、現在としては、尚ほ資金は入れて行かなければならぬ。色々の事があつて鈴木中將が去つた後、社長となつたのも結局國家の爲めとか、あの會社をめぐる人達の爲めであつて、自己本位から出た事では決してない。だからして何處までもあゝして面倒を見て行かれるのである。已に入れた金も相當額に上つて居るが、尚且つ將來に望みをかけて居られるのも、從業員等の事を念慮に於かれて居るからである。舊主福原家の窮境に眞實味を持つてその更生策に盡力したのも、氏の持つた俠氣と純情が然らしめた處である。市民から敬愛されるのも、眞に此處に基因して居るのであらう。

　大乘的立場から今衆議院議員となつて居て、直接には市自治體及び商業方面から遠のいて居るやうであるけれど、市街地開發は氏がその草分である。現在の地に氏が居を定めた頃は、今の市街地一帶は文字通り白砂青松の地で、眞締川にも固より橋はなかつた。家と名づけるものが東西合して十七軒あるきり、併し橋がないのは何んとしても不便なので、氏が唱導して御手洗その他の人と協議して一つの石橋を築造した。

　炭業の興隆するにつれて、家も少しづゝ增へ、商店街も不規則作ら出來るやうになつたので、明治三十四年に最近まであつた商工會の前身實業會を創立した。而してその會長になつて最近廢止されるまで、親切にその面倒を見て來られた。漁夫達の爲めに二十

六年頃より漁業組合を立てゝやつたのも氏の盡力で、四十一年に法律上の手續きを完了して今日に及んで居るのである。今日より之れを見れば市街地生みの親とも言ふべき親しみを氏に感ずる。

　氏は明治三年、本市に産聲を上げ、二十年、明治法律學校に入りて、廿四年、學成りて歸郷。當時郷有數の法律學者と言はれたものである。

　今日まで宇部に起つた炭鑛なり、又事業に氏と全然關係のないと言ふものは殆んどないと言つてよい。政治方面では、明治三十四年の村會議員が振り出しで、縣會議員、同議長、衆議院議員には當選四回で現在に至つて居る。

宇部市會議長　**國吉信義氏**

　市會議長、東見初炭鑛株式會社々長、宇部曹達工業株式會社々長、之れが最前面に現れた氏の肩書であるが、重役又は監査役等は可成り多くある。

　宇部財界及び事業界一方の雄として活躍に入るのはこれからである。諸種の事情から氏の事業界進出は非常におくれて、本格的に乗り出したのは六年間の市長生活におさらばを告げた時からで、東見初炭鑛が匿名組合組織から株式組織に改められるを、一の機會として勇然事業界の表面へ進出した。仝鑛が壹千二百萬圓の株式會社となると仝時に、仝社の副社長となり、別に大事業の腹案を立てた。昭和十一年にその腹案は實現せられて、七百五十萬圓の宇部曹達工業株式會社の誕生を見た。

　事業界進出から順調なる波に乗つた氏は、故藤本閑作翁の後を承け、相前後して東見初、曹達兩社の社長となり、此處に其の頭角を現はしたのである。

　東見初炭鑛は、沖ノ山炭鑛に比して十年ばかりその誕生がおくれて居るが、共に宇部市發展の礎石となつて居る事に變りはない。將來性から見る時は東見初の方がはるかに大である。殊に昨今は断層を拔けて良質なる大炭層に着き、七百萬坪の新たなる鑛區へ掘進して居るから、その勢ひは全く素晴らしいものがあり、沖ノ山が他方面へ進出しつゝあるを横目に見て、今高らかにその躍進譜を奏でつゝある。之は東見初イズムとでも言ふか、仝社の底を力強く流れた鐵石の如き意志である。十年ばかりおくれはしたが、鑛内の力は奔流の如き勢ひであふれて曹達会社の誕生は已に見た。併し厖大なる埋立地から見る時はまだまだ一つの芽生えに過ぎぬ。工業用水の問題が解決し、その使用量が潤澤になれば、次々に大工場は起されるであらう。此兩大會社の運命は仝時に又氏の運命である。氏は此會社と共にその進路をとる事を約束づけられて居るのだ。

　氏は政界方面に意志がなかつたかと言ふと、決してさうではない。代議士にもなる氣分は有つて居たのであるが、只あまりに混濁した政界の空氣を嫌つて、此方面を斷念したのである。淸らかな自治には關係して縣會には二年間居り、市長は六年間つとめ、昨年市會の改選には選ばれて議員となり、仝議長となつた。

　氏は明治十六年五月十七日の生れ、學校は東京高等工業學校出身であり、幹部候補生として入隊し砲兵少尉の肩書がある。

　人情市長の名は人情社長と變りて、兩社數千の從業者達から敬慕されつゝ事業を經營される氏の姿は誠に頼もしき限りである。その人となりは純情にして慈愛に富み、又非常に信仰に篤く、常住坐臥、常に如來の心を忘れず、この心を以て人に接するが故に、慈愛の相自のづと現れ、氏を知り氏に接する人にして、その德に浴せぬはない。氏の今日まで爲し來つた陰德は數へ切れないが、その事を書く事は氏の最も好まざる處であるから本書には遠慮しておく。

　こうしたやさしさのある反面にも、正義にしては飽迄強く、不正不義に對する闘志は實に別人の如き觀がある。非常時日本の道德向上の爲め氏の如きは誠に郷土の寶として誇に足る。

宇部商工會議所会頭　**高良宗七氏**

宇部市西區嶋　電話十七番

　宇部財界の五巨頭の中、第一人者として、事業界に活躍せる氏は事實上市の中心人物として、自他共に許してゐる氏に關係のない会社は殆んどないと言つてよい位いであるが、就中氏が頭取又は社長となつて居るのは、株式會社宇部銀行、宇部鐵道株式會社、宇部紡績株式會社、日本發動機油株式會社等である。

　政治方面では村會、市會、縣會、國會等の各議員を務め、市会議長として、氏の本領を發揮した。現在では市參事會員であり、又商工會議所會頭である。今その閲歴をたどつて見るとしよう。

　氏は明治五年生れ、仝廿年、十六才の折山口の西鄙黌へ入黌。廿三年、卒業。廿六年、潟炭鑛へ入社。山陽採炭株式會社の創立に參劃して上阪、それより勤勞によつて得た金四十圓を以つて、潟炭鑛の株を求めた。之れが氏の獨立で事業界に入つた最初である。廿九年、須惠にて高名和炭鑛經營。三十三年、鵜之島炭鑛創業。之れより氏の事業は本格的となつて、大正二年、須惠(今の小野田町)にて大正炭鑛創立(八年終業)。四十二年、助田町海岸へ西沖ノ山鑛創立。第二鵜之島炭鑛、大正八年創立。大正十四年、西沖ノ山炭鑛終業迄、主となつて炭鑛經營をされて居たが、十五年以來、工業方面に轉じて現今に至つたのである。

　尚ほ此外三十七年より四十二年迄、父君のやつて居られた濱沖炭鑛の相談役として、其事業を輔佐したことあり、宇部事業界に盡した功績は、實に甚大である。

宇部共同義會々長　**紀藤織文氏**

宇部市川上　電話三三七番

白芙蓉の姿にも似て、その言行に清雅なる氣品を持つ氏は、本市の長老として、上下より慕はれて居る。共同義會の會長として、國家非常時の銃後の護りの爲め、今その最善をつくされて居る。氏は多年市事業界の心臓部とも云ふべき金融界に在り、本市金融の中心となつて居る。

宇部銀行はその唱導に依つて創立され、大正元年から昭和三年まで、十七年間の長期に亙つて頭取を務められた。此間に東見初炭鑛の苦境時代を始めとして、幾多會社の爲め盡力されたので、此方面の氏の功績は極めて大なるものがある。又自治体に就いては、一の権威者として克く精通して居られ、町村制施行以前から已に自治の体制を整へる爲め努力されて居られた。

氏が第四代目の村長として就任された時は、縣内他町村の模範とも云はれる程よく發達して居た。厚狹郡町村長集會長を務めて、他町村指導の任に當られたのも、氏の自治政治に精通して居られた事を證するに足るものである。郡會議員、仝議長、郡農會議員、郡教育會副會長等から縣會議員、仝參事會員までつとめられた。

氏は國家最も多端なりし安政五年七月の生にて、代々続く宇部市の舊家。幼より智能群を抜いて居た。漢學に造詣深く詩歌、俳句、書道に天分の才を持つて居られ、その方面でも市内屈指の人である。

藤田豊氏

現代宇部市の元老級で、その筆頭は誰れかと、質問されたとすれば、先づ藤田豊氏に指を屈するであらう。今日の宇部市の發達助長に尠なからぬ功勞者として、自他共に許す氏の現在の心境やいかに、「一将功成つて萬骨枯る」……中にも欣然として甘んじ、市内川上の高台に泰然自若として悔なき餘生を送る君子人である。

「何しろ、齢が寄ると、眼は、うすくなるし、風邪は年中引通しで、それに、身體の工合もよくないし、新川の街へ出るのもオツクウでね。それにしても、此の頃は、家の前をバスが通るやうになつたが、つい先年迄は八幡宮の鳥井下から、コツコツ坂道を歩くのが大變だつたよ……永生はするもんだアハ……」

と、櫻の花もほころび初めようとする春、庭園寄りの中の室で午后の西日を浴びながらボツリボツリ。

「村から一躍市になつただけでも大いに自慢になるよ……いや彼の際の市制執行の申請書を、あの頃助役の藤本忠介君が下書をする儂〔わし〕と二人、種々訂正して、最後に内務省へ出願したが、些の訂正もなく一度で許可になつたのだが、苦心の甲斐があつたといふものだ。一度で許可になつたのは宇部が初めてだつたそうだ……」

如何にも満足そうな笑をたゝへて更に、東の老松遊廓の起源に及び、

「初め何でも遊び場所を設けようといふので、儂等を初め有志が縣へ出願した。ところが、縣の方では、君達がそんな商賣するなんて……許可は相成らん。他に適當な名義人を出して代るが好い……といふので、今の吉原、上杉、といふ人達が、未だ炭鑛の納屋頭時代にやらせたもんだ……」

等と思ひ出深い昔話を一クサリ。

「炭鑛の方かね……イヤ事業の方面には餘り關係はしなかつた。そういふ事は至つて不得手なもんで、だが政治方面には可成興味を感じて居たよ……」

藤田氏は自治に精通し、未だ村制時代より明敏なる頭脳と手腕をもち、村會議員として十數有餘年自治政に參與し、後ち村長に選ばれて、その頃より、今日の宇部市發達の素地を築き上げたもの。市制執行さるるや、市會議員として八ヶ年、縣會議員として四ヶ年、圓熟せる手腕とその豊富なる識見は、よく地方自治政上に多大の貢献をなし奢るしき治績を残し、今は閑地に悠々、梅花のそれの如き品性と高潔なる心事は眞に郷土後輩の活模範として崇敬さる所以である。

宇部セメント製造株式會社
專務取締役　**藤本磐雄氏**

大正十二年九月、宇部セメント製造株式会社が創立されて、茲に十五年。その間、大小幾多の苦難はあつたとはいへ、今日では先進業者を尻目に彼の素晴らしい發展振りは、遂に半島朝鮮に進出なし、黄海道海洲に姉妹会社の實現を見せ、これら業績の顯著なること、業界切つての王座を占め、宇部セメントの盛名をほしいまゝにするに至つた。これ等は一つに故渡邊積極イズムに倣ふ、專務藤本氏が、毎々に、終始一貫、至誠をもつて健實なる經營の宜しきを得たからである。沈着の裡ちにも彼の勇猛果敢？　な手際は單に藤本專務の強い性格からではなく、「一人一業」主義からの信條より生れ出た固い信念の現れにほかならぬ。

大正十五年、大阪の住友王國より、故渡邊翁の懇請により、宇部セメント株式會社の常務として着任以來今日まで、所謂、十年一日の如く、同社の發展と、產業報國の爲め、日夜寸暇なきまでに、時には病をおしての活動振りは感嘆といふ言葉ではもの足りない、寧ろ涙ぐましい辛苦の幾ページかゞ綴られてあるのだ。

縣道に沿ふた市内恩田部落の南寄りに、宏壮な、然かも純洋式の三階建が、當の專務藤本氏の住宅である。筆者は曾て盛夏の候、或る日の暮れ方、當時久方振りに訪れた。

庭園の樹の葉がくれに、藪蚊の群はもうソロソロ活動を初めようとする火燈し頃であつた。六坪に餘る應接室の窓毎に、張られた金網を透して涼風のみが、

微かにカーテンを撫でてゐた。窓邊に据られたソフアに待つこと暫し、軈がて……顔面に微笑を浮べ、彼の特長のある「クルリツ」とした潤いを帯びた慈眼の邊りに云ひ知れぬ親しみを感じさせながら……

「ヤアー暫くだつた……まあ掛け給へ、君、遠慮せぬでも上着を脱いだらどうだね、僕はご覽の通り浴衣姿で失禮するよ……」

と、溫容そのものの應待に筆者は再び懐かし味を滿喫した。それは、君、僕、といふ、友人同僚が語らふ場合にのみ發する相言葉を、宇部セメント會社の專務ともある氏から、一小新聞記者たる者に對して、爲さる挨拶であつたので、恐縮したのも當然だろう。然し斯くも徹底した溫情味豊かな隔意なき心境こそ氏の人格の全貌である。

膝つき合せて意見を交換し、短を去り、長を容れて實現に移す主義である。此の主義は事業方面に於いて特に發揮されてゐる。

「朝も餘り早く出勤すると却つて皆が窮屈な思ひでもするといけないから……」

と、何と部下にして深い理解と思いやりの厚いことか。その片鱗が窺知されるのだ。或は又部下を指導し訓練する意味においても「任せ米」主義である。即ち各々の擔當者に任せきりである。といつても決して無關心ではないのだ。要するに、「コセコセ言はぬでも皆がその任務を果して呉れる」といふ固い信念がそうさせるのだ。そこには、やがて「任せ米は喰へぬぞ、シツカリ働かう」といふ第二の人格が生れる理けである。今日、宇部セメント會社が隆々たる業績を示し、躍進又躍進のその反面は、勿論全就業員の發奮努力の結晶でもあるが、同時に專務藤本氏の私心なき至誠に感化された収穫であることを特筆大書しなければならぬ。

次に藤本氏の政治觀はどうか。餘り興味は持たれないが、今は故人となつた同じ恩田の上郷與吉氏が、生存中のこと、上郷氏曰く、

「僕は將來衆議院議員を夢みてゐたが断念するよ……實はね?、內密だが、隣りの藤本さん(專務磐雄氏のこと)から、縣會議員迄位で野心を淸算せよと注意された云云」

と、筆者は後日、この上郷氏の談話を當の藤本氏に質[た]だすと、

「イヤナニ、僕が注意したといふ理ではないが、上郷さんが政治方面に熱中するらしいので、或る日僕の宅を訪ねられた時、氣付きを話した迄の事でね」

とさりげない風で、それからそれと政治上の話に及んで、最後に藤本氏曰く、

「要するに[※1]君、政治は聖治でなければならぬが、その聖治家なるもの、現代に果して幾人ありや。アハ……」

と、呵呵大笑。思ふに氏の政治に對する蘊蓄とその識見の高邁なることを最も雄辯に物語つてゐるではないか。

藤本氏は元來宇部市恩田の人、故嚴父磐藏氏の長子として、長崎に生る。山口高等學校を經て、明治三十六年、帝大工科「機械工學專攻」を卒へ、横須賀海軍工廠に入り、造機官「大尉相當官」拜命。滿七ヶ年勤續、退いて、仝四十三年、大阪住友伸銅所に入社。製造課長、技師長、支配人となり、遂に重役に拔擢さる。其間、歐米の工場觀察に、或は研究に派遣さるること前後二回に及び、製造、工場施設等の蘊蓄は住友王國においても、一方の棟梁としての逸材であつた。

(歐洲大戰直後、彼のワシントン會議において軍縮が締結され、當然の歸結として失業群の續出は茲に勞働爭議となり、我が國にも勢ひ鋭く波及した勞働爭議は、工場都市大阪にも絕間なく頻致した。就中、住友の工場に於いても、工場閉鎖に隨つて爭議は免れなかつたのであるが、藤本氏の、いつも鮮かなる解決振りに當事者をして感嘆、これを久うしたといふエピソードもある。)

今や宇部地方重要工業界の重鎭として、衆望を負ふる所以も亦むべなるかな。非常時局下にありて、殊に國民精神總動員の高調せらるゝ折柄、尚ほ一層氏の努力と健闘を祈つて止まぬ次第である。

因みに、磐雄氏の嚴父磐藏氏は、當時二十三歳、慶應二年、日本第二回目の留學生として、宇部の舊主福原芳山(俊丸男爵の嚴父)に隨行して、英國に學ぶ。初め政治經濟學を修業中、芳山氏の意により、轉じて機械工學に志し、滿七ケ年、螢雪の功成つて歸朝し、當時工部省(工部卿は伊藤博文公)の長崎製作寮に造船機械主任、少書記官に任命さる(この造船をもつて日本の嚆矢となす)も、惜しいかな、この逸材たる磐藏氏は一ヶ年と半歳、造船半ばにして明治十年、齢三十四歳、折柄の病を得て悲しい哉、未だ棟梁の材を爲すに至らずして逝けり。

〔※1〕原文にはない、「に」を補足した。

宇部市の元老　**藤田權九郎氏**
宇部市草江

慶應三年の二月三日生れであるから、古稀の齢も既に數年前に過ぎて居る。年變り七十幾年の差違はあるが、今日の非常時と對比して、最も國家多端な折に生を享けられたので、その人爲内に剛く外に柔らかく溫厚にして、而かもあふれる如き慈愛に滿ちた稀に見る人格者である。

今は世の一切をさけて草江海岸の高臺に在る自邸で閑雅なる生活をして居られる。

明治二十八年四月、村會議員となられたのを公職の振り出しとして、二十九年には収入役になり、間もなく助役に就任。大正四年四月、村長に推されて日本一の大村を背負はれ、克くその重任を果たされた。

大正八年には郡會議員となり、仝議長となる。市制施行と同時に市會議員となり、延[ひ]いて參事會員となる。市會二期在職中は當時の微妙なる市政の

動きに對して克く議員としての職責を果たした。その他、神原耕地整理組合長、宇部農會長、宇部信用組合長等も務められて、自治の爲めに多年盡力された。

事業方面では大正四年、株式會社宇部銀行の重役となり、大正十一年には東見初炭鑛の監査役をつとめて居られる。その他に、幾つかの事業をせられたが、人格と事業は両立しないのか、事業的にはあまり恵まれて居ない。

人格者として尊敬すべき事は幾多あるが、その中でも信用組合長在職當時の事は、最も麗しき事であつた。學校は早稲田の森を巣立ちされ、その當時としては博識の聞こえ高き人であつた。

自治・事業界の元老　松本和三郎氏

宇部市小串　電話七六九番

理に落ちず、情に流れず、柔剛よくその度に居り、開發途上の宇部市に在りて、泰然悠容の態度を持し、自治體に、事業界に、抱持する處の力を盡くし、今日の宇部市を招來せし原動力となりて、天與の使命を活かし、人として盡すべき事は、總て之を果し、元山運輸商事株式會社の社長を最終の事業として、昨年その職を辭し、今は小串の閑靜なる地にて悠々自適の生活に入つて居る氏は、完成された人間そのものである。

自治體には初期の市會議員として、市制施行當初の本市自治制に參與し、非凡なる盡力なされ、その後も蔭に陽にその向上を助けられた。

事業界への振出しは、市開發の母體を爲した沖ノ山炭鑛にて本社及大阪支店等で、その敏腕をふるはれた。元山運輸商事株式會社の社長になられては、社運向上に努め、一百萬圓の資本を現在の二百四十萬圓に仕上げられた。

家庭に於ける氏は、實に滿圓なる長者である。寺に詣り、僧の言葉を聞く等の事はあまり好まないが、併し彌陀の本願はよく體得して居られる。清淨に澄んだ眼がよくこれを表現して居る。惠まれた子寶は、五男二女、長男傳治氏は醫院を持ち、次男金吾氏は沖ノ山炭鑛の販賣課長、その他の人々は何れも一流の紳士として、第一線に活動して居られる。精神に惠まれ財に惠まれ、子に惠まれた氏は誠に厚徳の人である。

宇部事業界の元老　西野嘉四郎氏

宇部市嶋

宇部事業界の人を尋ねるに、先づ元老として第一に擧げねばならぬは氏である。

一世の人格者故渡邊翁の片腕となつて、献身的にその事業を輔佐し、今日の大沖ノ山炭鑛株式會社を築き上げ、四十幾年間、その礎石となつて來た。血のにじむやうな創業當時の苦心は、今日の人達が夢にだも想像し得ない處である。石にかぢり付いてもと言ふ言葉があるが、それ以上の勞苦の結晶が今日の沖ノ山炭鑛である。

沖ノ山炭鑛を母體として、先づ起こされたのが宇部洋灰會社。之れが設立に當つては、その當時としては、鄕土人にとつて將さに異色であつたので、之れに目を向ける者はなかつた。故渡邊翁の意中をくんだ氏は、再び沖ノ山創業當時の如き苦心を積んでその誕生を見た。窒素工業も同様、一、二、三段と別れて、之れが氏の經て來た事業界の段階となつて居る。何れも自己を忘れての努力であつたが、善き果を生んで、今日では立派なる結實を見せて居る。

人の八時間つとめる處は、十二時間勤め、十時間の處は十五時間勤めて爲す處は總て成し遂げた氏は、今功なり名遂げた形ちで事業界の第一線から退いて居る。さもあるべし古來稀なりと言はれる七十歳は大分以前に越して、八十歳の方へ近くなつた。お孫さんの顔を見て、樂しまれるのも道理こそと思はれる。併し非常時下に在る國家を思ふ心と、自分の育くんで來た事業を思ふ事は、靜かに見えるその胸底から去らないで、今猶燃へつつあるのである。

宇部鋼業株式會社(本山炭鑛)
常務取締役　竹中雪藏氏

昭和十年十月、宇部鑛業株式會社が創立されて茲に三ケ年、その短かい間に第一、第二坑……と事業は續々と實現して、本山炭鑛の名は今や沖ノ山、東見初に次ぐ名鑛として、新機軸を現はし、業界羨望の的となり、その將來を期待さること多大である。

これより先きに、同炭鑛事業に着手されるといふことが、宣傳さるゝや、十人が十人異口同音に、

「彼の炭鑛はとても手におゐないそうだ……昔から何度となく失敗を繰り返して、とても物にはなるまい……」

と、巷間にはしきりに噂されたものであつたが、今日鑛の内外施設においても、實に模範的であるのみならず、彼の業績を収めつつあるはそも如何。云ふまでもない、常務竹中雪藏氏の犠牲的努力の賜でなくてなんであらうか。言葉をかくていへば、竹中氏の、

「この業成らずんば死す……」

と、いふ固い責任感の現はれにほかならぬ。

同鑛區は、初め竹中氏の所有であつたものが日産に買収され、その間、種々な事情もあつたであらうが、要するに同鑛の經營法は、宇部式にといふので、竹中氏に、「萬事頼むから好い工合にやつてくれ……」と、これは筆者の想像であるが、こんな關係上、氏は當時東見初鱗の重役を辭し、宇部鑛業會社の常務として就任以來、日夜坑夫と共に坑内にありての作業振りは悲壯といふか、實に苦心慘憺の物語りがある。

厚狭郡小野田町本山半島の中腹にある本山炭鑛

々事務所に、氏を訪れたのは、過る三月初めの晝下りであつた。春とはいへ、未だうすら寒むい、折村西風の磯臭い關門嵐に身振ひ、一ツ、クシャミを押へて來意を傳へ、火のない接室で、待つこと三分。廊下を歩む靴の「アラ……」と思ふ間もなくドアを開けて、

「ヤア…よく來たねー。そこは寒いから此方へ來給へ」

と、ニコニコした笑顔も嬉しかつたが、先きの「來給へ」といはれた言葉が、云ひ知れぬ懐かしみを感じさせて一層嬉しく思はれた。

坑内の古坑木の切れ端を、氏は自らストーブにくべながら、

「たつた今先、坑内から上つた許りでね、坑内から上つて室に入つてもストブ位では物足らぬよアハ……」

と、又、愉快そうに大笑ひ。この人がこの炭鑛大立物かとは思はれぬまでに、如何にも無邪氣そうに、何の屈托もなさそうに、ストーブの火加減を氣にしながら、

「炭鑛の事務所でストーブに古坑木を焚くなんて、君おかしいだろうね……」

と、又ニコニコ。

「儂はこの炭鑛を成功させにや宇部の土地には歸れぬからねー。腹を切らにや男が立たぬのだ」

と、幾分か悲痛に似た面持ちで、

「然し今の調子で行けば、近いうちに小野田町が市にならぬとも限らぬよアハ……」

と、自信のある笑ひを見せながら、

「もう少し、宇部式にね、儂の思ふ存分仕事をさして貰らへると……負けない積りだが」

と、今度は少し遺憾に似た面持ちで、額に現れた筋二ッ三ツ……室の片隅にかけられた土に汚れた坑内着と帽子を見るにつけ、鑛業家としての竹中氏の面目の躍如たるものを見のがせなかつた。

氏は年齒僅か十六歳の頃より、機械課見習として鑛業界に入り、實地研究に歿頭した。その甲斐あつて明治四十一年、東見初の創業に及んで、同鑛の機械課員として聘せられ、爾來三十有餘年間、同鑛の爲めに眞に犠牲的精神をもつて奮闘努力を續けて來た。今日、東見初炭鑛の名を成さしめた反面には、竹中氏の血と涙で綴られた過去のページの餘りにも多きに一驚する事であらう。

竹中氏は市内五十目山に生る。少年時代より鑛業の施設、機械技術の體験は、今日學校出の專門家を凌駕し、業界切つての偉材である。其他市會參事會員として前後八ヶ年間、自治制に參與し、よく職責を全ふしたことを多謝すると共に、今後益々業界の為め精進せられんことを希ふ。

工都刀圭界の權威　國重嘉吉氏

宇部市西區上町一　電話二一七番

國重病院は工都宇部市刀圭（とうけい）界の權威である。院長國重嘉吉氏は斯界の大家として、永年仁術の妙を盡くされて、數萬人の生命を活かして來られた。

本縣吉敷郡東岐波村の出身で、明治三十八年、東京帝國大學の醫科を卒業。軍醫となつて近衛歩兵第四聯隊及び廣島第十一聯隊附となつて、永年職務に勉勵され、二等軍醫に昇進し、従七位勲六等に叙せられた。同四十年、軍醫としての奉公を辭して、郷里に歸へり、四十二年、現在の地に開業され、爾來滿三十年間、一意、市民の衛生保身に盡力されて來た。開業當時は勿論、人口も僅少で、開業醫とても亦僅かに五指を屈する程であつたけれども、大小無數の炭鑛があつたので、患者の數は非常に多かつた。

帝大出であり、軍醫の肩書もあつた氏の腕の冴へは、之等多くの患者の目からは、起死回生の神の如く見えたのに不思議はない。只脈を見て貰ふだけでも患者の嬉びは非常なもので、顧り見れば十年一と昔として、三昔の間、克く天職を續けられたものである。

醫業報國に一路邁進して來られた氏は、公私ともによく市民の指導に當つて居られる。先づ市醫師會長をつとめられた事、縣醫師會代議員を務められた事あり。又市自治體にも市參事會員として、その方面の事にも並々ならぬ盡力をされた。その他、學校醫として、又は市傳染病隔離病舎の主任醫として、その面倒を見て來られたのである。仁術の不偏を顯現する爲め、東區笹山通りに分院を設けられ、信任の出來る醫師を特派して醫療に從事せしめ、自身も時に親しく往つて診られる事もある。斯くして東西兩區の中心部にその本據をおかれて、常に優秀なる醫師を置き、且つ又永年の經驗に依つて得たる氏自身の尊い手腕も積年一日の如く、今日に至るも一日の休みもなく、毎日弱き患者の爲めに、その妙手をふるはれつゝある。

醫業報國の念は氏一代のみでなく、長男、次男共に醫業にあり、何れも帝都にあつて目下研究を重ねつゝあり。嗣子の學位を受けらるゝ日も近きにありと言はれてゐる。因みに、氏は煙草をたしなみ又圍碁と遊漁に趣味をもつ眞に圓滿なる人格者である。

宇部事業界の元老　笠井良介氏

事業の道、若しくは精神を説く人は、世上幾多あるが、これを眞に知つて居ると言ふ人は少ない。たとへそれを知つたとしても、之れを行ひ、その實績を上げ得る人は万人に一人である。説き得ずとも知るは説くに勝り、知らずとも行ひ得るは知るより勝る事萬々である。

言ふは知る爲め、知ると言ふ事は之れを行ふが爲めに外ならぬ。故に説きて知らぬは説かざるに等しく、知つて行はざるは、知らざるに等し。然り知行一致してこそ始めて一つの大事業は生れるのである。總體事業の成否は原因を質して見ると、多くはその事に不熱心であるとか、又は事業の性質を適確に知らず、例へそれを知つても眞面目にその事を仕遂げるだ

けの努力をしない。所謂、棚ボタを夢見るからである。悪因悪果、善因善果と言ふ言葉は唯佛語として説教のみに聞くだけのものではなく、何れの處にも適合するものである。成せば成る、成さねば成らぬの古歌は誠によく吾人に教へて居るものである。

知行一致、不言實行、只一意誠意を以つて一貫一つの事業に、その終生の力をかたむけ盡くした笠井良介氏は、宇部事業界の元老として、又鑛業界の至寶として眞に尊敬すべき人である。宇部市發展の母體となつて、今日の隆盛へ導いた沖ノ山炭鑛に入りて、三十幾年間保安係を振り出しにして、重役にまで登り、故渡邊翁の信任知遇を受けた事は、氏の事業に對する才能の致す處である。

昨年末、業界から惜まれつゝ沖ノ山炭鑛を勇退されたが、氏の今日までの經路を見るに、その努力の程は一倍人に先んじて居たが、その地位に就いては高きを望むと言ふ事は、少しも念頭に持つて居られなかつた。唯一意、その分に甘んじ、その天職を信じて進まれたに過ぎない。だから自然に地位が向上されても、少しも高ぶつた心を持たれた事もなく、従つてあまり嬉しい風をなされた事もない。重役になられたのも極めて自然のまゝであつた。此處等が氏の氏たる所以であるかも知れない。

山間の僻地にある氏の邸宅から、勤務先であつた沖の山までは一里餘りある。三十年間よく通はれたものであると思ふ。大抵はテクシーで、日の短い時等は暗い時に出でゝ、歸へりもまた暗くなつて居る。自動車で往復してもよい身分になつても昔の氣分と少しも變らず、一萬數千日を一日の如く、終始された處に氏の眞價を察知し得られる。

美しく大きなる花崗岩の散在せるに因んで、名附けられた白岩公園は氏の開所になるものである。人夫のやうな風をして黙々と手入をして居る氏の姿をよく見受ける。之れが自分のものであると言ふ様な顔は一寸もして居られない。氏の顔を知らないものは何處の農夫かと思ふだらう。そう思はれても矢張り氏は黙々として働いて居る。月の廿一日には如何なる日であつても修行姿で藤山八十八ヶ所を巡拜される。時には千人詣りをされる事もあるが、何時もその時は必らず先導をされる。氏の弘法大師に對する信仰は極めて深いものである。

人の心は物質的な事を加味して見ると、よく本體が分るものであるが、氏は物心兩方面から推しても更に動じない。之が眞實の金剛心か、とにかく宇部第一の人格者である事を信じても、敢へて過誤にはならぬ。

宇部實業界の長老　**秋富久太郎氏**

秋富久太郎翁は慶應三年三月、當時厚狭郡藤曲村に呱呱の聲を上ぐ。先考を傳五郎翁と言ひ、久太郎翁はその長子、關門實業界の巨頭秋田寅之介翁は久太郎の實弟である。祖父竝先考は鹽田を業とし、傍ら農耕をなす。父祖の其子弟を訓へるや剛直にして、然も慈心深く長短充く、其性を知つて訓陶す。即、久太郎翁には、「百事行フ可シ」と教へ、深慮の反つて機を逸するあるを説く。翁、人と成りて思慮深遠、然も才氣煥發、充く時勢に處す。

明治廿七年、翁は藤山炭鑛創立に劃參し、其事業的第一歩を踏み、卅四年、更に長陽炭鑛に入る。偶々日露戰役勃る。爰に於て翁は予而〔かねて〕秋田翁の設立せる秋田商會の海外發展を策してゐたが、機の熟するを知り蹶起す。

恰も出師、既に大陸に在り、武威赫々夷狄を追つて中原に及ぶ。時は卅七年五月、陸軍省御用係拜命。翁は木材滿載の汽船を督し、砲煙の中を營口に上陸。仝地に秋田商會支店開設。卅八年八月、更に大連に支店を設置す。「額に箭を立つる其背に箭を立てじ」とは當時を偲び、翁の述懐である。蓋しその行の壮なる懦夫を瞠若たらしむるものがあつた。既にして砲煙熄み、戰局戢むると雖も、猶土匪殘の蠢動あり、三國干渉、朝野の憤怒をかひ物情騒然。此の間に在つて、翁充く事に處し、店務を統轄し、秋田商會の大陸に於ける地歩漸く定まる。大正九年、秋田商會は創立十五周年に資本金參百萬圓の秋田商會木材株式会社に改組し、爾來隆々今日の大東洋木材株式會社の盛況を思ふ時、其基礎の遠く砲煙の裡に築かれ、商魂火を吐く翁の奮闘の一に懸つて然らしむるものと、筆者は暫し當時の翁の氣鋭の風手を瞳底に描くのである。

越へて大正三年、砲煙三度烽り、獨逸國と青島に矛を交ふ。七月、陸軍省御用係拜命。翁再び立ち軍用材を滿載し、海路山東省龍口に到り、更に既墨、沙子口に到りて待機する中、皇軍破竹、青島開城成る。翁直ちに社員數名を伴いて入り、仝十二月、青島支店を設置す。時に軍糧秣の不足甚し、依而〔よりて〕翁は百方奔走し、時の青島軍司令長官本郷閣下に諮り、青島製粉株式會社を創立し、秋田翁を社長に推し、自ら專務取締役に就任す。又在留邦人の精神的道場無きを憂へ、青島本派本願寺建立を畫りて、之の衝に當る。是則〔これすなわち〕、今日の青島別院である。紆余もあり、曲折もあつたが、大陸に於ける秋田商會の業績は斯くて歴然と光芒を放つものと成つた。大正九年三月、秋田商會は改組し、秋田商會木材株式會社と成り、大連に本社を置き、鮮滿支各樞要の地に支店、出張所を增置し、秋田翁社長、秋富翁專務取締役に就任す。

斯る内昭和七年九月、滿洲事變勃發。昭和九年一月、秋田翁は三十年の功績成り社長を勇退す。爰に於て重役會は一致、秋富翁を社長に推す。翁齢既に古稀に及ぶも矍鑠克く社業の擴充を策し、北海道、樺太は素より遠く蘭印ボルネオに社員を派して、原木輸入の路を擴くなど商才縱横たるものありて、社業愈殷盛を極め、鮮滿支に於ける「アキセウ」の名聲益々揚る。

偶々今次、事變勃る。日支戰局の進展に伴ひ市況遽に一變し、特に北支經濟圈への進出喫急を要す。然れ共、在來機構にては增設支店の統轄却々容易成らず、又取引上の不便も大である。依而前社長秋田翁、當時社長秋富翁其他重役相議し、爰に秋田商會木材株式會社を更に改組し、之を大連東洋木材株式會社、新京東洋木材株式會社及株式會社青島東洋木廠を成し、總資本金壹千萬圓に垂んとする大組織と成す。

予而〔かねて〕名利に淡々たる翁は、時局は少壯氣鋭の士を要するとて辭意ありしが、偶々昭和十四年一月、翁談笑裡に社長勇退の事を疎開す。重役會議に於て翻意を希ふも肯かず、依而、再び議し猶惟握に留られん事を乞ひ、各社の終身取締役を懇請に及び翁茲に之を快諾して、社長を後進に讓つたのであるが、仝社員は今日も猶社長と呼びて、仰慕すること慈父に對するそれの如く、蓋し翁の仁徳の然らしむる所以であらう。

翁又大正七年二月、秋田翁と計り宇部市藤山に秋富商事株式會社を創立し社長に就任す。木材賣買、貸地貸家、養鰻場、養魚場經營をなす。現在、藤山區港町恰好の敷地に製材工場經營を申請中である。昭和二年、予而秋田翁の出願に係る藤山沖海面七十町歩の干拓工事を起し、翁自ら工事を監督竣功成るや、之を昭和開作と稱し、國重時右衛門氏と計り、西沖之山炭鑛を起す。其他、内外諸會社の重役を兼ね、その識見と仁徳に因り名聲燦たるものがある。然れ共、翁は單に一介の商魂ではない。翁の事業を繼ぐもの、或はあらん。然し克く翁の德行を繼ぐものは尠い。吾人の翁を讃へ、翁を崇敬するは實に之の所以である。

藤山村村政時代、宇部市合併迄二期連續村會議員たり。ついで昭和八年、宇部市會議員に當選し、市參事會員となる。又方面委員制度成るや之に選ばれ、或は災害復舊耕地事業代表として農會評議員代表、水利組合代表、將又帝國在鄕軍人會名譽會員として顧門として西之宮八幡宮氏子惣代として善福寺總代として一念自治公共に盡瘁す。今事變勃るや、聖戰に捧ぐべき男兒なきを嘆き、卒先巨額の金員を國防費に献金する外、將兵慰問を思ふて金壹千餘圓を投じ、優秀映書フイルムを第五師團に寄贈。更に皇紀二千六百年建國祭當日、金壹萬圓を帝國在鄕軍人會宇部支部藤山分會に寄附し、第二線勇士の士氣盆々大いにして、覺悟愈全〔いよいよまっとうす〕らん事を希み、將又〔まさにまた〕最近金六千餘圓を以つてデブライ發聲映寫機を購入し、之を山口聯隊司令部に寄贈するなど、銃後赤誠に見るべきものあり。應召勇壯を送るに禮敦く、歸還勇士を迎へるに滿腔感謝を以つてし、忠烈戰歿諸靈に對しては涕々頭を上げ得ざると聞く。又戰傷勇士を迎へて自邸に入れ、職に就かしめたるもあり。先年、北支出張中、天津陸軍病院に勇士を訪ふて感謝を述ぶ。後、家鄕に在る時、一日幼児を伴れて老客あり、翁迎へて用件を訊くに、

「息子の戰地からの手紙で知りましたが、天津では態々病院に御慰問下さいましたさうで、是非一度御禮に行つてくれと書いて居りまして、此奴があれの子供であります」

と、幼児の膝を進めしむ。毙而後巳〔ししてのちやむ〕と砲煙を潜つた大商魂は、又實に純情である。幼児膝を進めて、ビヨコンと頭を下げたをみて、翁の瞳底に暫し光るものありしと聞く。

翁の軍事援護は今に始つたものではない。曾つて周防徳山沖に於て、軍艦河内沈歿の時悲報傳はるや、翁はこの時大連に在つたが、直ちに弔電を發し、金壹百圓を慰霊料として電送したることあり。又翁社長在任中、秋田商會木材株式會社は金貳萬餘圓を關東軍に献金す。

昭和十五年、菊秋帝國在鄕軍人會總裁宮殿下に於せられては、翁の功を嘉賞せられ、褒狀竝御紋章入純銀大花瓶一對御下賜さる。又昭和十六年紀元の佳節に當りては、陸軍大臣東條英機閣下より翁多年に渉る軍事援護の功によつて、軍事功勞者として、謝狀竝記念盃三ッ組下賜さる。翁は又、日本赤十字社特別有功會員である。昭和十五年十一月翁竝ツル子令夫人、喜久子令孫共、豫而〔かねて〕日本赤十字社に巨額の寄附をなしたるに依り、翁等三氏に對し、日本赤十字社、總裁宮殿下より有功章御親授の御沙汰あり。併而〔しかしながら〕御紋章入純銀大花瓶一基御下賜さる一家より、同時に三名を御親授式に列せしめたるは、全國に於ても稀有の事にて、翁一門の光榮燦然たり。

天恩の無窮に狎〔な〕れて、天恩を忘るゝの輩多き中に、翁こそ蓋し、天恩を克く知るものと言ふ可乎〔べけんや〕。財を得る勿論困難である、然し、良く之を散ずるは、財を得る以上に、猶難事である。翁は瀟上微風の如く、淡々時を得て財を配ち、所を得て寶を寄す。然も一心至誠たらざるはない、非凡と言ふ可であらう。

神佛を拜するに、翁又順恭敬虔。東西の社寺に足跡到らざるなく、曾〔かつて〕進んで淨財を寄進す。

明治卅八年、當時翁大連に在る。遼東接收は成つたが、ダルニイと稱んで舊ロシア人經營の規模に委せ、當地大連には神社なく、加ふるに夷狄の風習上下に彌漫し、其模倣を最とす。翁痛憤措く能はず、神社造營に奔走、以つて日本精神の發顕に資せんとし、自ら社殿一棟の用材を供進し、出雲大社を勸請す。是則、現在の大連神社の濫觴である。又本派本願寺大連別院建立に當りては勘定方仰付られ、大谷光瑞猊下〔げいか〕大谷尊由氏等と相諮つて、土地選定の事に當り、克く其規模を大ならしむ。齢壯なれば市井多く神佛に歸依するなきが常であるに、翁少壯氣鋭にして之の擧あり。蓋翁を知るに好箇を知るに好箇の資乎。

鄕趾西之宮八幡宮には豫而通夜堂、其他巨額の

寄進あり。選れて氏子總代であるが、新社務所建築に施工を代表し之に盡瘁し、既に工事着手も目睫にある。紀元二千六百年記念三島神祇神域擴張、玉垣築造に當りても、卒先多額の浄財を寄す。又鍋倉山公園山頂に鎭座ある宮地嶽神社は、元來中腹に在りて參道惡しく、社殿荒癈せるを憂、之を山頂に移し、社殿を造營、鳥居を建設、神域を擴いて公園化するなど、裕に壹萬數千圓を投じ、猶近海航行の便を慮つて山頂に燈臺を建設す。

陽春四月、筑前福間宮地嶽神社より社司を招聘、春季大祭を執行し、青年學校生徒對抗相撲大會、福引除興を催し、以つて敬神思想助長を計り、秋十月には小作者、借家人等を之が例祭に招待し、以つて和親協力を計るを行事とす。昭和十五年、仝山山頂に〇〇〇〇〇〇〇〇〇、之を宇部市に寄附す。之は其施設の完備と位置の格好たるとに依り、西日本に於ては、素より全國的稀有の〇〇にて淺田中將以下各此種關係方面の視察相踵ぐ。

更に翻つて其社會公共に貢献するをみるに、藤山小學校講堂建設を有志と倶に計り、自ら多額の寄附をなす外、仝校石段多年に渉り荒癈せるを改修して寄附。又第五部警防團消防車庫建設竝消防自動車購入に當りては多額の寄附は勿論の事ながら、又充く之が各方面寄附取纒に百方奔走す。

猶又、山口縣香川高等女學校に金參萬圓を寄附し、秋富財團香川助成會となし、仝校を泰山の易きに置く。翁の徳行尚之に止らず、平原神社神域擴張工事費一切寄附、平原會舘建設寄附等其擧洽く枚擧に遑なし。

猶豫而、濱田方面より市街地に通する道は山路嶮しく曾狹隘にして車輛不通、松崎岩鼻を迂回するの不便ありしが、翁山路の改修新設を思ひ立ち、宇部市當局と計り、昭和十四年、平原濱田線第一期工事を起し、之を字長山に通ず。翁施工を代表し私費壹萬數千圓を投じ、第一期工事竣功と共に之を宇部市に寄附。更に昭和十五年、字長山より濱田に至る第二期工事を起し、之を濱田に貫通。濱田より長徳に至る第三期工事も翁の意中には計畫既に成る乎。孰れも翁の私費に俟ち、其の献身的公共への盡瘁に依るものである。

淡々として、偉を求めず、徳に媚びず、唯淸廉至誠一念の翁である。旭泉軒玉水、そは華道池の坊に於ける紫幕薄盤、華盤、床構允許の翁の華號である。以依而其資性の凡ならざるを知る可乎。

紀元二千六百年秋九月、翁が功績の大なるを嘉賞なり、賞勳局總裁より紺綬褒章下賜の御沙汰を拜す。聖恩の無窮に翁伏而咽びたりしと、然るに仝年十一月、紀元二千六百年奉祝記念式典に有功會員として、擴古の盛典に列し得るの光榮に浴す。曩〔さき〕に拜受の帝國在郷軍人會總裁宮殿下御下賜の褒狀竝記念品、日本赤十字社總裁宮殿下より有功章御親授竝記念品御下賜と相重なる翁竝翁一門の榮譽之に過ぐるものなく、之皇恩の厚大なるに依るは勿論の事ながら、又實に孜々として天恩に應へ奉らんための翁の赤誠の致す所のものである。

翁七十有五歳にして猶矍鑠〔なおかくしゃく〕、年二回滿支の關係各本支店の店務統監の爲出向す。希くば天、翁に愈長壽を與し、以つて其徳の益々後世に垂れざらんことを。

梶返炭鑛頭取　國重時右ヱ門氏

大木は風に當ると言ふ古語があるが、風に當らないやうな日蔭のかづら見たいな存在は、凡そ意味ないものであらう。艱難來らば來れの大精神を持つて、大いに世の爲め人の爲め、進んで大風に當るの決意を有し、世に處して行く人こそ、眞の日本男子である。殊に現時の如き非常時に際會しては、痛切に斯かる人物の一人でも多からん事を望むのである。

梶返炭鑛頭取國重時右ヱ門氏は、宇部鑛業界に最もよく〔※1〕事業經營に明るい人であると仝時に、強固な意志の持主である。慶應二年と言へば、吾國の最も國務多端なる折にて、殊に吾防長は國事に狂奔して居る時であり、舊主福原公は千古不易の忠誠を致された年である。その年の十月十七日、生粋の宇部子として呱々の聲を上げた氏は、生れ乍らにして既にその時勢の影響を多分に受けられたのである。その個性も負けじ魂の強い事は、眞に稀に見る處である。

氏が鑛業界に身を乘り出したのは、二十五才の時である。その當時、宇部炭鑛界は最も氣風の荒い時で、斬つた、突いたの喧嘩は毎日のやうにある時であつた。さうした氣の荒い坑夫達に、最も接觸の多い保安係を志望して、鑛業界入りをされたのであるから、氏の氣の強い事は推して知るべきである。何さま氣の荒い坑夫達であるから、氏に向つて喧嘩を賣つて來た事も一再ではなかつたが、その都度、氏は平然として其れ等を處理された。氏にとりては、そうした事を處理する事が、身内にみなぎつて居た活力を發散するに最もよい機會であつたと思はれる。

八田炭鑛を始めとして、尾曾根炭鑛、三ノ越炭鑛、見初炭鑛を經て、新見初、王子、長澤の各炭鑛では頭取として、その事業を把握して居られた。昭和二年には市の西端に厖大なる海面干拓をせられて、その地に西沖ノ山炭鑛を創立された。此事業を經營された當時氏の力強さは、最もよく發揮されて居る。堤防決壊の大非常を受ける事數度、鑛内非常も數度あつたが、氏はあらゆる苦闘をし續く艱難を克服して、氏ならでは見られない事績を擧げられた。昭和干拓及び前記炭鑛の事業關係者には、最近總ての精算を終へて、何れも充分なる報酬を與へられ、有終の業果をおさめた。

梶返炭鑛はもと第一神原炭鑛として、此方面では事業的には可成りの手腕を知られた岡本三郎氏、佐貫耕一氏を輔佐として、嗣子種一氏が經營して居られたけれど、豫期の成績が上がらなかつたので、一時廢止して、今回の時機に例に依つて氏の負けじ魂から梶返炭鑛として再生し、氏自から頭取りとして乘り出されたものである。嗣子種一氏を事務長として鋭意その事業を續けつゝあるから、更生せる仝鑛の將來は刮目に價ひするものがあるであらう。

氏はその豪爽なる性格に依るものであると思ふが、武張つた事を好まれる。就中相撲は氏の最も好まれる處で、只に見るだけでなく鬪志滿々、何時でも對手さへあれば一戰を辭せない氣分を持つて居られる。而して未だ負けたと言ふ記録を持つて居られない。氏の氣強さは此處から生れて來るものであらう。齡ひ古稀の年を過ぎる事數年なれども、壯者をしのぐ隆々たる元氣を持ち、非常時下の國家の爲め萬善の努力を續けて居られる。

〔※1〕原文は「最よもく」だが、文意から「最もよく」に改めた。

忠實氣鋭の人　西村宇吉氏

忠といふことは、信念の結晶であつて、眞理を表徴する代名詞である。即ち、人に與みせず、その道に與みする人は、滅ぶると雖も、その道は尚永劫に存するからである。是れが眞理である。宗教上で信仰の根據は、依法、不依人といはれてある。それは、誰が言はれたから有難いといふのではない。本願寺の坊さんでも、或は田舍の山寺の坊さんが言はれた事でも、その法の道理が如何にも犯すべからざる眞理であるから、そこを信仰の根據とするのであるが、西村宇吉氏は、この眞理に生くる忠實なる使徒……とでも云ふか、事業の上にでも、或は自治政の上にでも、この信念によつて、たとへ先輩長上の言ふことでも、自ら是と信ずるところは飽迄も、自説を曲げないといふ氣鋭の人である。こうした事は、過去に於いて市會によく實行されて居る幾多の事實がある。市長さんが云はれたことだから、一々これに贊成するといふ様なことはなかつた。かつて、前期の初期の市會において、某長老の言に、「カツ」となつて大いに論議され、遂に自説に屈服せざるべからざるに至らしめたエピソードもあつた程だ。それは何がそうさせたかといへば、西村氏は、一つの問題、一つの事象に對して、自ら如何にも、と納得の行くまで之を研究して、初めて、之を信ずるといふことに忠であつたからだ。

筆者などがよく西村氏に向つて、市政上の或る問題について、「あなたは如何に……思ひますか」等と質問する場合、必ず、「この問題について君等に即答は出來ぬ、又來たまへ」と斷ふである。筆者はこの點が頼もしいと思ふ。この西村氏の態度で思ひ出されるのは、孔子の門人の中でも、子夏といふ人は、孔子の云はれた言葉なら、一も二もなく信ずるといふ人であつたらしいが、同じ門人の曾子は、たとへ孔子の言葉でも之れを自分によく思惟觀察して如何にも、と腑に落ちる時に至つて、初めてこれを信ずるといふ人であつたらしい。だから終ひに、孔門傳授の心法を繼承したものは曾子であつた。陽明が之れを評して、「參や魯をもつてこれを得たり」と云はれたのも、誠に當然である。

これを一寸聞くと、子夏の方が才氣煥發で、師匠の言ふ所を片端から受信するのは如何にも秀才の様に思はれるが、彼れの學問が、淺い見聞の學に終つて内面から創作の生命を生ぜしむる事が出來なかつたのも、畢竟彼れが曾子の如く、よく咀嚼玩味せなかつた當然の歸結である。語は横道に這入つたが、西村氏の態度がよくこれと似て居ると思ふ。學歴は持たない、一介の田夫を裝ふてはゐられるが、飾り氣のない、宇部言葉でポツリ、ポツリとその説くところ等、尋常の凡人ではない。

氏は曩〔さき〕に、宇部文藝協會長として、地方藝術の進展に寄與すること多大、次に市會議員として、前後三期に及び現在に至る。その間、自治政上に尠なからぬ功績を示し、その熱心振りは市民の齊〔ひと〕しく認むるところである。事業方面では、個人關係の保險業を初め、沖ノ山、窒素、その他大小會社の重役として君臨、その多彩に渉りて撓まざる努力奮鬪に餘念なき氏の面目實に躍如たるものがある。

至誠の人　河村唯輔氏

「ヤアーお久しう……相變らず元氣で結構々々まあ、おあがり、おあがり」と、常に訪問しても、恰も久方振りに遠來の友を招待でもするかの様、かつて一片、嫌な顔を見せない。何時も、滿腔の好意をもつて、心地よい談笑の裡に相手方を恍惚？たらしむところは、若冠たりと雖も犯しがたいその社交振りの老練なることは、遉〔さす〕がに苦勞人である。酢いも、甘いも、かみわけて、人情味タップリの故に、相手の心理をたちどころに觀破するところ等は、矢張り商業家だけに争はれぬ。

普通ならば、銘酒「養老」の釀造元として、奥の一室に閉ぢこもり、お茶でも飲んで、新聞雜誌に飽きが湧いたら、散歩でも試み、偶々帳簿に形式的眼を通すのが關の山。接客などとは思ひもよらぬ大旦那であるが、河村氏の場合は決してそうではない。番頭にもなり、小僧ともなり、例令一合の酒を求める人に對しても、何等差別なく「有難たう……」の言葉を忘れない。そうした、實に慌たゞしい日夜の活動に、些の疲勞も覺えないやう、その間には、私事、公共に關する種々様々の訪客に接しても悉く、相手に滿足させねばおかぬといふ誠實振りは、到底尋常人の及ばざるものがある。

家は代々酒造を業とするも、氏が年齒、僅か二十三歳の折、父喜平氏の逝去にあひ、酒造業の他に喜平氏の遺業を繼ぎ、潟炭鑛の頭取として、茲に初めて、實社會に第一歩を印した。

當時の鑛業經營は、多年の經驗者と雖も、頗る苦境の時代で、時は恰も歐洲大戰の勃發初期に當りて、經濟界は極度に不安の折柄、氏の如き無經驗にして然も若冠の到底よくするところではなかつた。その苦難の程は枚擧に遑なく、次から次へ容赦なく襲來したのであつたが、天性の剛氣は、たとひ一時たりとも、酬ひられる時が來たのであつたが、再び天運は氏を惠まなかつた。が、この一試練こそ、金玉にも替へがたい尊い体驗であつたのだ。後ち、一ノ山炭鑛の重役として業界につくした功績は尠なくないばかりでなく、幾多の逸話が、未だ話題に殘つて居る。就中、重工業中の隨一たる宇部鐵工所が、今日の隆盛を招來した半面には、過去に於いて幾多苦難の歴史がある。即ち經營難の爲め解散の止むなきに直面した當時、氏は其の多數の解散說に獨り故渡邊社長の說を贊補したことに依つて、現在の素晴らしい宇部鐵工所のスマートな彼の新工場を見る時、氏は今尚同社の重役として轉[てんじ]た、今昔の感にたへないものがあるであらう。

　氏は市内、中宇部の河津に生る。年二十五歳にして村會議員となり、市制の執行さるゝや又市參事會員に選ばれ八ヶ年間、自治政に參劃して克くその職責を全ふし、その他公共事業につくした事も亦度々。就中、今は市の表玄關ともなる西新川驛の土地三千坪を市の發展の爲めに寄附して、當時、故渡邊翁をして、いたく感動せしめたものであるが、今その功勞により紺綬褒賞御下賜の光榮に浴されてゐるのも亦むべなるかな。げに、好漢、資性謹直にして、然かも豪放磊落眞に稀れに見る人格者で、尚ほ將來を期待されてゐる。

藤本政郎氏

東見初炭鑛株式会社副社長・市會議員

人世五十功なきを恥づ、と古人は言つて居る。社會組織が單調であつた昔なら、此言葉も全部あてはまるかも知れないが、現代の如く複雜になつて來ると、如何に古人の言であつても、時には違つた現象を表はして來る事もある。

　此頃、表面に現出して來た東見初炭鑛株式會社副社長藤本政郎氏は、五十歳である。昨秋市會議員に始めて當選して、宇部市上層部に顏を出して來た。氏の活動は是れからで、人生五十歳男の活動の出發點を此處に定められておもむろにスタートを切られた。それは丁度、大輪な花の蔭にあつた蕾と同樣で其花の散つた後には、當然更に大きく咲き出るのが定つた世の中の法則であるかも知れない。培養期が永かつたゞけに、此花は意想外に大きく咲き出る事は必然的な實相である。

　東見初炭鑛株式會社は明治四十一年十月、故藤本閑作翁の手によつて僅々八萬六千圓の小資を以つて、匿名組合組織により創業されたもので、氏の故嚴父閑作氏が頭取で、叔父に當る現社長國吉信義氏が副頭取であつた。事業は順調に進んで居たが、好事魔多しとか、大正四年四月十二日、突如として一大災變におそはれた。併し之は一大試練期であつたとも言ふべきか。頭取以下全社員の決死的努力に依つて更生された。今日の大なる力を養成したのは、或は其時に得た不撓なる精神の賜であつたかも知れない。恁うした會社を培養地として育つて來た氏の人となりは、表面優さしく見えても、その底力の強さは想像以上のものがある。會社が三百五十萬圓に增資されても、一千二百萬圓に躍進しても、氏は何等の嬉しさも樂しさも感ぜざるが如く、黙々としてその與へられたる事務に勉勵して居た。與へられゝば何んな小さい事務でも、或は社長の事務でも、執りこなす處に氏の凡庸でない處が、あるので柔らかくてねばりつこい特殊なる氏の性格は、宇部事業界にたしかに一つの特異性を持つものである。

　金石にも替へ難い優秀なる個性を持つて、宇部事業界今日の隆盛を招いた礎石となつて、七十年の齢を終つた故閑作翁は、是非善惡をはつきり識別し、些かの感情をはさまず、常に鐵石の如く堅い理性に依つて世に處して來た稀に見る偉人であつた。

　明透なる理性に依る行動が、時に市民の誤解を免かれなかつたかも知れぬが、百年の大計を見る故翁の黙々たる不拔の精神は今實現されて、寂びれやうとして居た東區一帶の地は今非常なる活況を呈して來た。偉人のする事は大抵恁んなものである。

　遺鉢をついだ氏が、人世五十からの意氣を持ち、故翁の明透なる理性と溢れるばかりの慈愛と理解とを兼備して、今や檜舞臺に活動の序幕を切られて居るのであるが、その鮮かなる演技振りは、確かに意表に出で、將來棟梁の材たる素質は正に躍動してゐる。

宇部市の長老　米川秀吉氏

宇部市小串　電話六六八

　人をせむる事急にして、己をせむる事緩なる人間を小人と言ひ、人をせむる事緩にして、己をせむる事急なるを大人と言ふ。仁者は己を叱つて人を叱らず、凡そ世に處するに此二道あり、小人群を爲せば災ひを起こし仁者生るれば、即ち、世おさまる。仁者は治世の寶である。併し珠と言へども砂中より發見さるゝもので、小人群居も亦世の常である。

　米川秀吉氏は生へ拔きの宇部ツ子で、教育者として前半生を終始された。宇部小野田、藤山、須惠等の各校で教鞭を執り、磊落なる先生として生徒間に非常に親しまれた。三ツ兒の根性百までと言ふ。子供の時の訓育如何に依つて人間の大小は定まるものであるから、氏は此點特に留意せられて、在職中は非常なる熱意を以つて訓育の任に當り、地方教育界に多大なる功績をのこされた。

　役場へは入られた事もあり、農業組合の創設には大變に盡力された。本市事業界へは表面にこそ出て居られないが、多方面に關係は持つて居られる。

　市の自治へは市會議員を一期務められた。區長はもう永年務めて親切に區内の面倒を見て來られた。磊落なる氏の性格に應じ、文藝趣味豊かにして俳句に堪能なるのみならず。その書風は氏獨特のものにして他にその追從をゆるさぬものがある。

實業界の長老　**小林久太郎氏**
宇部市東區笹山通り　電話五一九番

　人の世に處するに最も大切なるは、至誠一貫と堅忍不拔の精神である。精神一到、何事か成らざらんと言ふ古語は、實に味はい深いものがある。

　氏と相對してその話を聞いて居ると切々にその感を深くする。氏は前期まで市會議員を務めて克く市自治の爲め盡力した。平素人との交誼にも、常に至誠が溢れて居るが、市の政治に對しても此の心を以つて事に當つた。

　御維新が完成されて間もない頃、西南役の起る前の明治八年に、氏は市内笹山に誕生した。見渡すかぎり白砂青松連なる緑ヶ濱を明け暮れ眺め乍ら成人した氏の心は、此の土地の如く、誠に清浄そのものであつた。

　明治二十八年、男子一人前となるや、その頃最も名譽として居た近衛兵に選拔されて近衛第一旅團に入營し、北清、日露の兩戰役に從軍してその本務を盡し、勳七等青色桐葉章を拜授した。

　明治三十五年、除隊故郷に歸り、市の重要事業である鑛業界に入り、諸炭鑛の重役となり、或は自ら頭取となりて二十幾年間鑛業界開發の爲め盡力された。

　大正十三年、鑛業界を引退して、現在の地に醬油釀造業を始め、誠實をもつて最も衛生に重點を置き、最上の原料と秀拔なる技術を以つてキツコーマン、マルキン等に劣らぬ優良なる製品を出し、常に顧客本位に營業を爲し信望を高めて居る。

實業界の長老　**嶋田太一郎氏**
宇部市東區海岸通り

　「よぢ登る麓との道は多けれど、同じ高嶺の月を見るかな」と言ふ古歌があるが、全く能く人生の相を表はして居る。あれもした、是れもしたと言ふのが人間の譽れではない。見る月が一つである以上、只一道を眞直ぐに登つてゆくのが、眞面目なる人生の經路でなければならぬ。廣く淺くより、狹くとも深い方が何れだけ人生に含蓄があるか知れない。一事一業にその精根を盡し定めたる業務に終始し得る人は、最もよく人生を達觀した人である。

　桝谷商會宇部支店主任嶋田太一郎氏は、大正三年四月、商會の重大る使命を帶びて來宇し、鑛山用の金物を主としてその販路擴張につとめ、市内の信用を次第に高めて着任以來二十幾年間、只一意その業務に專念して來られた。

　業績も顯著になつて來たので、店舗は移轉擴張されて現在の處に在り、非常時下の鐵飢饉に際會して、よくその需給をはかり實業報國の至誠を以つて業務を執りつゝある。

　氏は明治三年、小倉市に生れ、軍人として國家の柱石となつて日清、北清、日露の各大戰役に從軍して正八位、勳五等の位勳ある步兵少尉である。やがて古稀の齡を迎へる身であり乍ら、氣力未だ少しの弱氣を見せず、壯者を凌ぐ元氣を持つて、益々業務に勵みつゝあり。人生七十才、尚ほ勤務の力ありとの實際の教訓を與へて居る。

宇部鐵道株式会社　支配人　**渡邊傳四郎氏**
宇部市藤山區居能

　思ふて行はざるは坐して水練を行ふと同樣、その事が如何によい事であつても、何等の効果を齎さない。思ふ事は行ふて初めてその効果を表し、水練は水に入りて初めて克く之を行ふ事が出來るのである。知るは易く、行ふは難しと言ふ古語も、恁うした處から出たものと思はれる。渡邊氏は溫和にして言行一致の人である。

　宇部、小郡間を結ぶ海に沿ふた宇部鐵道線及びバス、市内及びその近郊を巡るバス並びにタクシー等を統べる宇部鐵道株式會社の支配人として、萬端の施設に留意して、頻繁なる交通事業に從事し、一意專心交通報國の爲め盡し、一生をこれに捧げやうとする氏の精神は誠に美しきものである。あれだけ多數の從業員を擁し乍ら、上下の氣脈相一致して交通事務に精勵しつゝあるのは、全く氏の自己を忘れた犧牲的行動の賜であると言つて、敢へて過言でない事を信ずる。

　氏は藤山區の生れで、市へ合併以前は地方の自治權威者として村會議員及び村長等をつとめ、村民の信望を一身に集めて居られた。市村合併には非常に盡力され、それが實現すると同時に市參事會員に擧げられ、兩者融合の爲め多大なる貢獻をせられた。氏の圓滿なる人格は益々研かれてゆき、能くその光りを表はして、人の世の光明となりつゝある。

實業界の明星　**山田直吉氏**
宇部市西區上町三丁目　電話一八七番

　「人多き、人の中にも、人ぞなき、人となれ人、人となせ人」と言ふ古歌があるが、全くその通りで、此の多くの人の中にも眞に人となつて、國の爲め世の爲め人一人前の責務を完全に果たしてゆく人は少ないのである。天與の資性、撓まぬ努力と永年の精勵練磨の力に依つて、始めて人らしい人の光りは生じて來るので、決して偶然に誠の人間は出來ないのである。

　鐵工業並に港灣浚渫事業を營み、今業界の重鎭と仰がれて居る山田氏は、佐波郡西ノ浦村の出身。明治十一年九月十三日生である。本市の人となつたのが明治三十年、二十歳の時で、その當時は勿論今の市街地は彼方此方に人家が點在して居ると言つてよい位の未完成の土地であつた。炭鑛事業としても何れも小規模のものばかりで、大炭鑛を誇つて居る神ノ山炭鑛もやつと呱々の聲を擧げんとする頃であつた。その頃あつた高橋鐵工所に入所したのが、人としての出發の第一歩で、三十七年まで職長を務め、三十八年から獨立して今日に至る。

港灣浚渫事業は大正九年から昭和二年には全く獨立して氏の個人事業として、今日の如く陣容を整へ業界に重きをなすに至つた。爾來市街地方面には諸種の事業に關係して其の發展に貢獻し、最初の商工會議所議員として、市商工業の爲め尠なからぬ業績を殘してゐるが、老いたりと雖も壯者を凌ぐその奮鬪的精力は、業界稀に見る逸物たるを失はぬ。

宇部鑛業界の長老　藤井友吉氏

宇部鑛業界の長老として自他共に許す人々は數多あるが、その中でも一段と光彩を放つてゐるのが藤井友吉氏である。氏は宇部地方にあつて誰知らぬものはないばかりか、京阪、東京、或は北九州方面にまで鑛業關係者間に、「彼の宇部の藤井か……」と、その名聲を博してゐることは、氏の過去における其活躍が如何に花々しく多彩であつたかを最も雄辯に物語るもので、正に宇部切つての長老でもあり、一面誇りでなければならぬ。さればこそ、今日、功成り、名遂げて藤山區中山の一角に悠々自適の餘生を送つてゐるのも亦むべなるかな。

氏は明治五年、善右衛門氏の長男として生れた。幼少の頃より才氣に富み、長ずるに及び頗る豪膽、謂ゆる勝氣な少年だつたと、未だに傳はる土地の評判であるが、この負けぬ氣の氏の性格が、遂に今日の營冠を獲得せしめたものとも云へよう。就中氏には「だるま」さんといふ香ばしいニックネームがある。それは彼の「ドツシリ」した動じない態度と肥滿な體軀と、前額のピカピカしたのとクルツとした慈眼の邊り……そうした全體から受ける感じを云ふのであろう。

然し、藤井氏の過去に於ける事業が、七轉八起的な道程とよく符合して居ることも亦、偶然ではあるまい。

斯くて、當時、新開作炭鑛の一事務員として鑛業界にスタートしたのが漸く十八歳の春であつた。

「儂ぐらい炭鑛で苦勞したものはあるまい、十八の頃から六十四の今日まで未だ苦勞はたへぬ……」

と、かつて自ら述懐されるのであつたが、爾來、藤山、鵜ノ島、西神ノ山、大正、一ノ山、笹山、昭和開作、梶返、大濱等々の各炭鑛において、事務員として、或は頭取、又は重役として四十七年間、有ゆる苦難に遭遇したものであるが、鑛業發展の爲め、「何、これしきの事……」と、勇氣百倍して日夜東奔西走して、毎々に縱横の手腕を揮ひ、よくその難關を鮮かに處理したことは、栴檀は二葉にして香ばし、といふ諺に洩れず、少年時代の負ず魂の賜である。

就中特筆しなければならぬことは、明治四十三年頃だつた。當時の縱坑、即ちピーヤ坑といつて、煉瓦積おろしの臺に鐵材を使用すれば理想的であつたのだが、それには二千圓といふ大なる額を要するので、頗る當時不經濟でもあり、二千圓を要すれば縱坑一本を完成されるので、一般業者の頗る惱みとするところであつたが、これより先き、氏は炭鑛の一事務員として甘んじなかつた。藤井氏は獨立鑛業家としての希望に燃ゑ、隨つて、その經營施設について常に種々と研究を怠らなかつたので、當時既に一家の識見を有してゐた時、恰も斯うした難關に當面し、氏は多年の研究を發表する機會の到來を得た。それは僅か百五十圓位で鐵材に代る木の臺を使用することを建策した。……ところが、見事、理想通りに成功し當業者をして感嘆久しうしたといふエピソートもある。この木臺を使用したことは、宇部鑛業界において氏が最初の試練であつた。爾來引續き、現在に至つて居る。

氏は其の頃から宇部鑛業界の權威として認識さるるに至り、且又その健實なる經營振りは汎く信頼を集め、隨つて著るしき業績を擧げてゐたもので、爾來氏の關係した事業といへば無條件で賞讃されたものである。

氏は鑛業界の功勞者であると共に、自治功勞者である。即ち大正七年より昭和七年まで四期を通じて、藤山村會議員の任にあり、其他、大正六年以來中山區總代に就任して約拾ヶ年間、共に地方自治向上の爲め、私心なき其の貢献振りには幾多辛苦の物語りがある。たとへば、近くは宇部、藤山合併問題の如きがそれである。當時、同問題が一時暗礁に乘り上げんとした際にあつても、氏の力の隱れた功績を認めねばならぬ。其他、中山部落に電燈問題の起つた際、當時の宇部電燈會社は非營利的施設には頑として應じなかつたのであるが、偶々沖ノ山炭鑛の上水道施設に直面し、地元區民の反感を緩和して、遂に點燈問題と交換條件をもつて解決した等々大小幾多の公事業も氏の涙ぐましい努力によらざるものは一としてない。世に謂ふ隱徳の人とは、藤井氏の場合に最もよく云へ得られることを特筆することを躊躇するものではない。

因みに、氏は資性頗る溫厚にして任俠に富み、實に圓滿なる人格者で、今や石炭報國……が高調せらるる折柄、宇部鑛業の進展を期する爲めにも、將又圓滿なる自治の運營上においても是非缺ぐべかざる人物である。

帝國在郷軍人會宇部市聯合分會長　陸軍歩兵大佐　小野田昌輔氏

「昨年の盛夏七月の候、北支盧溝橋において、皇軍に對する、支那軍の不法行為に端を發し、遂に今日の如き日支事變は擴大された。素より東洋平和確立の爲め、當時、これ等不逞軍閥膺懲の義戰を餘儀なく進めたのであるが、彼等不盲の徒、未だ夢覺めやらず……縱ひ、蔣政權は認めずとはいへ、彼等が長期抗戰を口にする以上、皇軍も亦之れに應戰する覺悟と準備がなければならぬ。即ち擧國一致である。出征した將兵の奉公も、銃後を守る全國民の奉公も、皆な君國の爲めだ……この精神を大和魂と云ふのじや」

と、少し笑顏を見せ、又改まつて、

「あんた方は兵籍に關係はどうかな」

「ハイ有ります」

「何ぢやな」

「甲種の第一補充兵であります」

「齡は何歳かな」

「五十歳であります」

「フンそれではもうつまらぬ」

「昨年の夏、事變突發當時志願しようかと思ひました」

「いゝやそれより銃後の守りも肝要じや」

と、眞劍味タツプリの犯しがたい口調で、恰度叱かられてでもゐるやうな感じが湧いた。

この會話は、筆者が、かつて、琴芝の某家を訪れたとき、その、御主人との間に交はされたものであるが、主人とは誰れあらう、帝國在鄕軍人會、宇部市聯合分會長、陸軍歩兵大佐、正五位勳三等功四級、小野田昌輔氏である。明治九年十月二十二日出生。明治三十二年、陸軍士官學校歩兵科を卒へ、第四十二聯隊附きとなり、後第四十一聯隊に轉じ、大正三年、歩兵少佐に昇進。仝年、熊本第十三聯隊に赴任、第六師團副官を任命さる。次いで大正八年、鯖江第三十六聯隊附となり、歩兵中佐となる。大正十一年、都城聯隊區司令部附となり歩兵大佐に昇進。大正十三年、鄕里宇部に歸り、昭和十年の退役。其間少尉時代に、北清事變に出征。次ぎに第四十一聯隊に勤務中の中尉時代に、彼の日露戰役に出征。第二軍奧大將の麾下にあり、奮戰苦鬪。前後二回に渉り、幾多の功名を立てられた宇部隨一の軍人型で、その名譽を謳はれて居る。

氏は質實剛健にして、論議の高邁なることは恐らく他に其の比を見られない、忠君愛國の權化である。因に氏は閑地にあるとはいへ、非常時局下に直面した現在、帝國在鄕軍人會宇部市聯合分會長として、日夜東奔西走、傍ら、神原青年學校後援會長、山口縣方面委員といふ激務にあるが、何れも身を賭して軍人精神が溢れてゐる。

村田信夫氏

宇部新川驛通りと、上町通りの交叉点に足を止め、宇部鐵の寺の前行バスに右手を上げて停まれの合圖をすると、

「寺の前にお出でゞすか、市内廻りは後から來ます……」

と女車掌さんの注意を受け乍ら、

「寺の前で……」

といつて私は直ぐ飛び乘つた。

午前七時の一番發車だつた寺の前とは、上宇部教念寺前のことだが、今では彼の邊一帶の名稱となつて居る。その教念寺前でバスを降り、北に向つて七八丁のところ。此處は山門、村田信夫氏の領地？　翠綠滴るとでも云ひたい、森林にも似た彼の庭風景の中に宏壯なる日本様式の一構へ、これが村田氏の住宅である。

玄關続きでお寺のやうな長い廊下を二曲りした八疊の一室、ここは氏の書齋である。傍への書棚や机の上に、財政經濟に關するもの、工業原理、と大書されたのや、其他文學書類等々幾多の書籍が積まれてあつた。

「早朝からお邪魔を致しまして……」

と、私が挨拶すると、

「イヤどうしまして、遠方まで中々御勉強ですね、此頃少し風邪氣味だから此室で失禮します……」

と、如何にも、もの腰の低い柔和な應待は、これが宇部有數の素封家であり、富豪で然かも門の第二世とは思はれぬ程の慇懃振りに、私は、いたく懐かしみを覺えた。曾つて、「積善の家、陰徳の人」と聞いて居たが、相對して初めて氏の人格の偉大さをその態度に表現されてゐることを知った。

「元來が淺學菲才でお役に立つ人間ではないが、まあ自分相應に、事業方面や自治政の上にもお手傳ひしたい、と思はぬでもないが、兎角健康が優れないので……つい引込み勝ちになつて濟まぬと思つてゐる」

と、さも遺憾の面持ちで、

「だから間接に蔭の方で感謝と奉仕に努めようと思ふ」

斯う云つて、氏は更に言葉をついで、

「親爺は(故増太郎氏のこと)多少の治績を殘してゐるかも知れぬが、私は實行の器ではない。一口に政治といふ、そうした方面に無關心ではないが、私のは政治に對し研究とでもいふかな、或ひは批判とでもいふか、そうした心持ちの興味はもつてゐる。ないとは云はぬ」

と、茲で一息して、

「よく、〈あなた〉は暇が多いだろうから市會議員に位ひ出て心配して貰はにやならん、と人々から注告されるが、私はそれが嫌やなのだ。只だ單に市會議員といふ肩書を持つだけで、何も仕事が出來なければ、案山子の代りにもならぬじやないか……」

と、「ニヤリ」笑ふ。その反面には理想もあり抱負もある事を裏書きしてゐるのではあるまいか。折柄、玄關に當つて、電話のベルの音が聞えた。軈〔やが〕て來客の知らせに、

「じゃア今日はこれで失禮しよう、又ユツクリ話しにお出で」

「ではお邪魔をしました」

氏は眞に溫厚篤實にして、品行方正の典型である。人に接して城壁なく、親しみあつて慢らず、何事にも眞摯なる信念のもとに、出所進退するところは稀に見る人格者である。

因に氏は過去において市會議員として、自治政上に參與し、その公平振りを見せて居たが、惜しかな常に健康優れず、爾來今日迄閑地にあつて靜養中、氏の再起を希ふや切なるものがある。

鑛業界の偉材　**松永勝藏氏**

「もう隱居見たいなものじや……沖ノ山も退いたし、何もかも殁交渉じや……年寄りは好い加減に引込まにやならぬ、よく〈後進の道〉を開くといふじやないかね」

しとしと、と降る春雨の或る日のこと、私は東新川口驛前の、新居を訪づれると、松永さんは斯う云つて、艶々しいお頭を撫でながら、彼の童顏に三ケ月眉の圓福相を崩づしながら、

「炭鑛に務めたり、市會議員であつた頃は隨分お世話にもなつたが、こうして引込んで仕舞つては、あんた方にも餘り用はないやうになつたアハヽ……でも時々はお茶位呑みに來て、面白いニユースなど聞かして貰はにやならぬ。未だまだ、浮世はなれた理でもないからアハヽヽ……」

といかにも、屈託のなさそうに大きく笑つて相手の氣持を害はぬ用心ぶりは、遉がに老練である。

明治九年生れだと云へば、齡ひ正に六十三。鑛業界の人となつて四十五年間、初め神原炭鑛に入り、後ち沖ノ山炭鑛に轉じ、保安係の任務を帶び、その手腕は認められて遂に重役に選ばれ、現に監査役として多大の功勞者である。

「四十年間雨の日も風の日も恩田から、沖ノ山迄、よくテクテクと歩いて往復したもんじや、多の日の朝の出勤途中で新川の街に一軒でも、起きてゐる家はない……街の人達は呑氣でいゝな、と思つた……」

と、感慨深そうな面持ちで過去の體驗物語りに、私は思はず襟を正すのであつた。成程、社運の隆盛も稼働者の生活安定も、一つに作業の進捗によりて出炭能率の增進せらるゝところにあるのであるが、これらは悉く保安係の責任で、隨つてその職務のいかに重要なるかが肯定されるのである。

老いて益々盛んなり、といふのが、松永さんのこと。現在は閑地にあり、といはれるが、それは沖ノ山炭鑛の「現業員」でないといふことだけで、現在大小の炭鑛會社に氏の關係せざるものはない。現に福岡縣下において優良炭山として將來を囑目されてゐる小倉炭鑛頭取を初め、他二、三會社の重役を兼ね、日夜寸暇なき活動振りは雪に元氣旺盛にして、壯者も及ばぬものがある。

氏は昭和四年、宇部市會議員の改選に當り、稼働者の代表？　として首尾よく當選。以來仝十二年の改選期まで八ケ年間、市政に參劃し參事會員として、自治を助けよくその職責を全ふした。

資性は眞に溫厚、篤實、殊に信仰の念深く、上を敬ひ、下を慈しむ圓滿なる人格者である。

因に松永さんは十六才の頃より他家に百姓男として奉公なし、當時一ケ年九俵の割合で月十日間、年間三分一の三俵を得、その餘暇は炭鑛に働いたものである。就中、その奉公中、朝飯前の一斗の米を足踏みで精白しなければならぬ……といふ當時の苦心談があるが、本文には餘白がないので遺憾ながら省くことにするが、要するに氏の今日の成功の蔭には後進の範とする尊い苦がい体驗のあることを附記しておく。

牧三平次氏

「職業柄、あんた方に斯んなことをいふのも釋迦に說法か知らんが、古くから〈智愚も三十里〉と、云ふことを知つとるかね……」

牧さんは斯ういつて、刻煙草をキセルに詰め乍ら、ニヤリと笑つて、

「こういふ事績は、支那の古書にもあつたことを覺えとるが……それは〈先見の明〉といふことの大切な所以を說いたものだが、僕はこの頃、つくづく、故渡邊さんの偉さを偲ぶ、確かに、〈先見の明〉があつた、偉いもんじや」

と、溜息に似た息をついて、コツンコツンと吸殼をハタキながら今度は、彼の長い、白毛交りの口ヒゲを捻り上げ、

「つまり、智者は三十里先のことを、よく注意し、思惟して、之れを覺ることが出來るが、愚者はそうでない、道を三十里行つて初めて知るといふのだが、ここが大事だ、不注意に三十里行つて結果はどうなるか……縱へば、注意のある人が山路を歩む時、青蠅の一群が羽音を立てて、一種の臭氣が鼻を突いて浮動いて來る、とハハー此邊には毒蛇が居る……と氣がついて方向を轉じてその災を避けることが出來るが、不注意な人が山路を行くと青蠅の羽音が聞えても何とも思はぬ。毒蛇の臭氣が鼻を突いても更に氣付かぬ。遂に毒蛇の身を踏みつけ、其の嚙みつかれた時初めてあゝ毒蛇にやられたと後悔するもんじや……が、故渡邊さんには政治上のこと、事業上のこと、凡てが〈先見の明〉があつた。注意深かつた爲め、何事も成功してゐる」

と牧さんは斯う云つて、思ひ出に昂奮したらしい呼吸づかひを見せた。

そうして故渡邊を神の如く崇拜してゐるのと、漢學に蘊蓄の豊富なことゝ、支那の歷史にも可成り通じて居られることに、私は畏敬の念が高まるのを覺えた。

「何しろ、今の宇部鐵工所の素晴らしい發展振りはどうだ……實に隔世の觀がある。僕が居た頃の宇部鐵工所が一番苦境時代であつた。毎期々々赤字計りで、當時故渡邊さんはいつも私財を投げ出してね——或る時、株主總會、否〔い〕や重役會で、徒弟學校の廢止説が出て大部分賛成が多かつた……が、邊さんは、まあまあ、もう暫く辛抱しよう、其内には何とか工夫もある……とね。僕個人としても、再三意見を述べたこともある。それはお氣の毒だつたから——宇部の會社で赤字を出すのは宇部鐵工所だけ位だつた——が、現在の隆盛を故翁に見せたい位だ。人氣は確かに宇部事業界の筆頭だろう。僕は育ての親のやうな心地がする……」

と、牧さんは再び深かい感慨に耽けるのであつた。

まこと牧さんが、宇部鐵工所の專務？　時代には、

「赤字計りだと云つて勿論閉鎖されるもんでもなし、職工諸君の爲めにも……どうしても、頑張らんにやならぬので中々つらいよ」

と、よく斯うした話しを聞かされたことを思ひ出すのである。

事業家としては餘り恵まれなかつた牧さんではあるが、一面、大成した今日の宇部市を育てあげた。自治の功勞者として見遁すことの出來ない一人である。宇部生えぬきの舊家に生れ、郷土愛の權化でもある。こうした心持ちを、俗に宇部精神とでも云ふか、全く他に見られない、一種言ひ知れぬ郷土愛の精神が躍動して居る。即ち協同一致といひ、共存同榮といひ、これを地で行くものは蓋し宇部人だけであるかも知れないが、若しそうだとすれば、これを植ゑつけて育て上げた人々の努力は、眞に高價なものでなければならぬ。

英國の碩儒〈スペンサー〉は、

「世道を進めるをもつて己れが任となし云云」

といつてゐるが、超然自治の境に立つ牧さんは、眞に大丈夫といつて決して誇大な言い方ではあるまい。

因に、氏は宇部村長、村會議員、市會議員として直接自治制政を助長せしめたことを附記しておく。

宇部実業界の功勞者　宅野潔氏

宇部市東區琴芝通　電話五八三番

きつちりとした洋服の着こなし方、洗煉された起居動作、その總てに一段の立派さを見る氏の日常生活、之れは若くして海外生活を永くされた事に基因するものであらう。道を歩いて居られる時でも、遠くから氏である事が分る程、優れた特長を持つて居られる。又相對してお話を聞いて居ても、その博學なる事も勿論であるけれど、其おだやかな話し振りは一層敬慕の念を持たせせられる。眞實の紳士だ。

氏は明治八年、本市藤山に生れ、仝二十九年、山口師範を卒業。しばらく宇部の母校で教育の任に當つて居られたが、向學の念に燃ゆる氏は、同校を辭して明治三十三年、慶大理財科へ入學し、秀才の名を知られ、同校を卒業すると仝時に三十六年、北京に留學。かたはら公使館に勤務し、よく支那の情勢を研究中、或る特種の重大使命を帶びて、山東省の法政學堂に教授として赴任し、國家の爲め、その重責を果された。

海外生活は六年ばかりで切り上げて、明治四十二年歸國、郷里の土を踏まれて實業界入りのスタートを切られた。初め秋田商會へ入社されて、大連、旅順等にも派遣され、大正二年迄勤續された。大正五年、令兄及び同志等と相協力して沖見初炭鑛株式會社を創立、常務取締役に就任して、地方開發の爲めに盡力され、昭和二年、同社が大倉鑛業株式會社の經營になつてから、同社に繼續して勤務された。又市會議員も務められ、市政の爲めに多大なる貢獻をされた。

因みに氏は明治二十九年から三十六年にかけ七ヶ年間、北支に於いて公使館に、或は領事館に外交官として勤務中、偶々兗州に於て獨逸人宣教師二名が支那人の爲め殺害され、獨國はその賠償として山東省の重要鐵道を要求する事となつたが、若し支那政府が之れに應ずる時は、山東省全部を獨國に割譲したも同然の結果を招來する。そうなれば、日、英の不利は目前にある……といふので當時、英國側リツチ氏と日本側宅野氏の二名が、獨、支の交渉に對し飽迄反對して遂に、支那に對する獨國の領土的野心を放棄せしむるに至つた……といふことを茲に特筆して擱〔お〕く。

國吉左門氏

宇部新川驛の北方に當つた高台、誰いふとなく、富豪部落の名稱がある。成程宇部地方財界のお歴々の住宅が櫛比した島部落である。

この島部落の中央東寄りに、草葺ではあるが所謂四方じころで、古風な奥ゆかしい一構へがある。それが名門、國吉左門氏の住宅なのだ。生垣をめぐらした通路の砂上に、掃目正しく線を引いて、何處に塵一つ見つからない。その左側には、草花の溫室があつて色とりどりに咲いて居た。私が最初に感じたのは、この廣い庭内に、庭園らしいものゝ見つからないことだつた。ただ彼方此方に、大小幾つかの庭園用の奇石が運ばれたまゝだつたのと、その廣い庭内を行届いて掃除され、いかにも清潔であつたことが、薄暗い冬の日であつたが、一帶の感じが何となく、秋晴れの明るいものがあつた。

「愈々冬が來ましたね……何れ雪でせう、今日は大變感じます、どうぞこちらへ、サアお樂にして下さい」

國吉さんは、斯ういつて、炎々と炭火のホテツた大きな火鉢を私の方へ押し寄せながら遠慮勝ちの笑顔を作り、

「何か面白いお話でも聞かして貰ひませう……あなた方には隨分種々な見聞が多いことでせう……」

と、如何にも相手を射るかのやうな、彼のクルクルツとした上眼使ひを續けさまに二、三回。それが國吉さんの特長でもあるが、私はその上眼づかひに一寸氣勢を挫かれたやうな一種形容しがたい或ものを感じた。私はその頃、街の風景といふやうな、新聞の雜報欄にでもありそうな至極平凡な話を一クサリ終ると、國吉さんは態〔わざ〕とらしい微笑を見せ、期待に〈副〔そ〉はない〉ぞ、とでもいつたやうな態度で、

「選擧後の風評はどんなです」

と、頗る眞面目に私の顔を直視されるのであつた。考へて見れば、成程、國吉さんは名門に生れて、所謂名利を追はない人格者である。で、いつの選擧の場合にでも、眞先きに候補者として話題にあげられてゐるのだが、歯がたゝぬ……、

「私等はそんな器ではない……」

と、謙讓の德望家である。だから華々しく第一線？には立たぬ。

易を人に讓りて難きは之を己が取り、一身の安危を顧みない國吉さんは、矢張り宇部市を思ふの情は何人よりも以上に關心を持つてゐるのである。選擧後に於ける街の風評とは、選擧された市會議員に對する、一般の人氣を心配せらるゝところに、市民の幸福と愛市の勸念が燃えて居るのである。恰度〔ちょうど〕、昨年十一月八日に改選された市議選擧後の押し迫つた師走のことであつたので、私は選擧も公平に行はれた當選議員に對する街の人々の好評である噂話等々有りのまゝに話すと、さも安心した樣に……、

「いや、市會議員に對する市民の感情の善悪が及ぼす影響は、決して軽視されぬ。自治の向上とか、市民生活の幸福增進とかいふが、根本は爲政者と、それから、これに參與するものと、市民の感情とが、ピツタリ合ふところに初めて眞の共存同榮の實が結ばれるだ……イヤそれを聞いて安心安心、まあ、お互ひに、お互ひの爲めに立派な宇部市を、より以上に達成させなきやならぬ。先づあんた方は社會の木鐸といふじやないか。是と信ずるところは、大いに輿論を喚起して、指導せにやならぬ職務にあるんだ。その性質は公器に属して居るんじやアハゝ……」

と、愉快げにお世辭交りの呵呵大笑。

因みに國吉さん、かつて宇部市農會長、宇部市収入役、琴崎八幡宮總代、其他公共の事業に關係多い地方稀に見る君子型の人。

温厚なる君子型　**佐貫耕一氏**
宇部市藤山區藤曲

氏は永らく、銀行界に在つた故か、凡てが頗る莊重である。温厚と云ふ言葉では少しもの足りない。一例を擧げると、談話中にも「あなた」がどうの「あなた」がこうと常に敬語を發せらるゝので、筆者なぞ、いつも恐縮するのであるが、そのうちに又深かい親しみを見出すのである。餘り笑顔を見せない、といつても不機嫌からでなく、所謂威儀の正しい氏の性格が自然に表徴されるのだ。そればかりではない。氏は文學に淺からぬ趣味を持つてゐる。和歌、俳句、散文……といつた風に……斯うした方面に心あるもの常として、いつも思索に似た心持が生ずるもので、隨つて一見明朗を缺いでゐるかのやうにも見受けらるゝのである。だから興が湧いてくると、文學の話、書畫骨董から事業上の話なぞ、多方面に渉つて論議される場合もある。それが又何時間でも始から終りまで、行儀よくキチンとした態度で、莊重な言葉を聞くときは、さながら古儒者の講義でも聞くやうな感じが迫つて來る。よく「眞劍味のある人」といふことが云はれるが、氏の如き人を指して初めて適用されると思ふ。

氏は明治二十年、藤山區藤曲の舊家に生る。幼にして智に優れ、既に秀才に伍し、關西中學の業を卒へるや茲に實社會の人となり、その第一歩を廣島縣吳郵便局に入りて二ケ年の後歸郷して、宇部郵便局に勤務すること三ケ年。退いて金融業に志し、厚狹郡船木町に本店を置く船城銀行に入社。本支店に勤務すること八ケ年間一日の如く、公平に且又親切叮嚀をモツトーとし、業界の爲めにも亦利用者の爲めにも善處し、その職責を全ふした。財政、經濟に造詣ある所以も亦むべなるかな、當時氏を信頼するもの多くその面目の躍如たるものがあつたのだ。

銀行を辭して、事業界に入る。先づ當時の西見初炭鑛の庶務會計を擔當、創業より最後迄約十ケ年間勤續、後暫く閑地にあつて、間接には大小の事業に關係して、所謂產業開發を助長せしめてゐる。最近過去……自ら鑛業經營に着手して現在に至る。

因に氏は、資性温健にして頭腦頗る明晰、隨つて判斷力に富む俠氣は、殊に他に秀でて居る故に衆望のある所以である。氏は又政治にも可成り趣味を持ち、倫理化でなければならぬといふ氏獨特の政治道德論を聞かされたことも屢々である。藤山村時代から議員として村治向上の爲め身命を賭してこの職責を全ふして多大の治績を残してゐる。今や、穩健派の中堅として自他共に許し、將來多大の期待をかけられた有爲の人格者である。

帝國在郷軍人會宇部市沖宇部分會長
松本醫院主　**松本傳治氏**
宇部市岬　電話 二四一／一一八六

一日小閑を得て畫面に向ふ氏は、見て居る間に蘭を書き上げる。四君子はもう卒業の科程を經て山水の研究に入つて、もう素人畫の域を脱して居られる。氏の如く公私共多忙な人はないのであるが、その一寸した寸暇に畫筆を持ち、雜念から離れて身心の塵介を淸掃される一新された氣分で、更に活動力を滿たされる。

軍籍に在つた氏は在郷軍人會宇部市沖宇部分會長として、もう可成り永い間、その方面の御世話をし

て居る。人一倍奉公の観念に強い氏は、目下の非常時に當つて身を以つて銃後の護りに萬全を期し努力さるゝその活動は、實に目ざましいものがある。又仝方面より方面委員として、是れも永い事その事業に當つてつぶさに面倒を見て來られた。人の苦を己の苦として永年勞苦を積まれた氏は、眞實に人としての光りを持つて居られる。こんな人を人格者と言ふのであらうか。醫局以外にまで、その仁術を行ふてゆかれつゝある。

氏は大正三年、京都醫專を卒へられると同時に軍籍に入り、大正四年から六年まで縣立病院に奉職し、同年宇部へ歸つて沖ノ山同仁病院へしばらく務め、同年四月より獨立開業して今日に至る。氏は市内小串の名望家松本和三郎氏の長男である。又市參事會員として市政の爲め盡力された事もあり、地方自治の爲めにも重くその存在を認められて居た。

因みに松本氏は現在、宇部市ゝ醫として、又校醫として、その他宇部中學校後援會々長として、教育方面にまで相當の治績を示されつゝある。

沖ノ山炭鑛株式会社
常務取締役 **名和田哲郎氏**
宇部市濱 電話二四八番

「吾が心、鏡にうつるものなれば、さぞや姿の、みにくかるらん」との古歌があるが、眞實その通り各々の心に浮かぶまゝが、鏡に映つたなれば、それは隨分困る人が多いであらう。それほど人世には表裏の多いものである。

此の表裏様々な人世に處して只ありのまゝ、心のれ趣くまゝに行動し、それで世の非難を受けず何の屈托もなく生きてゆける人は幸せである。

偽善の爲めに己の醜を秘くし、殊更に善人らしく振舞ふ人の多い世の中に、天衣無縫のまゝ自己の職を守つて行ける人が眞實の人間〔※1〕である。斯かる人こそ鏡にうつる姿も心も何等異變なくあるがまゝの偽りなき相である。

沖ノ山炭鑛株式會社の常務取締役として、同社の推進力を持つて居る氏は、社長渡邊剛二氏の御令弟で、名和田家へは入られた人である。

永年同社へ勤務され、累進して今日の重職に任じられたのであるが、氏程天衣無縫の人は少いであらう。それは日常の總ての行動に現れて居るが、併しそれを悪く評する人はない。たしかに徳の人である。人情味を豊かに持つて居られるので、同社四千名の全従業員からは大變敬慕されて居る。

尊大ぶらない處に、氏の眞實の美しさがあるので、上下ともにその感を深くして居る處である。事業に對する技能には、もとより非凡なる力を持つて居られるが、藝術に對する趣味も亦豊富である。

〔※1〕原文「行け人が眞實るの人間」を、文意が通るよう「る」の位置を変え、「行ける人が眞實の人間」と変更。

宇部事業界の元老 宇部運送株式会社
社長 **縄田松太郎氏**
宇部市新川驛前 電話〔一五四番／三一〇番〕

貝原益軒の言葉に三つの富をあげて居る。財産の富、壽の富、心の富、以上である。

此の三者の中、その何れを欠いでも人間として國家の役に立つとか、或は自分自身が幸福であるとは言へないのである。例へば黄金を山程積んでも壽命が短ければ何等の幸福なく、又反對に百歳の長壽を保つたとしても、財と心に惠まれざれば、徒らに生きて來たと言ふだけに止どまつて何等の樂しみはないのである。心の富も亦、非常に大切なもので、一つの信念に惠まれなければ如何なる人も常に不安を覚えるものであつて、是又幸福にはなれない。

財を得、足るを知り、信仰を持つた人を眞の人間と始めて言ひ得るのであつて、斯かる人こそ國家の御役に立つものである。

氏は運送会社の社長として、その牛耳を執つて居るが、極めて明朗な事業家である。齢も已に古稀を過ぎて居るが、十年位は若く見える。多くの子寶にも惠まれ、幾人か現在國家の御役に立ち、今活躍中である。氏の語る處、何時も明朗にして和氣溢れ、その行く處、常に快談の花を咲かして居る。而かも事業の成績は極めて良好であり、身體は人一倍健康であるから、氏に於いて始めて眞の幸福者であると言ひ得る。

刀圭界隈の名手
末永醫院主 **末永理一氏**

内科と小児科の名手として、多年宇部醫師界隈に知られた末永醫院長は、お醫者様として、市民に多分の懐かしみを植ゑ付けて居るばかりでなく、市會議員として、かつては市民に忘れがたい、深い親しみを感じさせてゐる。

氏はそれほど眞劍味のある實行者なのだ。方面委員としても亦過去において、西區總代としても、その肩書に忠實といふより、寧ろより重い負擔を辭しなかつた數々の事實がある。醫は仁術といふが、云ふは易く、行ふは難きもの。その難き仁術を地で行つた末永氏の陰徳の偉大さは、感激といふ言葉では物足りない。感泣といつてもまだ足らぬ高價な事實がある。

「イヤイヤ、そんな事を書かれたら困ります……どうぞ内密にして置いて下さい、私は醫者としての務めをしたまでのこと……どうして、あなたは知つて居るのですか……」

先年のこと、身寄りのない、或る患者に、人知れず永い間の施藥を知つた筆者が、新聞記者として訪づれた時、末永さんは、そういつて頭を下げ、両手を左右に振つたものだ。

「じやア、先生の御意志を尊重致しませう……」

と、鉛筆をポケットに入れると、さも安心したといふ態度で、

「私はねー、これで若い時代は隨分苦勞してゐますよ。醫者になつたのも苦學同樣だつたのです。で人の情けといふものゝ味ひを體驗してゐます。所謂〈世は情け〉といふ眞理を自覺して居るのですね。まあお蔭樣で……」

と、滿面に笑みを湛へながら、

「長男も、どうやら醫者の肩書を取りましたので、後繼者は出來ました、これからぼつぼつ社会奉仕に專念しますかなハハ……」

と、いかにも滿足そうな笑顔を見せ、今度は少し改まつて、

「時に、男と生れて、一度衆議院議員になつて見たいもんですねー。私は貧乏だから金を費はぬやう、言論戰一本槍で、所謂理想選擧で戰ふのも痛快でせうねー」

と、末永さんは政治上の抱負を一クサリ。折柄看護婦が午後の往診を知らせに來た。

「じや、又話しませう、患者は醫者を待遠しがるもんですから……」

と、患者に深い同情のこもつた言葉を残して、ソソクサと診察室の方へ姿を消したのであつた。

何時の間にか、外は東風に雨さへ加はつて陰氣な初夏の晝下りであつた。私は玄關の厚いドアを押して外に出ようとする刹那、

「アノ先生が、お先に失禮しましたから……と、そうお仰つてでございました。又どうぞごユツクリ入らつしやいませ」

と、二十計りの可愛らしい看護婦さんが、笑顔を作つて、末永さんの意を傳へてくれた。逌〔さす〕が、親切叮寧に一貫する末永醫院だけはあると思つた。

末永さんは、宇部の市街部に於いて、開業醫の草分けといつてよからう。初め西區、舊驛通りで、細やかな開業醫であつたが、現在はどうか。綠橋通り四丁目邊に、彼の豪壮な洋式の三階建がそれである。これは廣池千九郎博士の、道德化學〈モラロヂー〉に説く、「最高道德の實行者には、必らず最善の報酬が惠まれる」と、教へてあることを思ひ出さずにはゐられない。

資性眞に溫厚、常に慈愛に滿ちた彼のニコニコ顔で「あなた方」「あなた方」……と、敬意に似た言葉を連發して、應接される巧妙さは實に洗煉されたもので、所謂、曲折の多い、世の荊の道を幾往來かした末永氏である。齡ひ未だ五十餘り。必らず期待さるべき何ものかが、その心中に躍動して居るのである。

中沖山炭礦頭取　古谷博美氏

去る五月五日のお晝前であつた。恰度新川春の市例祭當日のこととて、老も若きも道行く人々の何れも今日を晴れとばかりにお祭氣分を滿喫して至極和やかな風景を展開してゐた。此處は元西沖ノ山炭鑛「昭和開作」東側の土堤である。斯うした雜踏の中で、色の小黑い、瘠形の身に中古の黑ラシヤで詰襟の服姿、黑の短靴を穿ち、鳥打帽を冠つた恰好は、一見、窒素あたりの職工さん？ 以上とは想はれない。歳の頃四十二、三位の血氣盛りの男が獨り、雨手を兩方のポケツにグツと差込み、俯向き加減に、何か深い物思ひにふけりながら歩みを進んでゐたが、通り會ふ人々は何れも叮嚀に頭を下げてお辭儀をする。と、その男も亦帽子を脱いで叮嚀に五分刈頭を下げて、「ヤアお出かけかな……」と、親しみのある笑顔を見せるのであつたが、誰あらう、この男こそ、今少壮事業家として注視の的になつて居る中沖ノ山鑛頭取、古谷博美氏である。

人も知る、その謙讓の徳を。

故渡邊翁崇拜者中の隨一であるばかりか、小なりとは雖も、凡ての行爲が、故の再現かと思はれる程、氏の社會的に、將又事業上に於いて、部下？ に對する深い理解と厚い同情心は、私心なき共存同榮といふ市憲の一節を實行してゐるところなども、第一人者といつて誇大な言ではあるまい。

藤山區居能、藤山驛前の新築の木の香が未だ失せやらぬ氏の佳宅、應接は洋室の心地よい椅子に寄りながら、

「皆さんのお蔭で……まあ炭鑛の方も今では順調に業を進めて居ります……でも過去において、創業間もなく、彼の非常が突發した時等、從業員に對しても、琴に株主に對して申譯がない……いつそ死にたい……と思つたこともありましたよ……」

と、如何にも感慨無量の表情で、早や眼頭に潤ひを見せたが、氏はそれ程責任感の強い至誠の人間である。

「然しそんな弱氣で何とする……それでは却つて皆さんに申譯がないことになる……斯う思ひ直して、自ら鞭打ち……先輩諸氏の後援で再び現在の坑口を開けたのですが、その間、株主や從業員諸氏の熱誠なる奮闘振りは、涙の出る樣な思ひがして私は感激に堪へない……」

と、飽迄も自己を忘れて他に功を讓るといふ、この美しい精神であつてこそ、氏の今日の成功が結ばれたのである。要するに氏の血管に一貫するものは、株主の後援と、從業員の努力に對して、衷心感謝しなければならぬといふ堅い信念である。ここが故渡邊翁に似てゐるといふのである。

氏は一見平凡に見えるかも知れぬが、政治上の理想も識見もある。殊に社會化の緊切なることを聞かされた事もある。就中都市完成美といふ樣な抱負を聞いたこともある。

氏は學歷を持たぬが、性來測量の道技に通じて、專門家の遠く及ばざる才能を有す。苦勞人であるが故に、人情の機微に精通して隨つて、同情心が俠氣を生む。

最近、市内改整に伴ふ道路計畫の確定に際會し、舊住宅の移轉の止むなきに至り、犧牲的精神より卒先、現地に新築したる等々、その爲すところ淡々として、執着心なきところ氏の心境の明朗が如何に奉仕的至誠に滿ちて居るかを窺知するに足るではないか。

氏は現に九州方面其他の炭鑛に關係して將來の飛躍こそ期して待つべくそれは、筆者ばかりではあるまい、幸ひに自重せられんことを。

中沖ノ山炭鑛（重役）
（会計課長）計理士　**上野育三氏**

清廉潔白にして然も情味溢る。人に接するに城壁を設けず。至誠通天の意氣を以つて求めず、騒がず。超然として社會構成分子たる一員としての信念に忠實なることに於いて、我が上野育三氏の如き人は蓋し稀れである。

氏は藤山區居能の舊家に生る。小學、中學を經て大正八年、東京、早稲田大學の商科を卒へるや、直ちに十五銀行に入社。昭和元年迄、滿七ヶ年勤續。傍ら餘暇を割いて、工學計理を研究すること多年。時恰も家事の都合に依り歸郷して、暫く閑地？　にあつたが□□□〔※1〕銀行宇部支店長に懇望されて、二ヶ年其の職務を擔任して、厚き信頼を得た業界稀に見る勤直の人である。隨つて氏の財政經濟に關する識見は一頭地を抜いてゐる。

上野氏、古谷氏とは竹馬の友である……そうした關係から、今の中沖ノ山炭鑛の創業に當り、古谷氏の懇請もあり、自ら友人の起業を援ける？　意味において潔よく之れに參畫なし、現在では、中沖ノ山炭鑛の重役であり、會計課長の職にあり。部下否從業員を見ることは、頭取古谷氏と共に子の如く、慈愛に滿ちた待遇振りに一同は感謝の生活を樂しんで居るといふ實狀である。

或る一日、鑛業事務所を訪づれると、

「まあどうぞ、こちらへ」

と、自ら椅子を薦めながら、頗る愛嬌に滿ちた齒切れのよい口調で、

「お蔭様で、拂込み金も全部返濟したので、これからは皆儲けといふ有様でアハハ……こんな事と知つとつたら、もう少し株を持つとつたらと後悔に似た心地がします。……イヤそれは冗談々々……時にどうです、他の景氣は……」

と、頗る朗らかに、頭髪には彼方此方と白髪が見えるが、今年四十四歳の働き盛りで、現在公共の事業に關係したものは地元の第一三九區々長を初めとし、山口方面委員に任ぜられ、かつて選擧肅正委員の一員としてその功あり。

次に氏は計理士として、その需めに應じてゐる。未だ少壮の域にあり、將來を期して待つべき多才の逸物である。

〔※1〕三字分空白。銀行宇部支店長の名の部分ヵ。

宇部商工會議所副會頭　市会議員
宇部市嶋　**渡邊剛一氏**

宇部市財界及び事業界の大元締として、知られた氏は千萬長者の意氣も高らかに、非常時下の產業振興の爲め、非常に盡力されて居る。氏の現在統裁してゐる會社は七ツある。資本金壹千參百萬圓の沖ノ山炭鑛株式会社、之れは近く隣村厚南及小野田地先海面五百萬坪の埋立申請中であるから、全方面に進出するやうになれば何の位い大きくなるか分らない。

二千四百萬圓の宇部窒素工業株式會社は、今破竹の勢ほひで躍進しつゝあり、一千四百萬圓の宇部セメント株式會社は、斯界最高峰の權威者藤本磐雄氏を中心として、新進氣鋭の大事業家中安閑一氏等を擁して同額の資本を以つて朝鮮セメント株式會社を起し、本邦業界にその聲名を馳せつゝある。その他株式會社宇部鐵工所、新沖ノ山炭鑛、宇部電氣鐵道株式會社も皆氏の掌握する處である。

氏は明治十九年九月生れ、刀圭界の畑に入る可く熊本醫專を卒業し二等軍醫になつて居る。又地方自治體には非常に明かるく、縣會議長を務めた事もあり、市會には議員として數回當選し、前回までは副議長であつた。宇部商工會議所議員には機械工業代表として出で副會頭となつて居る。醫師としての本務は忘れないので、今宇部市醫師會の會長である。生れて未だ苦勞と言ふものを知らぬ幸福な人である。

縣會議員　市會議員
東見初炭鑛株式会社
人事係長　**西村帳七氏**
宇部市東區綠橋通三

氏は東見初炭鑛株式會社の人事課長として、仝社の煩雜なる人事萬般の事務に當つて居る。かたはら山口縣々會議員、宇部市々會議員等の公職を兼ねて居る、生へ抜きの宇部人。明治二十三年の生れである。十八歳の初陣から今日まで三十餘年間、鑛業界ばかりを歩いて來られた。と言つても嚴父の經營して居られた高平炭鑛に入社され、其れから間もなく、東見初へ入社されたのであるから、彼處も此處もと言ふ程に歩いて居られるのではない。

前社長藤本閑作翁は、その個性の強い事に於いて、又事務に詳しい事に於いて確かに地方事業界の大偉人であつた。從つてその經營振りにも特異な處があつたが、仝時に又人を見るの明もあつた氏は、やうやく、青年期に入ろうとした若冠の身を仝社に入れたのであるから、事業そのものもだが、人格的にもその感化を受ける事が多かつたのは事實である。

氏は何時會つても極めて質素な風采をしてをられ、決して氣取つた風をされる事がない。何んな目下の者に向つても親切である。多年多くの從業者に接し

て來られた結果かも知れないが、能く洗煉されたものだ。又氏は多辯ではないが、一度口を開けば理路整然たる説をされる。之れは懸會の議事に於いても、市會の議事に於いても實に感服させられる。至誠の溢れた名士として敬仰すべき人物である。

沖ノ山炭鑛株式会社重役
市會議員　**右田惣吉氏**
宇部市御影町　電話六五〇番

氏は沖ノ山炭鑛株式會社の二代續いた柱石と言つても過言ではない。嚴父秀之進氏は仝社が創業されて間のない頃、尊い犠牲者となつて居られる。氏はその精神を受け繼がれて二人分の精魂を打込んで、今日まで仝社に勤續されたのである。氏が入社されたのは、若冠十六歳であつたから、已に四十年近くなる。會社と運命を共にすると言ふ語をよく聞くが、氏に於いて始めて其の實感を覺えしめられる。

氏が會社から離れた時と言へば、明治三十八年の日露戰爭の時だけである。皇國の軍人として各地に轉戰して、克く奉公の誠を致し、明日奉天城へ入城と言ふ前日、惜しくも名譽の負傷を負はれた。一時は全然氣を失つて居られたのであるが、奇蹟的に命を取り留め、やがて晴れの凱旋をされたのである。皇國勇士の面目は今でも躍如として殘つて居る。會社へ復歸すると同時に、前にも增して勉勵された。

社運は氏等の撓まざる努力によつて躍進、また躍進して今日の大會社となり、氏も又重役の職に就かれた。十年一日の如くと言ふ言葉があるが、氏は四十年一日の如く多難な保安係ばかり勤めて來られたのである。市事業界の功勞者である氏は、從業員から慈父の如く慕はれて市會議員にも今回で二期つとめられて居る。氏は只に沖ノ山鑛の功勞者と言ふに止まらず、市の功勞者として推奬するに足る。

沖ノ山炭鑛株式会社　重役　機械課長
市會議員　**東谷武人氏**
宇部市西區朝日町　電話一二六番

重役さんと言へば、大低頭のテカテカと光るビールの見本に出て來る大兵肥滿の紳士を聯想するが、氏は全然その軌を逸して重役としては若冠組である。大正十三年の入社であるから今年で十四年目である。實に早い出世と言はねばならぬ。一寸見ると何處に、そんな偉さがあるかと思はれるやうであるが、併し機械學にかけたら第一人者だ。もとよりそれだけでは重役にはなれぬが、事業の經營に當る才能も人を動かす德もあり、何れの方面からでも充分にその貫錄は備はつて居る。先見の明も、人を搾るゝの度量も、人一倍秀ぐれて居る氏としては重役の職も容易に務まるであらう。實に明朗なる重役さんである。

機械と化學の世の中になつて、總てがスピード化されて來た今日、もし之れに遲れたら世の敗殘者として慘めな殘骸を晒さねばならぬ。されば機械並に化學の應用及び消長如何は、直ちにその國の國力消長の根本原因となる。之れを一會社又は工業界に就いて見れば、機械力の強弱が即隆替の岐路となるのである。宇部今日の盛運を得た處の母體を爲した石炭工業も南蠻車を以つて繰業して居た時代と今日を比較して見ると、眞に隔世の感を禁じ得ないものがある。總てが機械化されて、現沖ノ山炭鑛壹千參百萬圓の大資本の中でも、鑛區費を除けば、あとの大部分は機械費に充當されて居る。之れだけの機械を守るだけでも並大抵ではない。それを日夜運轉して百萬噸からの石炭を產出するのは、聞いたゞけでも一驚を喫する處である。それを目のあたり運轉して居る現場を見ると常に驚歎すべきものがある。

氏は此處の全責任を持つて居られるので、男としての張合はあらうが、併し寸時も氣はゆるせない。東北帝大出身の秀才が、此の大會社の機械課長として、重役として活躍される。その前途は實に洋々たるものである。氏は又市會議員として、市自治にも籍を有し、その方面でも重く見られて居る。ヱンヂニアとして眞に明朗な紳士である。

東見初炭鑛株式会社
機械課長　市会議員　**松本佐一氏**
宇部市則貞

人、事業に志を持てば、その事業と共に死すと言ふ一大決心を有つにあらざれば、到底大事業は成し得ないので、至誠を以つて一意その事に歿頭して始めて大事は成し遂げられるものである。一人一業、狹く深くと言ふのが人間としての使命でなければならぬ。されば一業に終始して、その業體を究め之を遂行してこそ始めて眞實の使命は達せられるのである。

東見初炭鑛株式會社は機械所有力に於いて市内第一である。坑内外共に、その施設の完備は仝時に社の內容を察知するに足る。現在この機械課へ勤務する社員だけでも二十三名あり、職工の數に至つては四百八十名の多數を擁して居る。此眞只中に在つて、その重責を背負つて立つ氏は、大正三年今から二十五年前に入社されたのである。氏が入社された翌四年にはあの大非常があり、大いなる試練を受けた。

人と言ふものは全生涯の中で必らず思ひ出と言ふものはある。氏にも又生涯を通じて忘れられない思ひ出が、その事業史の上に二つある。その一つは言ふまでもなく東見初の大正四年にあつた大非常と、も一つは名池常盤湖の揚水問題である。

打ち續いた旱天に池の水は殘り少なくなつて、機械力に依る外はなくなつた。此時氏は敢然起つて全力を盡して市民の爲め揚水事業に當られた。氏は又昨年市會議員に常選されて市政界の第一歩に入られた。

沖ノ山炭鑛株式会社
参事　市会議員　**田中末松氏**

沖ノ山炭鑛株式會社参事として、又市會議員として、市民から重く見られる氏も亦、沖ノ山で成長して同社と運命を共にする人である。参事と言へば重役の一歩手前であるから、もう重役と言つても大層なはゞかりはない。右田重役と同じく保安課の責任者であり、又二代續いた同社の柱石である。先代嘉十郎氏は宇部鑛業界の権威者として許された人で、始め第二沖ノ山に居り、合併後全社に轉じて重役となり、前社長の片腕と頼まれて居た程で、又市會議員も一期つとめられた極めて温和な人格者であつた。

氏は先代の後を継いで益々堅實にその名を揚げられて居る。昨年秋は優秀な成績を以つて市會議員に當選された。沖ノ山系の人として世人は見て居るが、仲々どうして公平な人である。私事と公事とは明瞭に區別せられて、如何なる場合でも決して公事に自己の感情を交へない。其處に氏の偉さは見られるのである。

會社内に於いては何時も暗い坑内の勤務であるが鑛夫達に慈父のやうに親しまれ、又氏は鑛夫達を吾が子以上に優しく勞つて居る。如何なる場合も彼等と共にと言ふ眞實心を持つて行かれるので、鑛夫達が氏を敬慕するのは當然であると言ひ得やう。事業界に明るい氏は、自治界にも直ぐ精通されて、能き市會議員としての将來に多大の期待をかけ得られると思ふ。眞に温和なる人格者である。

宇部市會副議長　**俵田明氏**

俵田氏のことを、今更こゝに改めて並べるまでもあるまい。すでに餘りに有名である。地方新聞紙上に於いて、或は雑誌形態を爲す紙上にでも、早くより凡ゆる機會に紹介されてゐる。

曰く、沖ノ山炭鑛株式會社専務、宇部窒素工業株式會社長、宇部油化工業株式會社長と、この三つを筆頭に宇部セメント其他の事業會社に重役として、今宇部財界の中心人物であることには萬人異論のないところ。營業政策の細かさと果敢な決断力と云ひ、その手腕は全業界の驚異である。しかし筆者は、その完成された事業家としてゞはなく、爲政者としての俵田氏をとる。

第三次市會議員をやめた後の俵田氏は、自動的にか、他動的にか、その動機はとも角、一時市界を退き、専ら事業方面に活動してゐたが、後ちには財界政界の世話役として君臨してゐた。政界の機密にも、事業會社の裏面にも通じてゐる氏にとつては、恰好のはまり役だつたに相違ないが、爲政者として既に可成大きな将來を期待されてゐたのだつた。

氏は財、政界の世話役となつても、宇部にばかりへばりついてはゐなかつた。前後二回に渉る歐米観察旅行は別としても、寸閑を利しては朝鮮に走り、滿洲に飛んで各種の資源を調査し、氏自身の所謂産業報國の樹立完成に努力してゐた。そしてこの間氏は、

「我が宇部は従來石炭輸出のみの都市であつたが、将來は化學工業の發達に全力を傾注して、所謂商品輸出による収入増加をはかつて、市民生活の安定に備へねばならぬ……」

と、こういふ意見を屢々聞いたことがあるが、まこと爲政者とし心得なければならぬことだ。

そういへば昭和十二年の四月、第七十議會が解散後の衆議院議員の總選擧に直面した或る日だつた。沖ノ山炭鑛の事務所に氏を訪づれた時だつた。事業上の抱負や、政治上についての希望やら、其他四方山の話の末、

「どうも以外［ママ］だつたねー、議會閉會間際に突然［だしぬ］けに解散とは……全く寝耳に水とはこんなんだろう。成程種々な意味から現在の政黨を無疵［むきず］だとはいえぬが、立憲政治と銘打つ以上、理想としては國民を基礎に醸成された政黨政治でなければならぬものを、如何にも天降り式に政黨無視？も露骨過ぎはしないか。官僚？　政治にも弊害がないと誰がいふか……官僚といふ一種の優越感そのものが即ち弊害なのだ。これを所謂る獨善主義とでも云ふのかねーハ……この獨善といふことで、僕等が痛切に遺憾に思ふのは、彼の政府のやつてる製鐵事業だ。現状のていたらくでは見給へ、今に鐵饑飢が襲來するから……」

と、斯ういつた談話の記憶を筆者今、改めて新らしく整理して見直すとき、逭［さす］が俵田氏の周倒なる先見に感嘆の言葉を禁じ得ぬ。そればかりか氏の政治的關心の淺からざるを知ると共に、その非凡の偉大さを認めぬ理けには行かぬのだ。筆者が先きに事業家としてより寧ろ爲政者としての俵田氏を「とる」といつたのは、ここのことだつたのだ。

去年の秋、推されて三度市會に席をもつた。そして副議長の印綬を帯びたことは、當然過ぎる程の當然である。

氏は奇略縦横の才士であると同時に、清濁合はせ呑む器量人として事業界に又政界に、将來の活躍は多大の興味をもつて刮目されてゐる。

宇部商工會議所議員
市會議員　**三浦保市氏**

かつては宇部市の三闘志として定評ある他に、「末永理一氏、藤川喜太郎氏」［※1］。三浦氏は事業家としてより爲政者としてその名を知られてゐる。

過去十有餘年間に渉り、市會議員として無私公平に善處して、自治政の上に多大の貢献をなしてゐることは、今更茲に並べるまでもあるまい餘りにも衆知の事實である。彼の均整の體軀に犯しがたい態度と、壯重なる口調で、言々句々理路整然とした質問應答振りは正に市會の權威である。

縦令〔たとえ〕ば、往年の末永氏の「私共は云々」とか、「何々でござりまするので云々」とか、或は「いかゞかと存じまするので、眞に僭越とは存じまするが御參考までに申上げておきたいと存じます……」といかにも柔らかにお醫者様らしい言葉使ひに引かへ、三浦氏の場合はユルユルと起立して當局者を一睨(?)して、「エー私は」と發言して一寸机上に眼をおとし、「何々でありますから云々」とか、「でありますから御手數とは思ひますが、今一度愼重なる御調査が肝要と思ひますので御參考までに申上げておきます」といふ樣に、いかにもハキハキとして所謂、男性的である。加ふるに、押しの強さの點は、高木氏と共に市會の双璧で好いコンビでもある。

斯うした氏の性格は市會に於いて計りでなく、家庭に在つてもそうであるが、商談の場合にでも、凡てが卒直で悟淡であるから萬事がスピード〔※2〕に解決される理で、所謂、能率增進を地で行く快男子である。今一つは市街地の東部方面で、「三浦さんといへば彼の市會員議の三浦さんですか」と十中八九まで知らない者はゐない位ひによく知られてゐる。これは永らく東區區長「現在の總代」の任務に在つて、如何に忠實なる至れり盡くせりの世話役であつたかを如實に物語つてゐるのである。精神的には云ふまでもない。物質的にも尠なからぬ犧牲を拂つて區民の爲めにその職責を全ふしたので、三浦氏の名を忘れ得ないのは當然過ぎる程當然であろう。

以上の事實を見たゞけでも、三浦氏の治績に多謝しなければならぬが、まだある。それは先きの商工會に庄會長の下に、副會長として十有餘年間、商店街隆昌の一路に邁進してゐたが、人口の增加と商工業發展のため、その處期の目的を達成するには商工會議所設置の必要に迫られ、昭和九年、遂にこれが實現を見せたのも氏の力のあづかつておることを忘れてはならぬ。現在會議所議員として愈々、得意の舞台にあつてその手腕を期待されてゐる。

因に三浦氏は島根縣石見の出身。四十年前、宇部に移住し近親東條氏のもとにありて材木其他の營業を修得し、青年期に於いて早くも獨立して鑛山用坑木商を經營するに至つた所謂立志傳中の一人である。才智に秀で處世術に丈け、時代の幸運に拍車をかけ、熱心と努力は遂に報ひられ、現在では市内有數の實業家として頭角を現はすに至つた。明治十五年生れといへば本年五十七才。未だ多幸なる將來がある。

〔※1〕原文は〈他に末永理一氏、〉だが、文意より〈他に、「末永理一氏、〉に訂正。

〔※2〕原文は「ピスート」だが、文意より「スピード」に訂正。

宇部電氣鐵道株式會社支配人
宇部商工會議所議員　石川實藏氏

昭和二年、宇部電氣鐵道株式會社が創立されて茲に十一年。その間、大小幾多の苦難はあつたとはいへ、今日では地方私鐵業者を尻目に彼の素晴らしい發展振りは、本山炭鑛に延長した。これら業績の顯著なることは實に業界切つての好成績を占め宇部電鐵の盛名をほしいままにするに至つた。これらは一つに故渡邊積極イズムに傚ふ、支配人石川氏が每々に終始一貫、至誠をもつて健實なる經營の宜しきを得たからである。沈着のうちにも、彼の勇猛果敢的な手腕は單に石川支配人の強い性格からばかりでなく、私心なき交通報國主義からの信條より生れ出た固い信念の現はれにほかならぬ。

昭和四年、宇部電鐵に入社以來、今日まで八ヶ年間一日の如く、同社の發展と交通至便との爲め文字通り寸暇なきまでの、その勤勉振りは感嘆といふ言葉だけでは物足りない。寧ろ辛苦に似た歴史が綴られてあるのだ。

宇部市内、梶返部落の中央に宏やかな日本家屋が石川支配人の住宅である。筆者はシトシトと降る春雨を突いて、或る日曜日のお晝久方振りに訪づれた。青々とした綠樹の數々、恰度森林(?)にも似た庭園に圍まれた住宅、三坪に餘る應接室、開け放された中庭を南寄の椽側に待つこと暫らく……軈〔やが〕て洋服姿で、そのスタイルといひ容貌といひ、犯しがたい實に貴公子然たる中に顏面に微笑さへ浮べ、彼の特長のある黒い濃い一文字眉と、それから黒眼勝ちの人を射る樣な眼光の邊りに云ひ知れぬ親しみを感じさせながら……

「ヤアお待たせしました。どうぞお樂になさい。洋服の時は樂に座ることが禮儀に叶つて居るのだといふじやないですか。どうも日本人は洋服を着て正座する癖があつていかぬ。最も住宅の建築樣式が疊だから一口には云へぬが、然し洋服の時は遠慮せず樂に座ることだねー。でないと折角ズボンの形も台なしになつて了ふアハ……」

と大笑したが、成程そう云へば石川氏の洋服姿は洗練されたものだ。

「あなたの過去……つまり履歴といつたやうなことお聞せ下さいませぬか」

といへば、

「何、僕等は未だ一年生だよ。そんな事を話す資格がない。之れから十年も先きになつたら、多少君達に話して聞かせる經驗も積む理だが、今のところ白紙だねー」

と飽迄謙遜しながら、それでもボツリボツリと、

「僕は財政とか經濟とか……斯ういふ方面に多少興味をもつて居る。勿論必要なことでもあるので、今少し研究したいと思つてゐるが中々暇がない。事業方面でもそうだ。親爺が早く亡くなつたので……割合に青年期時代から早く炭鑛業に縦事して居るが、これも先きに云つた樣に、未だ一年生だから、これから萬事先輩諸氏の指導を受けて、獨り歩るきの出來る樣に努力する積りだ……」

斯ういつて石川氏は何か深かい思ひ出に耽けるの

であつたが、思へば最近愛妻に先立たれた氏にとつては、孤獨の寂しさと悲愁とが未だ消え去らぬ樂しかりし過去の日を偲ばれるかの様にも察せられたのである。

「奥様が御病床中には寢食を忘れて看護をなさつた。石川さん位ひ奥様思ひの人はない、といふ話ですが」

といへば、

「何それ程でもなかつたが……どうかして快復さしてやりたいと思つてねー……」

と態〔わざ〕とらしい笑ひのうちに眼の邊りには潤ほひがほの見えて來た。それほど石川氏は溫情味豊かな即ち人間味たつぷりの人だ。これは現事業の上にでもそうで、部下に對して、たとい一線路工夫に對する場合でも何等隔意なく、この溫情を忘れることはないのである。そうした實例を筆者はよく見受けるのだ。

石川氏は明治三十年生れ、學業を終へるや直ちに大藏大臣官房、建築課門司出張所に勤務すること大正九年迄。初め故嚴父松太郎氏が副頭取として經營するところの西見初炭鑛に亡父の後ちを受け、官途を辭して大正十年より昭和元年迄勤務。後ち昭和四年、今の宇部電鐵に入り、社員より支配人に拔擢さる。他に東見初炭鑛監査役の任を始め、他の事業に密接の關係を持ち、少壯實業家として將來を嘱目されてゐる。

内科、小児科村上醫院
院長 **村上悅十氏**

明治三十九年十月からといへば、未だ炭鑛町の新川として知られた頃、所謂、白砂青松の面影が消えやらぬころだ。今の西區北町三丁目に開業、爾來歳を重ねること實に三十三年間、十年一昔といへば三昔を經過すること三ヶ年。其間幾多の曲折は免れなかつたであらうが、今日では、宇部の刀圭界隈に最古豪者としてその天職に忠實なる村上氏は、「足の輕るい、氣のおけない、優しいお醫者様だ」として一般市民から一抹の親みと懐かしみをもつて、忘れがたい深かい印象を植えつけてゐるが、成程そうである。何處へいつても、村上先生といへば、「ああ彼の優しいお醫者さんが」と大抵の人は肯づくのである。それは臨床的の治療手腕を認められてゐるといふばかりではない。氏の私心なき親切と患者に對する同情の至誠がそうさせるのである。

大正十五年七月、北町より現在の西區海岸通り二丁目に移轉以來、村上氏の盛名は一段と輝きに似た異彩を増し、自宅診療に、或は往急に、文字通り寸暇なきその降昌振りは蓋し當然である。

或る冬の日のお晝頃、筆者が久方振りに訪れた時であつた。彼の宏壯な醫院、長い廊下を二ツ三ツ曲つて、茶室に似た四疊半の氏の居室で、尺五に餘る瀬戸物の火鉢を圍み、庭樹に降りそそぐ雪景色を眺めながら、

「僕は雪を見ると赤垣源藏を偲ひ出すよ……」

と、先生は薄すい長がい髪の毛を正しくかき別けたお頭を撫で、眼鏡越しに下目使ひでニヤリと笑ひながらから、

「芝居でも活動寫眞でもそうだが、赤垣源藏の傳記とでもいふ様な史實を讀んだ事があるが、〈芥川氏の著作になるもの〉彼の紛々と降りしきる雪の中を、一升徳利を下げ、酔眼朦朧として詩を口ずさみながら濶歩するあたりを想像すると、つい一杯呑みたくなるねアハ……」

と、大笑。そういへば先生は酒と煙草が一種の嗜好となつてゐるらしい。

「先生はお酒を召しりますか」

といへば、

「そうだ酒は好きだねー一度の量が二合位……、陶然とした酔ひ心地は確かに無比の好い興奮劑だねー。それ彼の〈雪は鵞毛に似て飛んで散亂する云々〉と赤垣源藏が云つてゐる。彼れは、武人であつたと同時に、詩人でもあつたのだ。元來こうした思索は何かの……瞬間に浮ぶものだ……赤垣の當時の心境が僕にはよく解るやうだ……大高源吾は俳句師(?)であつたか知らぬが、赤垣はあれで抒情詩人だつたらしいね」

と、文學談を一クサリ聞かせられて筆者は煙りに巻かれるやうな氣がするのであつたが、直ぐ成程と思つた。森鷗外を初めお醫者さんであつて有名な文學者が輩出してゐる事を思ふと、この村上さんの文學に多分の趣味をもつて居られる事に何の不思議はないのだ。先生も、たゞのお醫者さんでない事を知つたのである。

「お醫者商賣とよくいふが、暇の様で中々忙しい、樂な様で中々つらい、夜中に晝の疲れで熟眠中を叩き起されて見給へ、君慾とか何とか、そんな問題が頭にあつては醫者はやれぬよ、露骨に云ふとだ、金儲けといふ觀念は忘れなければ眞正な仁術は施せないよ、それでも世間には、少數の人がまだ、時には醫者を非難するものもあるらしいが……中々こうした醫者の苦勞とでも云ふか、心境とでもいふかに對する認識が不足してる様に思ふが甚だ遺憾だよ……」

と、先生は太い溜息を吐いて過去の思ひ出に耽けるのであつた。

村上氏は明治十四年、藤山區に生る。長じて京都府立醫學專門學校に入り、明治三十八年六月、卒業直に現在の醫科大學の前身たる同校附屬病院に一年三ヶ月勤務。翌年歸郷して宇部に開業今日に至る。云はゞ宇部生ゐ抜きの古參者として刀圭界隈切つての人望家である。資性頗る謹直にして清廉潔白の人格者である。

土木建築請負業 山口縣土木協會理事

市會議員　長田林太郎氏

東區海岸通リ　電話一二四番　營業所九三四番

「西區本町通りの道路面を一度でも修理したことがあるかね、ないだらう。儂が本町に控へて、餘計な世話をヤイたからだ。市役所の技手などに任かして置いたのでは安心ならぬ……理窟は上手だが、何しろ經驗が淺いよ。まあ子供だ。儂の目から見ればねアハ……」

と、かつて西本町居の頃、一つの自慢話を聞かされたものだが、眞と市内何れの舗裝道路でも一度か二度修理して居る過去の事實を知る時、成程自慢するだけはあると思はれる。

長田氏はそれほど自信もあり熱心家だ。熱心といへば宇部地方の素義〔※1〕界でも、近谷氏に次ぐ天狗だそうな。そういへば新川座邊りで、彼の肥大な體軀に上下をつけて舞臺に納まつた姿を見たこともある。下關、九州、大阪邊りまで、素義會に遠征したといふから相當な自信がある理だ。

過ぐる昭和八年、市議改選に當り、故渡邊翁の意を頂いて立候補したことを知る人はあるまいが、氏は故翁の厚き信頼を得てゐたのだ。それほど眞實性が多分にあるのだ。

「儂は間違つたことは大嫌いじや。好い事は好い、惡いことはどこまでも惡いに決つとる、……それから、他人から一旦斷うと頼まれたら、一身を顧みず徹頭徹尾、忠實にやる」

と、よく聞かされたものだが、これが世に云ふ親分肌とでもいふのであらう。

昨年秋、第二期目の市會議員に當選した。氏は小事にこせつかない親分肌の大人物であるハツハツハ……と大きく笑つて物事を處理してゆく處に氏の眞價がある。同じ請負師中でも氏の如く豪放で磊落な人は少ない、とらへ處がないので奥が分らない、縱つて人の親しみが深いがあれで仲々細心な處はある。小事に明るく又大事の才能も至つて豐富だ。

市會の席では沈默家の方であるが、併し市の道路問題とか建築方面になると流石に第一流の闘志だ。質問に隙がない。多年の經驗から來る眞實さがある。市會で氏の言に重きをおかれて居るのもそれが浮動の言でないからである。人の意見もよく聞く理のあるものは克く容れ、然らざるものは聞いて聞かざる如く、その取捨撰擇は誠に公明なものだ。人物の大きさから來る必然の結果である。

氏は明治十一年十一月六日、縣内唯一の靈地吉敷郡秋穂二島村にて產湯をつかつた人である。氏が宇部の人となって最早や四十年に近くなる。だから宇部は第二の故郷と言つてもよい處である。始めは石材販賣が主であつたが、その後逐次發展して現在に及んだので、その信用も非常に高い。曾つて少し健康を害した事もあつたが、今は舊に倍して壯健になり、還暦の年を迎へて益々元氣旺盛で、國家の爲め又市政の為め大いに盡力されてゐる。

〔※1〕素人義太夫のこと。

西王子炭鑛頭取　市會議員　瀬戸軍一

宇部の鑛業家として廣く知られた氏は父子二代つゞいて斯界の權威者である。沖ノ山炭鑛へもしばらく勤務して故渡邊翁の知遇を受けて居られたが、獨立の志厚く、仝鑛を辭してから只管研究して來られ、昭和十一年一月、現在の西王子炭鑛を創業された。海底炭鑛と違つて陸上の炭鑛は非常なる困難の伴ふもので、此方面では大分手を焼いた人が多いのである。原因として、その容易な部分は大概過去に於いて採炭されて居るからで、餘程の經驗者でない限り、美果は得られないのである。氏は恁うした總ての惡條件を知りつゝ創業されたのであるから、非常なる決心を持つてかゝられた事は言ふまでもない。最もその當時は所謂炭鑛熱の盛んな時であつたから、可成多數創業されたが、現在事業を繼續して居るのは、氏の西王子炭鑛と他には二、三あるだけである。現今では出炭報國を唯一の念願として種々におそひかゝる艱難を克服しつゝ、非常時國民の強い意氣を持つて只管事業を進展さして居られる。

身體は大きいと言へないが、智恵の瀬戸と言はれる程の人で、全身是れ智恵のかたまりかと思ふ位、克く分別の働く人である。

氏一日の日課としては、先づ自身に經營されて居る炭鑛の事務所へ行かれたり、關係して居る他の事業を見て歩かれたりする事であるが、能くあれ程と思はれる位働らかれる。非常時國策の線に沿ふてガソリン節約の爲め、殆んど徒歩で用件を濟まされる。しかも極めて質素な服裝にて、一年を通じて健全に活動される。

事務所に於ける氏は多くの從業員達のよき父である。笑ふと言ふ事は極めて少ないが、常に溫和な顔で接しられるので、事務員達としても氏には常に深甚の敬意を持つてその業務に服して居る。

身を持する事には謹嚴そのものであるが、人には極めて寛容であるから、そんな處に人の尊敬を受けるおのづからなる德があるのであらう。部下の失策を責める等と言ふ事よりも、氏自からの、その人に對する愛情が先に溢れる〔※1〕から、叱つたりする暇はないのである。艱難な事業を經營しながら、あれ程の能率を上げて行くのは、氏の經營その善し惡と言はんより、上下の心が一致して居るからであると言つた方がよいかも知れない。

昨年十一月、市議改選に當つて氏は始めて市會議員と言ふ肩書を得られた。初陣の功名としては誠に輝かしい方で、無理ない票を得て市政壇上の初舞臺を踏まれる事になつた。豫備知識は相當に持つて居る筈であるが、まだ今の處では滿を持して弓をその袋から出さない。至公至平にとは、常々口にして居られるので、市民の爲めに此れが是であると思はれる事は、堂々主張されると思ふから、市會の空氣なるものをその腹の中へおさめられたら、市當局もその存在を重要視するであらう。

家庭に在る氏は、春夏は日の出と共に離床され〔※2〕、秋冬のやうな日の短い時は大抵五時に起床される。神佛への信仰が非常に厚いので、朝起れると先第一に朝禮拜を爲され、それが濟んで一日の日程をつくられる。規則正しい氏の生活は、誠に定規で則つたやうである。家に在る時も外に在る時も、その行動に一分のすきがないのは、要するに氏の生れ乍らに備へられたそのよき性格が然らしめるものであらう。又氏は財政經濟に得意の識見を有し、現在古谷博美氏を頭取とする中沖ノ山鑛顧問として、現在素晴らしい好成績を見せて居ることは、萬人既に異論のない有數の人材として、將來に多大の期待をもつて矚目されてゐる。

因に氏は下條區長として從來貯金の奬勵に專念し、目下數千に近い區の財產あり。思ふに今や全國貯金總動員の高調せらるゝ折柄、氏の用意周到なる先見的烱眼は、流石に全身智惠の塊だけあつて感服の外はない。

〔※1〕原文は「溢るれ」だが、「溢れる」に訂正。
〔※2〕原文にはない。「れ」を補った。

宇部商工會議所副会頭
市參事會員　高木勇藏氏

大正十四年、宇部市會議員に當選して以來十二年、昨秋の改選に四度當選して現在市參事會員としてその樞機に參與し、一方、昭和九年、宇部商工會議所の創設に及び第一次の會議所議員となり、今年、即ち昭和十三年三月の改選にも亦當選會議所副會頭の要職に擧げられた高木氏は、印刷所を經營なしつゝ、市政上に將又商工業進展の爲めに文字通り寸暇なき活躍家といつてよからう。人間五十五といへば恰も智惠の盛り、活動盛り所謂油の乗り切つてゐる時である。

防府市の出身にして、宇部に移住して以來三十年といへば第二の故鄕といふところで、それほど宇部通でもある。當時二十幾才にして新聞界隈に入り、所謂口八丁手八丁といふ豪勇の名を知られて居たのだ。かつて藤井友吉氏曰く、

「私が小野田で炭鑛經營中の事、一時非常に苦境に落ち入つて居た時代に、高木君の爲めに救はれたことがある。實際高木君は議論をさしても筆を執つても、當時は彼程の人物は見付からなかつた云云」

と、話された事がある。まこと、彼のドッシリとした沈着の態度といひ、言論の口調といひ、押しの強さといひ、膽大にして小心といふことは高木氏の如き性格者を云ふのであらう。

十四五年前のこと、筆者に、「君新聞記者など早く止め給へ……」と、同情に似た好意をもつてよく注意せられたこともある。高木氏は斯うした優しい半面がある。

自から鬼佛と號された處を見ると、大變氣性が強かつた様に思はれ、又佛のやうに優しい反面があつた様で、兎に角その頃の元氣一杯に張り切つた氏の姿は、誠に感じのよい若い紳士であつたに相違ない。あの頃の氏の寫眞を見ると、何人にも負けないと言ふ強い氣性がよく現れて居る。今程にはないが、あの時代も可成り肥滿して居られたやうだ。鬼に金棒か、佛に如意棒か、何れにしても正義に根據を置いて堂々の論陣を張つたであらう當時の氣魄が目に見えるやうだ。一管の筆、是を降魔の利劍として鬬つた若かりし日の氏の姿を忍ぶ時、非常な親しみを感ぜさせられる。

市會議場に於ける氏は、十年間も續いて居るので場内の空氣には實によく馴れて、恰も市會の推進機のやうだ。議事の進行係のやうに氏の一言一句は克く市會の機微をうがつてゆき、議事の圓滑をはかつてゆく。それが實にあざやかである。又商工會議所議員も今度が二度目で、見事に群輩を抜いて副會頭になつた。何處にあの才があるのか、兎に角、才氣旺溢の偉材であると言はねばならぬ。

宇部窒素工業株式會社
常務取締役　國吉省三氏

大正十一年、春の或日の朝であつた。新川驛發の上り電車に乗り合つた折柄の中學生達が、私の傍らで、

「アレは高商の先生よ……」

と、互ひにもの珍らしさうに囁やくので、私も思はず彼等の視線に眼を注ぐと、そこには行儀よく腰を下ろして、キチンと揃つた兩膝の上に黑皮のカバンを乘せ、その兩側を兩手でヤンワリ抱えたスマートな洋服姿の紳士が眼についた。「成程あの人のことだな」と思つた。茶色の中折帽子を眞深かに被り、微笑に似た自然の笑顔と、身動き一つしない態度……全體的に洗練された容姿は、この炭鑛町でついぞ見たことのないので、「これは田舍者ではないわい」と思つたも道理、誰あらう、當時山口高商教授として通勤されてゐた未知の國吉省三氏であつたのだ。

それから十一ヶ年の歳月を經た昭和八年十月、故渡邊翁の懇望により、山口高商教授の職を辭し、宇部窒素工業株式會社の常務として就任した。爾來歳を經ること正に五ヶ年。この短かい間には必らずしも順調とは云へない幾多の杞憂も免かれなかつたことであらうが、早くも今日の彼の素晴らしい發展振りはどうだ。加ふるに業績の顯著なることは、業者をして羨望に似た驚異をもつて國内的視聴の中心に坐し、宇部窒素の盛名を誇るに至つた。

是等は一つに前俵田專務を輔佐して常務國吉氏が終始一貫健實なる經營の宜しきを得たからである。よく熟慮斷行といふが、さうした手際は單に國吉常務の果敢な性格からではなく、氏得意の財政經濟の

信條より生れ出た責任觀念の現れに外ならぬ。

　私は曾つて、島部落の坂道を登り詰めて東寄りの少し北に當つた氏の邸宅、門をくぐると番犬に吠えられながら恐る恐る玄關に訪づれた時だつた……洋式の應接室で溫かいコーヒーをススリながら窓越しに庭景色に見入つてゐると、和服姿の氏は少しニコニコ顏で靜かに、

「ヤ大變お待たせしました……東京からつい一時間ばかり前に歸つたばかりです……まアどうぞ」

と、叮寧〔ていねい〕に眞にもの優さしく椅子を與へられたのであつたが、遉〔さす〕がは過去に於いて永年先生として豐かな溫情味を嬉しく思つた。そして又一面には學者肌の人には稀に見るその應待振りの鮮やかなこと等、これは往年歐洲留學の收穫の一つでもあると思つた。

　高商教授から實業界入りの感想に對しても、商業學校は、所謂商人を養成するところで、即ち不離密接……で、他の學校と異なる所以やら、習得した智識を實地に應用する興味とか、或は個人經濟と會社又は國家經濟の區別等のお話は、恰ど學生に對する先生の心持ででもあるかのやう、實に至れりつくせりで、門外漢の私にでもよく理解されるのであつた。

　最近、綠屋百貨店社長として、その抱負經綸に關する談話を聞いて、「矢張り實業家であるわい」と更に一層感嘆、これを久しうしたものだ。

　氏は學者肌なロヂカルな頭で物事もキチンとしなければ承知せず、といつても肩の凝る樣な四角四面の圭角〔けいかく〕は決してない。實に快活で氣分が明るく、常に世の中のブライトサイドを見て暮らしてゐるやうな心持の人であるばかりか、一種詩的なところも多分にあるのだ。だから氏に接する時、言ひ知れぬ懷かしみと敬虔の情感をそゝられるのであるが、これは風光美に富む近江人士の特有性なのである。

　チト橫道に入る嫌ひがあるかも知れぬが、茲に少し、近江について筆を進めて見よう。

八十五の生涯、雲水をたゞ一人の友として一笠一蓑、諸國の名勝を尋ね廻つた詩僧海量の歌に、

　類なくめづべかりけり近江の海
　　富士の芝山、那智の瀧津瀬

とある。筆者はこの中で、完成した綜合美として近江の海をとる。

　廣重、北齊の版圖に、あの目の覺めるやうな、藍の中に融け込んだ八景は、それぞれに局部美を發揮してゐる。かつて花よりもおぼろに霞んだ「唐崎の松」は今は見る影もなき殘骸に過ぎぬとはいへ、時代の錆となつて近江の國の歷史の煤しを加へて行く。平家の公達經正が彈じた琵琶の秘曲に、「明神も感應に堪へず思ひやしけん」白龍の姿を現し給ふたことも竹生島になくてならない物語りである。叡山の佛說、三井寺の軍談、石山寺の紫式部の筆の跡、一石一木にも歷史の香の潛まぬはない。

　山水の調和、歷史の魅力、そして素朴の調に鄕土的香氣を漂はす大津繪の歌。かうした美と力と香とが渾然として融合した陶醉境が近江である。げに近江八景といへば、遊覽客でなくとも誰でもが憧がれの土地である。

　麒麟のやうに現れ、彗星のやうに逝いた劇界の寵兒、「吾等の澤正は、この靜かな湖畔に呱々の聲をあげた。遠いウインの旅の空で悲慘な客死をとげた、そのかみの樂壇の明星久野久子も、まだある、帝展の會員山元春擧、笑ひの國の王樣志賀廼家淡海〔しがのやたんかい〕、書家で日下部鳴鶴、小野湖山、今は亡き巖谷一六、その子小波は小供の世界になくてはならぬ小父樣であつた。

　靜かな近江の力が人に及ぶ時、かういふ種類の偉人が生れる。これ等の人々は極めて金に緣の薄い方面に光つて居る人達であるが、然し昔から近江商人といはれる位に、近江人士は商才に丈けてゐるのだ。關東、關西で滋賀縣出身の實業家として天下に盛名を馳せてゐる人々は、枚擧に遑〔いとま〕がない。

　國吉氏も曾ては三井寺の晩鐘の餘韻に小さい胸に未來の空想に耽つた少年であつたのだ。

　因に、國吉氏は明治二十四年五月五日、滋賀縣に生る。大正七年三月、東京商科大學を卒へ、大阪商船會社に入社。南洋課に勤務中、辭して大正十年四月、山口高等商業學校教授に任ぜられ、同十五年、學術研究の爲め英、米、獨、白の四ヶ國へ留學を命ぜられ、歸朝後、昭和八年、同校教授の職を辭し、仝年十月、宇部窒素工業株式會社の支配人として就任。仝十一年、常務に昇進して現在に至る。

　其他、沖ノ山炭鑛株式會社取締役、宇部銀行監査役、株式會社綠屋百貨店社長等々事業界に目覺しき活躍をなして居るが、一方政治的に氏の進出は多大の期待を持つて矚目されてゐる。〈高等官三等從五位〉

日本發動機油株式會社
常務取締役 **高良四郎氏**

　宇部產業界の中樞に位し、時局下において最も重責を課せられてゐるのは、日本發動機油株式會社であらう。同社は昭和三年一月に創立され、爾來、發展につぐ發展といふ頗る順調にして健實なる躍進振りを見せ、ことごとに縱橫の手腕を振つてゐるのが、現在少壯實業家として其の名を知られてゐる同社の常務取締役高良四郎氏である。

　氏は明治二十九年四月、市內島の舊家、故國吉太郎氏の二男に生れた。長じて高良家に入つたものである。その幼少の頃より「俊敏な少年だつた……」と未だ古老に傳はる評判である。

　小學校を卒へるや豐浦中學に入り（現在の長府中學の前身）二ヶ年にして山口縣立師範學校第一部に轉學した。然して大正四年、優等の成績をもつて同校を

卒へ郷里に接した元藤山小學校訓導に奉職したものである。爾來七ヶ年間、國民の初等育英に專心してゐたが、感ずるところありてその職を辭し、急轉向を敢行し、當時□〔※1〕子夫人の嚴父、高良宗七氏の經營にかゝる沖ノ山鑛出納課長に就任したもので、氏が事業界に踏み出した第一歩であつたのだ。是より先き、性來聰明の氏は教育界に身を起して次代を脊負ふ健全なる國民養成の爲め、常に育英に關する限り有る研究に專念した……その結果、兒童の腦裏に「知識の倉庫を造れ」といふ主義は、先づ健康上に憂ひがある故に、これを排して宜しく實踐開發主義を提唱して、時の當局者と意見の衝突を招來したといふエピソート〔※2〕もある。然し今日實踐されてゐる筆紙を要しない入學試驗制度は、二十數年前、高良氏が提唱した教育開發主義の一部が實現した譯である。然し今日行はれる學的入學無試驗制度が完全……とまでに云はれないかも知れぬが、從來の如く幼い兒童に詰込主義の教育樣式は大に改善の餘地がある筈である。

「平素は常に甲の成績に位する者と、乙にするものとがある。そして學的入試の場合に、甲は不合格で、乙が合格した、といふ實例は多々ある、そこに缺陥がある」

とは、かつて氏が自ら述懐するのであつたが、こゝに氏の達觀的先見の明ありといひつべきである。

實業界に入つた氏は、その自己に與へられた職務に精進すると共に、一面には精神修養を怠らない。それには、先づ健康の爲めの運動と、次いで讀書である。毎朝未明に起床して、讀書しながら島の部落を露を踏むで一週するのが日課の第一ページで、十數年間連續してゐることは常人の爲し能はざるところで全く驚異のほかない。と同時に氏の眞劍味の象徴でもある。

更に氏に學ぶべきことは、時間勵行と共存同榮の實行である。一例を擧ぐれば、常務取締役である氏は毎朝、事務員、職工と共に七時迄には必ず出勤して社中同人と共に朝の行事に參加することである。それは部下に對する理解と愛護の精神より出づる信念の現はれである。

斯うした性格の氏は一面理想家ともいへる。事業上に關聯しても、

「宇部の資本を擁して大陸其他に勇飛するのも惡るいとは云はぬ何れも國家に奉ずる所以である……が然し、未だ宇部市内に於て爲すべき事業が多々ある。先づ膝元の充實を成すべく努力することが先づ肝要だらう……」

と、いふのが氏の持論である。政治上についても、

「お互ひに反對黨を敵視するやうでは、本當の立憲政治の運用は不可能である……だから政黨の對立は弊害を生ずる。彼の大政治家と謳はれた伊藤公でさへ、〈議会に多數を味方にしなければ政治が行はれない〉といふので、立憲政友會を組織されたのだ……これは後、桂公が同志會を作られたのも同じことで、何れも苦がい體驗をなめてゐられる……が、それではいけない、公平は是々非々主義でなければならぬ……」

とは、十數年前からの氏の所論で、一種の政黨解消論でもあつたが、今日その政黨は解消され、一億國民は擧げて是々非々主義のもとに政府を鞭達してゐる事實を見るとき、一層氏の人格とその高き見識の優なるものが窺はれる。

因みに、氏は西沖山炭鑛終業後、宇部商事株式会々長に就任し、更に西沖ノ山製材株式會社長に轉じ、更に日本發動機油株式會常務取締役に就任。其他、東見初炭鑛株式會社の重役初め幾多の會社に重役として君臨し、昭和十三年、市會議員に當選して現在に至つて居るが、實業界に將又所謂政界に缺ぐべからざる人物として、氏の將來は多大な期待をもつて見られてゐる。

〔※1〕原文も一字空白。

〔※2〕正しくは「エピソード」だが、本稿では原文の「エピソート」のままとする。以下も同じ。

青果問屋　市會議員　大嶋金六氏

古い言葉であるが、敵國なければ亡ぶとか、艱難を經て始めて人間は完成するとか〔※1〕言ふ事を耳に「タコ」が出來る程聞いて居る。艱難に堪へなければならぬと言ふ事は女々しい者に取つて身ぶるいする程の恐れを感ずるであらうが、男だ!!と絶叫する人には、唯一の自己の力を知る試金石になるものだと思つて、ひそかに快哉を叫ぶ處となるであらう。

氏が今日市政壇上に立つて推しも推されもせぬ第一流の闘士として認められ、市民から多大の期待をかけられてゐるのも、實を言へば過去久しき間、自己の生命線を市當局からおびやかされた結果であると言つてよからう。氏の生命線とは、青果市場の問題である。此問題に就いて市黨局との抗爭を續ける中に、自づと諸種の研究を續けるものだから、何時の間にか力が出來た。市會議員に打つて出たのも此力であつた。初陣に凱歌を上げ、昨年も又第二期目の當選をした。過去に於いて殆んど市黨局を敵として闘爭本位に終始した感があつたが、近時は人間に研ぎが出來て、その所論も市民本位に變りつゝあり、奉仕的信念が極めて強くなつた。氏がその透徹せる頭腦の力を以つて市政の向上に邁進される事は、自治の爲め誠に幸せであると言はなければならぬ。

氏は廣島縣の出身にて、明治二十六年生であるから、本年常に四十六歳の智慧分別の最も旺盛な時である。青果問屋の主人としては商才に長けた實業家であり、市政界に立ちては又秀れたる好個の政治家である。

〔※1〕原文は「かと」であるが、文意から考慮して「とか」に入れかえた。

市會議員　藤井亀之助氏

かつて一度は敗戰の苦杯をなめたが、捲土重來二回目は美事に當選した。氏は市會に於いては大久保彦左のニツクネームを附けられてゐる。兎に角それだけ一年生であり乍ら、その存在を重く見られて居る譯である。先づ市會に於ける一方の鬪士である事は實證出來る。氏は藤山區の出生、早くから政治に關心を持ち藤山が村の時代は村會議員としてよく自治の爲め、その明敏なる頭腦を働らかして居た。又厚南の三隅哲雄氏と政治的に共鳴し、相提携して居た事もあり、敗れはしたが一度縣會議員の候補に立つた事もある。氏の經濟的には一番豐富な時ではあつたが、信賴して居た人の裏面工作にしてやられた形であつた。人の信すべからざるを知つた氏は、その後は大いに悟る處があつた。そして西から東の方への方向轉換をして、宇部市との市村合併には大變な努力をして今日に至つたのである。

藤山驛前の氏の住宅を訪れると、「まあ」と言はれて氏の書齋應接室へ通される。あまり廣くはないが氏の座して居る周園は、まるで書類の山のやうだ。此山は氏自身のものもあるが、多くは部下である人々の爲め、自費でその代理をしてやられるものが多いのである。氏は多年漁業組合の世話をして來られて居るので、その方の事務も可成り忙しい方だ。今の昭和開作の沖側に同程度の廣さで埋立認可を得て居たが、是は大乘的見地からその權利を沖ノ山へ讓渡して居る。人情味豐かな氏の人格は、その風貌と共に市民愛敬の的となつてゐる。

市會議員　藤田勝人氏

東見初鐵株式會社内に於いて勤勞者達を會社との間に立ちて世話をする人々に、組長と言ふものがある。氏は言ふまでもなく藤田組の統卒［※1］者として、又數多くある組長連の自治機關である組長會の會長である。昨年始めて此會を根據として市會議員に當選した。言はば一年生ではあるが、同會社内から氏とも六名の市會議員があり、而かも社長は市會議長として今をときめいて居るので、大いに肩を廣く持つて居てもよいわけである。併し氏は生來寡言沈着な人であるから、所謂堂々と言論を吐く事はしないであらう。氏は先代からさうであつたが、不言實行を以つて唯一の處世法として居られるので、あの沈着こそは氏の一貫した生命と言つてもよいだらう。だから如何なる場合でも、決して大聲叱呼する事はない。組長間によく、上の引立もあり又同時に多くの勤勞者達から尊敬と愛慕の念を以つて接しられて居るのも、つまり氏のあの性格が然らしめるもので、一諾克く千金の重きをなすものである。會社内に在りては上下の和合を計るは組長に課せられた最も大切な事であるが、氏は、

「自分の部下に對して常に至誠を以つて事業に當れ、職場は勤勞者の生命線である」

と、訓してゐる［※2］。氏は身を以つて此言を自から實行して居るので、部下も又氏の心を以つて心となし一意その業に就いて居るので、上下の和期せずして成り從つて業務の能率も非常に上つて居る伸びゆく市政の爲め、氏の將來にかけられた期待も甚だ大なるものがある。

［※1］正しくは「統率」。
［※2］原文は「訓してへゐる」だが、文意から「訓してゐる」に訂正した。

宇部鑛業組合主事　小島成美氏

躍進日本國民は、一億一心いよいよ世界變局の眞ツ只中に立つて、敢然大東亞共榮圏の確立に向つて勇往邁進せねばならぬ戰時日本に取つて、宇部市の存在は、海に陸に誠に光輝ある逞しき相貌を呈してゐる。その中で、最も特筆大書すべきものの一に重工業の彈丸たる黒ダイヤ、即ち石炭のあることは、非常時日本の今日及び明日を左右する最大喫緊事として、一日も忽せに出來ぬ國家的問題である。即ち政府に於ても、先きの豐田商相が、「戰時下生産擴充の最大眼目を石炭に置き、その敏活なる增産と統制ある配給」を強調した所以である。

宇部鑛業組合は、この南進日本の前進基地として、今や夜を日に次ぐ躍進を遂げつゝ一路石炭報國に邁進、戰時日本に重要なる役割を果しつゝある宇部鑛業コントロールの中樞である。就中宇部鑛業組合の最も誇りとするところは、銃後の最前戰とも云ふべき産業戰士の福利施設について多年研究し、その整備に依つて完全なる勞資協を遂げてゐる點である。この重要任務を遺憾なく處理して、以つて、一糸亂れぬ統制の下に石炭報國の分野において職域奉公、臣道實踐の誠を盡してゐるのが小島成美氏である。

氏は明治十七年五月、福岡縣福岡市の商家に生れた。長じて土地の中學校に入り、その業を卒へるや上京して東京工學院に進學し、明治三十四年二月、同學院の業を卒へ、鑛山監督官補として福岡鑛山監督署に勤務してゐたが、明治四十三年、宇部市に移住し、當時高良宗七氏の經營にかかる西沖山鑛に入り技術管理者として就任したものである。後ち同鑛の終業と同時に沖ノ山鑛に轉じ、更に日本發動機油株式會社支配人に轉任。昭和九年五月、先きの理事西村秀兵衛氏が宇部商工會議所理事に轉任した後をついで、宇部鑛業組合理事に就任して現在に至つてゐるが、その在職中は何れも自己の職務に終始一貫、献身的努力を盡し、尠なからぬ功績を殘してゐることは、氏の識見と手腕のほどが窺はれる。蓋し技術家でありながら行くところ可ならざるはなし、といふ結論に到達する。

氏は斯うした事業方面ばかりに歿頭してゐたものではない。直接に、間接に、地方自治政の上にも多大

の貢献をなしてゐる。それは行政上の組制創始當時から、區制が施行せらるるに至つた今日迄二十數年間、組長として、將又區長、町内會長に就任して現在に及んでゐる。その間、報德會の講師……を初めとし其他所謂、緣の下の力持的に目に見えない捨石となつて今日の大宇部市を築きあげた功勞者の一人として、見逃すことの出來ぬ美談は枚擧に遑なきものがある。就中、氏が町内會長である第百十區の、報國貯金の如きは市内最高の成績を擧げてゐることは、昭和十五年二月、縣常局より表彰狀を下附されたことが、明らかにこれを立證してゐる。其他、出征將兵遺家族に對する慰問等は數々遺憾なく實行するので、隨つて、遺家族に深き感銘を與へ、隨喜の涙を誘させてゐる。

かつて、第一二四區の報德町内會開催の當日であつた。そもそも町内會開催に當りては市當局より、指導員が派せらるゝのであるが、恰も當日、一二四區に對する擔當指導員の割當が無かつたので、常會主任者は會長と協議の上で、小島さんにお頼みして見ようといふことになり、既に開會の時間が切迫してゐたので、常會主任者は自轉車を飛して氏の住宅を訪れた。ところが職務上の用件で外出せらるるべく玄關に出でゐられたが……事情を話したところが、

「それはお困りでせう……でも私は指導員……ではありませぬが……參りませう……」

と、即座に快諾された。といふことを筆者は聞かされたのであるが、氏は、それほど眞劍味のある熱の人、情の人、力の人であると同時に氏の人格の閃きが如實に現はれてゐる。

「一億國民を打つて一丸とする萬民輔翼の臣道實踐運動は、熱鐵の意をもつて軍官民を問はず、あらゆる社會層を擧げて眞に自覺せねばならぬ、それは一つに、お互ひが眞面目に各々職域に精進することを忘れてはならぬ」

と、かつて自ら述懐するのであつた。熱し易く、冷め易いのは日本人の通弊であるが、精神都市と銘打つた吾が宇部市に、氏の存在は眞に意を強するもので、產業發展の爲にも亦臣道實踐を期する爲めにも、宇部市に缺ぐべからざる人物である。

元山運輸商事株式會社長
宇部商工會議所議員　交通長部

濱田三左衞門氏

宇部地方の船具塗料並びに運輸業界の王座を占め著るしい躍進途上にある元山運輸商事株式會社長として、宇部財界にその人と知られてゐる濱田三左衞門氏は、更にムツツリ屋の綽名において有名である。さういへば、まこと氏は容易に笑顏を見せたことがない。偶々笑顏を見せるといふ場合にでも、決して齒の見えるやうな笑い方をするのは稀である。ただ兩頰を動かして、僅かに鼻ジワを作る位が關の山である。

濱田氏は左様に變種とも云へようが、然しそれは氏の過去における勞苦が生んだ性格なのである。相手の話を聞いてゐて、何等自らの意見を述べるでもなく、黙々として時々頭を上下に動かして肯定の意志を笑顏に現はすのであるが、これらも決して不機嫌からの表示ではない。所謂、「口輕ければ、身重からず」といふ東洋の美德？　がそうさせるのだ。要するに、氏は不言實行の人だといふ結論に到達する理けだ。

「儂等の若い時代は並大低の苦勞ではなかつたが、今時の若い人達には、とても想像もつかないだろう」

と、其の日は、いつにもなく、珍らしくも靜かな口調で、然かも微笑さへ浮べながら、社長室に筆者と相對して、如何にも思ひ出深かい表情でボツリポツリ。

「四十年前と現今とでは、時勢の推移だからとも言へるだろうが、努力といふことに變りはない筈だが、其の點になると、昔の人間が遙かに辛抱強かつたと思ふ。今時の若い人達は成程、努力奮闘といひ、死力をつくしてともいふ。かうした最大級の言葉をもつて、口では云ふてゐるが、さて其の實際を見ると餘りにもノホホン主義に失してはゐないだろうか。ノホホン主義に語弊があれば、眞劍味が薄いとでも云ふか、儂は非難の心持ちで云ふのではない。これは誰れでも年寄りは同感だろうと思ふ。あんたも五十といへば、もう息子さんも一と角の青年だろう……その息子さんの現在と、あんたの若い頃を比較して見たら大體判る筈だ」

と、ニヤリ笑つて筆者の面を射るやうに見つめるのであつたが、濱田三左衞門氏は、かういふ堅實な實際的の努力家なのである。

「商工會議所の議員に選ばれはしたが、未だ一年生で、何をしてよいやら皆目見常がつかぬ……まあ一生懸命勉強して面目だけは保たにやならぬアハヽヽヽ」

と、この時初めて齒を見せて笑ふのであつたが、斯うした、何等のかざり氣のない思ふことを率直に言切るところに、氏の眞劍味が溢れてゐるのだ。

濱田氏は明治十三年七月生れ。初め建築業より身を起し、後ち、明治四十一年十月、沖ノ山鑛に入り、營繕、販賣、倉庫、買入、大阪出張所主任、用度課長より轉じて物品配給所主任等々。この間、實に三十年間、所謂一日の如く至誠をもつて、所有事務を鮮やかに處理して、その手腕を遺憾なく認められたものである。

昭和十二年十二月、沖ノ山を退社すると同時に、一躍同社の監査役となる。この重職に拔擢されたことは氏が三十年間に渉り、同社の爲め努力して來た功績から考へると、當然過ぎる榮達でもあろう。しかも氏の眞價は未だ業界より引退を許さず、昨十二年十二月、先きに專務取締役たりし元山運輸商事株式會社の社長に就任して現在に至る。資性豪膽にして、むつつり屋だが、人物は頗る圓滿で、情義に厚く、

随つて各方面からも評判がよく、宇部事業界に缺ぐべからざる存在である。

西沖製材株式會社長
宇部商工會議所議員　工業部長

新造竹松氏

今、西沖製材株式會社社長として納つてゐる新造氏は、(明治廿五年以來)宇部事業界に伍し、重厚なる人格と相俟つて、他の真似得ざる堅實なる活躍振りを見せてゐる。

昭和九年三月、宇部商工会議所議員に選ばれ、本年即ち十三年三月、第二期の改選にも亦選ばれて工業部長の任にあり氏にして、まこと適材適所といへるであろう。これより先き、明治三十三年より高良宗七氏を頭取とする鵜ノ嶋炭鑛及び西沖ノ山炭鑛に入り、専ら用度課の事務を掌握し、その外交的手腕は全く意表に出づるものがあつたのだ。過る歐洲大戰後、彼の地に於ける勞働問題は、遂に我が國にも波及して、この宇部にもお多分に洩れず、勞資間に意志の疎通を欠ぎ、爭議に似た問題が起らんとした時だつた。

「何も、他の眞似をせんでもよかろう、何が不平なんだか、寢耳に水とはこんなのを云ふのだろう……」

と、それから、それ、と當時勞働問題に對する氏の見解を聞かされたことは、未だ記憶に新たなるものがあり、幾多のエピソートもあるが、紙面がないので遺憾ながら省略する。

同鑛の終了と同時に、今の製材業が創められた。當時は専ら宇部セメント製樽用材及び八幡製鐵所納品一般建築材等を主とするものであつた。随つて、製材工場及び、製樽に縦事する所謂職工が多數を占めて居たのであつた。ところが、これ等二、三の不良分子が、他を煽動して、賃金の値上げを要求し、茲に本格的紛爭が起つた。當時その責任者であつた氏に對する稼働者側の非難は免れなかつた。けれども氏は、飽迄も不擴大主義で隱忍自重して、自ら、その衝に當り、遂ひに圓滿なる、その解決振りには當事者をして眞とに感嘆せしめたといふ逸話もある。これらの事實は、氏が如何に眞面目であり、情味豊かな苦勞人であるかといふ事を最も雄辯に物語つてゐるのだ。

島部落の東端、石垣の小高い上に構へられた氏の邸宅で、その日は晩秋に近かい、曇り勝ちな朝であつたが、縁側に差し迫る老い繁つた庭樹のセイか、玄關寄りの薄らい八疊の應接室で、朝日の半ば吸殘りをイヂクリながら、

「木々の梢に、うつすらと綠葉が萌え出して春にでもなつたら、山登りでもしたいなーといふ氣持一杯で、とても仕事が手につくものではない。これは青年時代に誰れでもよく經驗するものだが、儂等も矢張り人の子だ。そうした遊びたい氣持に襲はれながらも、これを押しつけ、押しつけ、百姓の仕事もした。又炭鑛の仕事もした。たゞ一生懸命働き通した……で別に自分は、これといふて人に誇る何物も持たぬが、しかし努力……といふことだけは忘れなかつた。そのおかげで、とに角成人の基礎を作り得たことは、今日猶ほ感無量である」

と、氏は自ら述懐して、又しても遠い過去の思ひ出に耽けるのであつたが、まこと今日の氏の成功も、過去におけるその道程を検討する時、必ずしも順風に帆を揚げて進んだものでなかつたに違ひない。そこには幾多の艱難と辛苦に克己精勵した賜であることは今茲に並べるまでもない。氏は更に言葉をついで、

「儂は、事業の大小は問題にしとらぬ。一人一業主義で進むことが好きでね。そうしないと、仕事に味がないやうな氣がする云々」

と、いつたが、又もつて氏の両目の躍如たるものが窺知されるのだ。

丁度この時、けたたましい電話のベルの音が聞えた……それは來訪者の知らせであつたので、辭して戸外の石段に立つと、いつの間にやら秋雨は天心から墜ちてゐた。門前のマルメラの葉は、しつとり濕[ぬ]れてゐた。態々[わざわざ]門に出て送られる氏の肩の上に蕭々と降る雨脚を後にして、筆者はアスファルトの街へ歸つた。

東見初炭礦株式會社
常務取締役

新田字市氏

明治四十一年十月、東見初炭鑛が創立されて、茲に三十年を迎えた。十年一昔といへば三昔を經過した。この間において大小幾多の苦難に遭遇したとはいへ、今日彼の素晴らしい躍進振りは、全く美望に似た驚異をもつて一般視聽の的となつてゐる。加之[しかのみならず]、今や業界の筆頭として、自他共に許す沖ノ山炭鑛を凌駕せんとするに至り、加ふるに、その業績の顯著なる點においては、業界切つての主位を占め、東見初炭鑛の盛名をほしいままにするに至つた。これ等は一つに故藤本閑作翁に傚ふ常務新田氏が常に終始一貫、至誠をもつて健實なる經營の手腕によることは今こゝに述べるまでもない。沈着にして、然かも果斷な、その手際は、新田常務の強い性格と、一業主義といふ固い信念の現れにほかならぬ。

明治四十一年七月、氏は當時の長陽炭鑛より轉じて東見初炭鑛の保安係として就任。以來實に三十年間、文字通り一日の如く、同社の隆昌と所謂産業報國の爲め、日夜寸暇なきまでの奮闘努力を回顧するとき、感嘆といふ言葉丈けではもの足らぬ。過去に於いては、まこと涙ぐましい參苦のページかが綴られてあるのだ。

琴芝部落の東寄り、少し小高いところに森林？ にも似た廣々と繁る庭園に圍まれた未だ新らしい和風の建築が常務新田氏の邸宅である。筆者は過ぐるムシ暑い八月の中旬、或る日曜日のお晝頃、ヒバやイブ

キの兩側に植へられた敷石傳ひに、久方振りに訪れた。中庭に面した西南を開け放された八疊の應接室は、廣い庭樹をかすめて吹きくる涼風が滿ち、樹々に戯むれる小鳥の啼き聲とが一層心地よい情感をそゝるので、矢張り郊外は好いなアと思つた。書畫骨董に多分の趣味を持ち、その鑑識眼に至つては既に、「一家を成してゐる」と噂されてゐるだけあつて、氏の應接間の壁間には華山の山水、山陽の双幅等々大家の筆になつた書畫がかけられてあつた。冷たいコーヒーをススリながら暫く待つて居ると、

「ヤアー、この暑いのに、アンタ大層ご勉強だね。まあ、そこはムシ暑くていかぬ、こちらへ……」

と、新田氏は自ら座蒲團を持つて、涼しい樹の香に近かい椽側に座を進められた。

威風堂々といふ形容詞があるが、新田氏の場合が實に彼の肥大な體軀と、ドツシリした犯し難い態度とに接するとき、一層この感を深くするのであるが、又一面には、何時も微笑に似た面持ちと、柔らかい發音での談話をされるとき、云ひ知れぬ親しみを感じさせる。其の日は珍らしく、細かい矢ガスリの浴衣に兵子帯といふ輕るい姿で、ニヤリと笑顔を見せ、時々横目使ひにボツリボツリ、

「歳をとると、どうも眼がうすくなつてね……でも老眼といふ程でもないが……然し異狀のないのは齒だけだね、齒は丈夫だよ……ハヽヽヽ」

と、ついぞ相好〔そうごう〕を崩し？　て笑顔を見せたことのない氏も、此時ばかりは何を思ひ出したのか如何にも、おかしい、といふ表情で大きく笑ふのであつた。

「儂は二十二才の時から炭鑛で苦勞したもんだよ……といつて今も苦勞は絶へんが、昔の苦勞と今の苦勞は大分變つてる。つまり苦勞が一段と加重した形だ……」

そこで筆者が、

「その苦勞も位ひがあがつたといふ結論に到達するのでせう」

といへば、

「まあそうかも知れぬねーハヽヽヽ」

と、又靜かに大きく笑ひながら、その昔、東見初に非常が突發した當時の苦心談やら、随つて直後の經營難の話、或ひは鑛夫の待遇問題やら、それからそれと東見初大家族主義の樹立完成の抱負等々氏一流の理想を聞くに及んで、逌〔さす〕が、青年時代から三十年間、徹透徹尾、實地の自力で叩きあげた氏にして、初めてよく今日の東見初の大成を遂行し得たことと筆者は心ひそかに感慨無量の念が湧くのであつた。

新田氏は故嚴父半平氏の次男として明治十一年四月生れ、二十一才にして當時の混布神炭鑛の監量係として實社會に舟出したのが、鑛業界に第一歩を印したのである。同鑛に在ること二ヶ年にして、當時長陽炭鑛に入り、保安係りとして勤續八ヶ年に及び、後ち東見初炭鑛の創業と同時に入社し、保安係長としての重任にあり、後ち事務長に昇進。昭和十年十二月、株式會社に組織變更されるに及んで常務取締役に就任して現在に至る。資性温厚にして又その裡に俠氣を藏し、底知れぬ宇部式典型的事業家として未だ將來を期待されてゐる。

因みに氏は大正十年、市制執行の初期以來市會議員として五期に渉り、就中參事會員として三期現在に至るが、爲政者として實に圓滿なる人格者である。其他、日露戰役の功により勳八等を拜授し、並びに地方公共上功勞者として紺綬褒賞御下附の光榮に浴してゐる。

株式會社宇部鐵工所
常務取締役　**西野吉藏氏**

大正三年……當時宇部新川鐵工所が創立されて茲に二十五年。この間大小幾多の苦難に遭遇しつつも宇部唯一の鐵工所として、利害を顧みず地方業界に貢献なしつつあつたが、今やその勞苦は報ひられて、彼の素晴らしい發展振りは遂に朝鮮海州に進出なし、現在、海州鐵工所の生みの親として、これら業績の顯著なることは業界切つての王座を占め、加之〔しかのみならず〕宇部事業界の筆頭に數えらるゝに至つた。至げに宇部新川驛頭に立つ旅人でなくとも、誰れでもが第一番に眼く彼の廣大にしてスマートな建築物、これぞ最近新築された株式を會社宇部鐵工所であるが、その宇部鐵工所の名を成立さしめるに惹つたことは、常務西野氏の奮闘努力が毎々に終始一貫私心なき健實なる經營の宜しきを得たことを多謝せねばなるまい。

昭和八年七月、三菱鑛業より故渡邊翁の懇望により宇部鐵工所の技師長として就任以來、所謂十年一日の如く同社の發展と工業報國の爲め、日夜の活動振りは時に朝鮮に、或ひは滿洲に、又は京阪地方に、文字通り東奔西走の寸暇なき奮闘振りは眞に感嘆の外はない。

辿りつく島部落の東寄りに宏壯とはいへないが、小じんまりとした和風の平屋建、何時も玄關寄りの箒目正しい西野常務の御住宅を訪づれたのは、梅雨晴れの或る朝であつた。

飽迄掃除の行届いた氣持のよい玄關東溜りの應接室で、香氣の高いコーヒーを呑みながら、

「今朝大阪から歸つた計りで……一寸一眠りしたところです……が、又今から厚狹の方へ行かなければならぬので……まあいゝです、四十分位、時間の豫裕がありますから」

と、西野常務は如何にも睡眠不足らしい眼の邊りを無意識にコスリながら、ついぞ笑顔を見せたことのない氏ではあるが、この時微笑に似た笑面を作つて、

「私が就任當時の宇部鐵工所は可成苦しかった……何でも一時は閉鎖説さえ持ちあがつた位だ……がよく今昔の感に堪へないと云ふが、こんな場合に云ふ

のだらうねー。最近では可成成績も上つてゐるし、これもまあ全從業員一同が一丸となつて、努力する収穫だと思つて居る。事實職工諸君が彼の汗みどろになつて働くことを思ふと睡眠不足……などそんな事を云つてはゐられないよ……」

斯ふ言つて西野氏は感激に似た表情で腕時計を見入つて居たが、

「もう時間だから又話しに來たまへ、今日はこれで失禮しよう……」

と、もう一度笑顔を見せるのであつた。

宇部鐵工所の今日の隆昌を招來したことは、「全從業員發奮努力の賜である」と、云ふ西野氏の言葉は決して外交的辭禮ではない。又、謙譲の意味を含んだ世辭でもない。所謂勞資の協調によつて初めて事業は完成するものだといふ此の強い信條より生れ出た固い信念の現れの言葉である、

「汗みどろになつて働く職工諸君のことを思へば眠つたいなぞ、そんなことを考へて居られない」

と、云ふあたりは、何と思ひやりの深いことか。この至誠に感化された全從業員によつて築きあげた宇部鐵工所の發展は宜なるかな……。

西野吉藏氏は嚴父嘉四郎氏の長男として、明治二十九年九月に生る。大正七年三月、大阪高等工業學校機械科を卒へ、三菱鋪業株式會社に就職……後ち宇部鐵工所に入り昭和九年、常務に就任……今や技術家としても將又小壯實業家としても將來多大の期待を以て矚目されてゐる。

新沖ノ山炭鑛　事務長　**濱田淺一氏**

宇部市の事業會社中、支配人級の敏腕家として、最近メキメキと頭角を現して來た新沖ノ山炭鑛の事務長濱田氏は、歌の文句にある如く事實、色の黒いスラリと背の高い少し苦味走つたところは、これを所謂男性的と云ふのであらう。彼の眼鏡越しに人を見るとき、射られるやうな感じもするが、然かも、その威はあつても猛(たけ)からず、いつも微笑に似た自然の明朗な面(おも)ざしと、何の屈托もなさそうに、いつも快活味を失はぬ態度に接するとき云ひ知れぬ懐しみを満喫するのである。

俗にいふ島通りを北に行き詰めた東寄りの左側に、日本建築様式の二階建が氏の住宅である。箒目正しい邸内に濕めやかな打水の敷石傳ひに玄關を訪ふた。それは過る晩春の頃、遲咲きの八重櫻も、最う殆んど散り失せた或日の夕方であつた。

南側を開け放された、中庭に面した八疊の應接室で香しい新茶の香りを喫しながら、

「昨夜おそく京阪から歸つたばかりで、未だ報告も濟まんといふ次第で……いや今日朝早く新沖へ行かなければならぬ用事があつてねー……實は四、五日留守にしてたんでね。今晩その報告旁々會合することになつて居る……が、マア好いです久方振りだ……留守中に訪ねられたそうだが、今お話しゝた通りだ。此頃チト或る計畫があり、其他種々の多忙でね。然し今日はまだ一時間位は話しても好いよ」

と、濱田氏は珍らしく和服姿でニコニコと笑顔を見せるのであつた。

キチンと行儀よく正座をして居られる氏の前で、まさかアグラに座ることを遠慮してゐると、

「あ、君樂にし給へ、樂に。洋服を着て正座してる本人も苦痛だらうが、他から見ても、そぐいが惡るい。樂にしたまへ、僕も樂にしようアハゝゝゝ」

と、今度は大きく、いかにも屈托のなさそうな笑顔……その笑顔の裡には、一小新聞記者たる筆者に對しても些の城壁も設けず眞に溢るゝ温情味のあることが窺知されるのであつた。

「何、僕の學歴なんてありやしないよ……事業家だ……なんてまだまだ初年兵見たいなんでねー。先輩の指揮命令に従つて働くまでのことだよ……」

と、アツサリとした謙譲振り、この心境こそ氏の人格の全貌である。

次に氏の政治觀はどうか。昨十二年十一月の市議改選に直面した當時、氏が候補者の一人に推薦されたといふ噂話を持出すと、

「僕等はそんな器ではないよ……まあ先輩が澤山居られるから……」

と、ニヤリニヤリ笑ひながら、

「仕事が忙しいので、時々市會を傍聽にでかけるが……遺憾に思ふのは、質問の場合、兎角當局の揚足取り質問に似た傾向がチョイチョイ見えるが、あゝいふことでは圓滿な自治政が運用されぬね。然し全部とはいはぬが、最少(もすこし)座談的になつてほしい。それが自治政の本質だらうと思ふ。チト僭越な云分かも知れぬが、所謂國會と地方議會を混同してゐやせんかと思はれる様な場合が多いねー、君そうじゃないかね……」

と、いかにも憂憤に似た表情で自治體の良否が國家盛衰に及ぼす所以を。暫時、折柄ケタゝマしい電話のベルの音がして、先の會合の知らせがあつた。日はトツプリ暮れて、外は春雨でもシグレそうな薄曇りに包まれてゐた。

濱田氏は明治二十八年九月、右田家の四男として呱々の聲をあげた。長じて濱田家に入る。先きに、氏は幼にして才気煥發、向學に志し東都の人となり、大正五年、東京工手學校電気科並に高等科を卒へ、歸郷して當時宇部電氣株式會社に入り、工務課に勤務中電氣技師檢定試驗にパスし、同社の主任技師に就任。大正十三年、縣營となるに及んで山口縣電氣局宇部發電所主任を拜命。昭和四年七月迄、約五ケ年間勤續、後ち宇部電鐵の創立さるゝや辭して同社の支配人として入社し、多大の業績を殘してゐる。その後、昭和八年、磯部氏の後を繼ぎ新沖ノ山炭鑛の取締役事務長に就任以來、現在に至り、社運の隆昌と産業報國の爲め、日夜寸暇なき奮闘を續けてゐる。未だ少壯實業家として春秋に富み將來を期待され

てゐる。

因みに氏は美術、園藝、音樂に趣味を持ち就中、尺八は素人の域を脱した名吟振りは知る人ぞ知る……現在新沖ノ山炭鑛、宇部電氣鐵道株式會社の重役である。

宇部市會議員　三隅順輔氏

宇部鐵道の市内バス、八王子の終點から左に折れ、稍々登り坂の間道を北に向つて十丁許りのところ、こゝ岬部落の中央、南に溜池を控え、煉瓦塀にまれた邸宅が三隅氏の住ひである。廣々とした庭園のところどころの樹々の間に赤土が浮かんでゐたり、その上敷砂の白さといひ、或はまだ失せやらぬ建材の香がプンと鼻をつくので、誰れでもが一見して新築であることが肯かれるのであつた。

筆者が訪れたのは過ぐる三月の初め、春とはいへ、未だ薄ら寒むい或る日の早朝であつた。

「どうも寝込みを襲はれて恐れ入つたね」

と、氏は丹前姿で、睡眠不足らしい眼をコスリながらニヤリと笑ひ、

「こんな恰好だけれど、このまゝで失禮しよう。近頃少し風邪氣味でね……」

斯ふいつて玄關寄りの次の八疊の應接室へ自ら案内された。床には夫人の嗜[たしなみ]らしい遠州流の活花と、それから竹渓の山水がかけられてあつた。他に故素行翁の額一幅が見受けられた。

「大層早くから何事かね。好いニュースでも聞かそうといふのかねアハゝゝ」

と、態[わざ]とらしい笑顔を見せ、火鉢の炭火をホジリながら、

「冗談はおいて、いつもなら今時分は會社へ出勤する時間で、折角來て呉れても會はれないんだが、今日は旅行しようと思つてユックリしたんだ。それにしても、最う一時間も遅かつたら會へなかつたんだよ」

「では早起きに徳ありとでもいふところでしたね」

と云へば、

「全くその通り、君の運がよかつたのだ。僕にとつてはどうだか知れないがアハゝゝ」

と、今度は如何にも意味深長な笑ひ方、

「まあ寒むいから、熱つい お茶でも召し上れ」

と、湯氣の立つ香りの好いお茶をスゝリながら、

「僕等は年中朝六時には出勤してゐるので、朝の早起きは習慣になつてるんだが、君達が偶[たま]に早起きは辛いだらうね……」

と、思ひやり深いところを見せるのであつたが、もう一つ、君僕といふ言葉で同僚？ に對すると同様の接振りが云ひ知れぬ親しみを感じさせるのであつた。

同時にこの膝突合せて談話を交換するといふ真實味豊かな隔意なき心境こそ、氏の人格の全貌である。

「旅行は社用ですか……」

と、質すと、

「いや實は一種の皮膚病らしいので、別府の奥の田舎に好い温泉があるといふことだから、其處へ行つて見る積りだ。決して觀樂旅行じやないんだよ君」

と、横目使ひに、「君」といふ重い押付言葉が殊更、誤解？ してはいけないといふ意思表示のやうに思はれた。それでも筆者が、

「何れにしても温泉は好いですねー」

といへば、少しムツとした表情で、

「君、茶化してはいけない。會社は此頃とても多忙なんだが、病氣には換られない。當分養生して見る積りだ」

と、どこまでも眞面目であつたが、氏はそれほど純情なのである。

更に氏は腕時計を見い見い、

「僕は會社の事務室でヂツとしてゐる時間より外交の時間が多いね。外交に語弊があれば、外廻りといふか、坑外課の運搬係りの仕事だもの。この廣い坑外で營業部に屬する外の石炭の動くところは、皆な僕の責任區域になつてゐるんだから中々忙しいよ……つまりだねー、坑内から石炭が揚つて來ると僕等が受取る理だ。それから監量、運搬、選炭して、貯炭場に行つて初めて販賣部の仕事だ。然し販賣部の事務も無關心ではゐられない……だから外勤といふんだよ。その證據に君達が會ひに來ても、メッタに事務室に居る事はないだらう」

と、彼の象眼？ を大きく瞠つて笑ふのであつたが、眞[まこ]と、彼の石炭積込場グレンの附近やら、又は棧橋上のエンドレースの上でやら、炭の塵りで汚れた茶色の詰襟服の姿をよく見受けたことも一再ではなかつた。折柄夫人の知らせに、もう旅行の出發時間が迫つて來たらしいので、私は辭して外に出た。庭前の竹藪からホーケキヨと鶯の啼く音がもれてゐた。玄關口に送られる氏の笑顔を後にして、再び間道に出ると、曇り勝ちの空から俄かに小雨がふり初めた。

三隅氏は明治二十六年四月、岬の舊家嚴父房五郎氏の長男として生れた。長じて早くも鑛業界に入る。初め魚市場の書記として實社會の人となり、後ち舊見初炭鑛に轉じ、大正三年九月、沖ノ山炭鑛に入社し、所謂苦節十年の諺の如く、監量部員を經て名古屋出張所詰めとなりて初めて販賣といふ商人學の體驗を得た。この勞は報ひられて本社營業部販賣係長に昇進し、船舶係を兼務し、更に坑外係長に就任して一意社運の隆盛に精勵なしつゝ現在に至る。

因みに氏は昭和八年十一月、市會議員に當選し、更に昨十二年十一月、再び當選し、今や市民の選良として自治政に參與し、其他公共上にも亦尠からぬ貢獻をなし、溫良なる資性と、その圓滿振りは全く他の範とするに足る幾多の事實がある。

西田梅二郎氏

維新社の東北、上宇部廣田の高臺に、老松と綠樹の蒼古な森林に圍まれた閑雅な建築様式の邸宅が西

田氏の住である。庭園の樹木は自然の木［※1］を配して、いとも幽邃な繁りである。秋とはいへ九月に入つた計りの日曜日の朝だつた。むし暑い雨脚を突いて私は玄關に訪づれた。

「やアこれは珍客だ……まあこちらへ」

と、静かな笑顔を見せながら、自ら次の八疊の應接室へ導かれた。

「まあ上着でも脱いで樂にし給へ」

斯ういつて氏の姿は茶の間の方へ消へた。が、やがて、瀟洒な洋服姿で、

「今日は公休だが、社用もあり、私用を兼ねて街に出なければならぬが、……まだ一時間位はお話してもいゝよ」

と、チヨツと腕時計に眼を注ぎ、彼の均整の肥滿した體軀を轉がすやうにして座につかれた。

私が來意を告げると、

「僕の學歴や經歴なぞと、そんなお話しする様な何ものもありませぬよ……」

と、頗る眞面目な謙譲振りで、

「僕の經歴なぞどうでもいいが、綠ケ濱時代から達成された現在の宇部市の過程を顧みるときは、實に感慨無量だね。これらは一つに先輩諸氏の努力の結晶であることは云ふまでもないが、就中故渡邊翁の力が多くあづかつてゐることを忘れてはならぬと、僕自身はそ思ふねー。當時、宇部市と石炭採鑛業において併行してゐる直方を見給へ、炭鑛會社は相當の成績を納め終了しても、それに代はる事業會社が幾つあるか……石炭は一度採掘すれば再び造られるものではないが、直方にはただ瓦斯山があちらこちらに殘つてはゐるが、他に惠まれたものがない。これに反して宇部市の現狀は實に隆々たるもので尚將來の發展も豫測を許さぬものがある。これも故翁がつとに國家的見地より宇部市民子孫の幸福……を念願せられた爲だと思ふ。彼のセメント會社や窒素等の創立に當つてもいかに辛苦されたか、それは筆紙につくされない幾多の事實が潛んでゐるのだ。要するに私心なき翁の至誠が天に通じたのだねー、君そうだろう。この私心なき誠意と責任觀念があつて初めて人間たる價値がある理けだ。僕等も少なくとも翁の萬分の一でもそうした心持ちで奉仕しなければならぬと思ふ」

と、氏は過去の思ひ出に耽けるのであつたが、氏の故翁に對する絶對的崇拝と深刻なる感謝の精神は實に熾烈なものがある。又もつて氏の人格が窺知される。

西田氏は明治十九年三月、鋭い直感と深い愛情とを惠まれて上宇部廣田に生る。長じて、門司及び廣島において四ヶ年間、所有、中等教育を修め歸郷して、明治四十二年、沖之山炭鑛に入社し、倉庫主任を振り出しに、保安係主任、坑外主任を經て營業部船舶課長に就任して現在に至る。其間、實に二十數年間。所謂、一日の如く同社の隆盛に專念、至誠をもつて課せられたる自己の職責に努力奮闘を續けてゐるが、就中特筆すべきことは、先に大正八年、採鑛及び坑道開鑿の實地見學研究の爲め北九州一圓に一ヶ年間、斯界の權威西勝造氏について具さに研鑽の實を積み、歸社して昭和三年から四年に渉り、偶々新鑛斜坑道開鑿に當り、最も至難とされた潮止工作に土俵一個も使用せず見事に成功して、その手腕を遺憾なく認められ、一層面目を發揮したものであるが、之れ等の功績は手腕でもあつたであろうが、何事にも常に責任といふ氏の強い信念の現れにほかならぬ。これに付ては逌［さす］が鑛業界の元老西野嘉四郎氏も天晴れ、感嘆久しうしたといふエピソートもある。

因みに、氏は宇部文化協會の創設に當りても、之れに參與し、現に役員の任務にあり、其他、高千帆炭鑛重役を初め、宇部電鐵の監査役等々、歳末だ五十三といへば尚ほ多くの春秋に富む資性は圓滿偉丈夫、意志鐵の如くなるその容姿と相俟つて、頗る溫厚なる君子型。今や沖ノ山王國に於いても缺ぐべからざる人物として、上下に信頼さるるも當然であろう。

［※1］原文は「自然の大」であるが、文意から「自然の木」に改めた。

元山運輸商事株式會社　常務取締役　松重善兵衛氏

凡そ世の成功者と稱せらるゝ人々の過去に於ける、その足蹟を辿つて見るとき二つに類別されてゐる。其の一つは所謂螢雪の功を積んで地位と名譽とのみを獲得した人と、其二つは艱難辛苦、血の泌むやうな棘らの道を幾轉變かした努力の報酬として、物質的に名を得た人とであるが、松重氏の場合は後者に屬する。

學歴は持たぬが、氏は幼にして商才に秀てゐた。青年に及んで才智に富み、早くも實社會の渦中に棹さしたのであつたが、毎々に、氏の所期に反して幸運は訪れなかつた。加之、幾度かその荒波に翻弄されつゝ浮ぶ瀬も見つからないまでの逆境と闘つた時代を見逅す理けにはいかぬ。それにも拘らず、元來勝氣な氏は不撓不屈、一路自己開拓の道に進んだのである。その間、實に聞くも涙ぐましい多くの物語りが潛んでゐるのだ。

世間では、よく一口に成功者を指さして、彼の人は風雲兒だといひ、幸運兒とも云ふ。が、それは寢て居て棚からボタ餅式に成功?　した人々に對してのみ發す言葉であつて、松重氏の場合は決して風雲に乘じたものではない。又幸運だつたとも云へない。一炭鑛の事務員から今日資本金二百二十万圓の會社の常務取締役となつたといふことは、幸せではあるが、運とはいない。即ち適材を適所に採用した故濱田久七氏の先見でもあつただろうが、松重氏の至誠と努力が今日の地位を築きあげた事を誇示するに、何の

憚るところはない筈だ。

八月の半ば過ぎ、曇り勝ちな或る日曜日の朝だつた。西區高砂町に新築された氏の住宅を訪づれると、彼の肥大な體軀に浴衣姿で、圓福相に一ぱい笑ひを湛へて、

「大層お早うから何事ですか……まあこちらえ」

と、三坪計りの洋式の應接室え導かれた。別に目立つた装飾品はないが、凡てが明るい感じを覺える質素な室であつた。冷たいお茶を呑みながら、來意を告げると、

「私に經歴なぞと……そんなものはありませんよ」

と、開口一番に、飽迄謙譲と警戒の意を見た筆者は一寸シドロモドロして、

「いや別にご經歴なんて、そういふ理けでもありませぬ、あなたのご感想でも……」

と云へば、

「この頃そんな事を考へる暇がありませぬよ、何しろ多忙でねー。今日も日曜だけど九時頃に會社に行かなければならぬので……」

と、氏は何も語らない只だニヤリニヤリ笑つてゐるのであつたが、それでもヤツと先輩の指導と、從業員諸君の獻身的努力が元山運輸商事の今日を築き上げたといふ話を一クサリと、氏の生年月日を聞かされただけで左様ならしたのであつたが、思へば宇部海運業界の王座を占め一方船具、及塗料と合せて彼の隆々たる成績を示し、他の羨望の的となり、元山運輸商事の名を成さしめるに至つたことは、一つに常務松重氏の健實なる營業政策の宜しきを得たからである。

氏は明治二十八年十一月、嚴父幸兵衛氏の三男に生れ、大正七年、沖ノ山炭鑛に入り、後ち大正九年、船具專業元山商會の創立に當り同社に入りて十二年支配人に昇進し、約八ヶ年間、終始一貫同社發展の爲め日夜寸暇なき奮闘は遂に、昭和三年、事業擴張の爲株式會社に變更さるるに及んで、常務取締役に就任して現在に至る。資性快活にして且つ俠骨を藏す。今や宇部事業家に伍し、底知れぬ飛躍的人物として將來を期待されてゐる。

上田久氏

「何しろ五段百姓に生れて、炭鑛の販賣課の任務は並大抵ではなかつた。京阪其の他の純商人と折衝する場合、いつもダヂダヂの觀はあつたが……それでも此方は誠意をもつて大した懸引といふ商賣人根性を出さなかつたことが、却つて好結果を招來する場合が多かつた。それにしても、經驗が積むに随つて、引退する頃には自ら商賣人氣質を誇つて居た……」

と、感慨深そうな過去の物語りに、筆者は一種同情に似た情感をそそられたのである。それは晩秋の、或る小春日和の午後であつた。市内則貞の西寄りに、所謂六疊下りといふ、古風な建築様式の一構え、その住宅を訪づれた。

「あんた方は未だ若いのだ、大いに奮闘せい、奮闘せい。新聞記者といふ職業もよいが、宇部には種々事業が發展するのだから、方向轉換でもしたらどうだね……」

と、赤裸々にその心情を披瀝さるゝところに、氏の眞實性に富めることが立證される。都會風の殊に洋服姿の彼のスマートな、老いたりとはいへ、未だ若き日の面影が偲ばれるのである。

その日は平素見たこともない、「たんぜん」着を氣にしながら、

「此頃どうも、持病？　の神經痛でね！　もう先き頃は、とても助からぬと思つて居たが、まあお蔭で健めになつたよ」

と、銀巻きのキセルに、はぎの刻み煙草を詰めながら、眼鏡越しに微笑を浮べて常磐池の用水問題を初め、其他の自治方面に關して爲さねばならぬ施設事項について、意見を交換さるるに及んで、眞に親切丁寧で、些の飾り氣もない其眞劍さは流石に、今日の宇部を大成した功勞者の一人として、多謝しなければならぬ。

立てば名利に、走れば即ち權勢に……只管自己の榮達を圖ることにのみ他念なき當世にあつて、斷乎〔だんこ〕、その所信を曲げない。所謂、世に媚びず、人に諛〔へつら〕はず、その天職に精進することをもつて足れりとする資性勤嚴にして篤實の君子型である。

因に、上田氏は明治六年生れ、長じて宇部村會議員となり、後ち、助役に選ばれて、村治上多大の功績を擧ぐ。次には郡會議員としても亦、その功空しからず、厚狭郡切つての一人者であつたのだ。大正十一年市制の執行せらるゝや、第一期より昭和十二年十月迄市會議員としての功績又屈指中の一人。その間、副議長たること一期、事業方面では、大正三年第二沖ノ山炭鑛に入り、販賣課長とし、爾來名聲あり。後ち沖ノ山炭鑛と合併し、同じく販賣課に勤務してその手腕を認められ、引退後は同社の監査役に就任、其他會社重役關係が一、二……現在では宏壮なる、樹の香の失せやらぬ新築に餘生？　を送つて居られるが、未だ覇氣滿々、切に自重を祈つて息まぬ。

松谷辰藏氏

昭和九年、宇部、藤山合併問題が持上つた折柄、當時村長の職に在つた氏は滿期改選を機として引退し、爾來悠々閑地に在つて情勢の推移を睥睨しつゝある松谷氏は、明治元年二月二日、藤曲の素封家に生る。幼少にして鋭智に丈け、長ずるに及んで向學に志し、主として漢學を修む。就中、陽明學を好み、その蘊蓄は衆に秀ひで、正に一家の觀を成す眞に誇るべき人格者である。就中、在京二ヶ年間、獨法學を專攻中、不幸にも嚴父の病の爲め歸郷の已む無きに至つたものである。随つて市會或は縣會と、いつも改選期に直面した場合、松谷さんなら理想の人物だ……

と、話題に上る程、一般識者間には認められ、時に出馬を慫慂されるのであるが、頑として應じない。それは高遠なる氏の理想と餘りにも懸け離れた現實の悲哀が眼前に暴露されてゐる爲めではないか。

私は昨年、市議選擧を控えた中秋の頃、藤曲に氏の住ひを訪づれた。石榴の熟した庭園に近い六疊の應接室で、番茶の香りを味ひながら、

「立候補なさる噂が傳へられてゐますが……」

と、實否を尋ねると、

「私共の出る舞臺ではありませぬ……」

と半ば謙讓……彼の溫容に靜かな微笑を浮べ白髯を撫でながら、更に言葉をついで、

「政治は力……と云ひますが、それは公明正大の力であつてほしい。斷じて、金力や權力の政爭は避けねばなりませんが……悲しいことに現在の狀態は後者に屬する傾向がないとはいへませぬねアハヽヽ」

と、大きく朗らかに笑ふのであつたが、そういへば松谷氏が永年何れの政黨にも所屬しない理由が首肯されるのであるが、又もつて氏の面目躍如たるものが窺知される。

私は茲に至つて、今は亡き詩人の梁田蛻巖を思ひ出すのであつた。

琪樹連テレ雲ニ秋色飛ブ。
獨リ怜ム細菊ノ近ニキヲ荊扉一ニ。
登高能ク賦ス今誰カ是レナル。
海内ノ文章落ニツ布衣一ニ。

これは、幕末の詩人梁田蛻巖の作である。當時の詩人學者が皆諸侯に媚びて榮華を求めてゐるのに、彼一人野に在つて志操を保つて居つた。大きな樹が天空に聳え、雲に連つて秋の氣色を獨占して威張つてゐる。所がその下の方、荊〔いばら〕の扉のあたりに小ツぽけな細い痩せた野菊が咲いてゐる。大變な違いだ。然し來る重陽の節句には、高臺に登つて詩を作る風習があるが、今本當に立派な詩を作り得る人は誰か。王侯に仕へてゐる詩人には一人も、しつかりしたのがないではないか、實力家は却つて無位無官の詩人にある。といつて自らを野菊にたとへて自負し、軒昂たる意氣を示したものであるが、現在の松谷氏においても或る意味で、これに似た心境がないであらうか……氏は稀に見る清簾潔白の君子人である。

因みに、松谷氏は明治二十七年三月、厚狹郡藤山村會議員に當選爾來、改選期に選ばれて大正七年四月に至る滿二十四ヶ年、自治政上に多大の貢献をなした。其間、特筆すべき氏の功績は大正十四年、東川の水をモーターにて汲揚げ水路を利用して新開作に灌漑を充分ならしむるに至つた。これより先き、明治二十七年九月、三郵便局藤曲郵便局長を命ぜられ、仝三十三年十一月、宇部郵便局長拜命中、宇部郵便局は特定三等局に昇格したる爲め、議員の兼務を得ず、前記大正七年四月に辭職の止むなきに至るも、大正十一年十月まで、宇部郵便局長の任務に在りて、遺憾なく遞信事務を全ふした。

次に明治三十九年六月、長門國三等郵便局長協議會長に當選。仝四十二年十月、再選せられ仝四十四年に至る。

尚明治三十二年九月、厚狹郡會議員に當選。仝三十四年四月、郡參事會員に推薦され、仝三十六年九月、郡會議員に再選。仝十月、郡參事會員に再選され、仝四十年八月に至る。更に仝四十四年九月、三度郡會議員に當選し、大正二年二月、厚狹郡會議長に常選。仝四年九月に至り滿期退職。大正五年一月、敍正八位。仝六年一月、敍從七位。大正十年一月、敍勳八等。仝年九月、敍正七位。大正十年四月、通信事業創始五十年祝典に際し、多年勤續の功勞により遞信大臣より銀盃一個を授與せらる。其他學務委員、方面委員等々公共事務に萬全を期し、尠からん功績を殘してゐる。

宇部商工會議所議員　商業副部長

冨永吉之丞氏

宇部新川驛頭に立つ時誰れでもが眼を惹く、スマートな一工場がある。これぞ富永氏が經營する製材所であるが、元來材木業を主とする關係で便宜上の附隨工場である。

昭和三年創業以來、彼の目覺しきまでの發展振りは、業界切つての首位を占め、今や富永、富永との名を成さしめるに至つたことは、一つに氏の奉仕といふ強い信條から迸ばしる至誠の現れにほかならぬ。

顧みれば今から十八年前である、即ち大正十年の秋、當時、高良宗七氏を頭取とする西沖ノ山鑛（今の西遊園地から工業倶樂部附近一帶）の海岸に小さな松丸太を釘づけにした四間計りの所謂棧橋があつた。これは主として同炭鑛專屬の坑木陸揚に使用されてゐたものであつたが、丁度その頃、鳥打帽子を冠り、松脂のついた茶色の厚司に小倉の長ズボン、それから麻裏草履……と、かうした服裝をした三十計りの男が棧橋の端に佇んでゐるところは、一見して坑木仲仕と大差はないが、片手に手帳と鉛筆を持ち、片手に物指しを持つて、仲仕が陸揚げをする坑木の切口を一ツ一ツ計つてゐるところを見ると、仲仕でないことは判つたのであるが、それにしても、その眞面目さと熱心振りに感嘆してゐる折柄、十二時の汽笛が合圖されると、自分の腕時計を一寸見て、

「ヤアー皆さんお晝にしようや……ご苦勞だつたね。今日は潮のある内に船が出したいといふので、皆んなに特別骨を折らしたんだが、ご苦勞、ご苦勞、船頭も大變喜んで居る……」

と、斯ういつて、いかにも感謝の表情で仲仕達をいたわるのであつたが、この男こそ誰あらう、當時坑木商を營んでゐた十八年前の富永吉之亟氏であつたのだ。確かに立志傳中の人として、所謂栴檀は二葉にして香ばしいといふ結論に導かれる理だ。

富永氏は縣下大島郡沖浦村出井の出身。長兄藤一氏は向學に志し、京都の人となつたに引かへ、氏は幼にして商才に秀で、大正七年一月、宇部新川に移住し、初め三浦坑木店に在りて體驗を積み、大正七年獨立して坑木業を創め、各炭鑛の御用に應じ、その間氏の至誠と奉仕觀念は益々信用を博し、業務の隆昌にしたがつて、遂に昭和三年、坑木商より製材業に轉じ、後ち材木業を主として今日に至つた。

「新聞社の方にはウツカリ話をすると直ぐ書かれるから……油断はならぬアハヽヽ」

と、初夏の或る日の夕方驛前の假事務所に訪づれると、氏は斯うい つて笑顔を見せながら、

「兄貴は銀行屋で、弟の私は材木屋で好いコンビとは云へないねアハヽヽ。然し私は若い時から苦勞した……今でも苦勞してるが、苦勞の仕甲斐があるといふことだけは判ったねー」

と、いかにも過去の感慨無量の表情で、

「廢物利用といふ理けでもないが、營業柄、目下の處で薪炭の外使途がない、と云ふ材木の切端があるが、之を工藝的に商品化する研究もし、將來性もあるので機を見て實現したいと思つてる。宇部の對外輸出といふ事になるねー。現在のところ各炭鑛會社を初め、建築材料の大半は市内であるが、製材方面の大半は所謂輸出商品化してゐる」

と、縣下に渉つて製箱材の供給やら、京阪方面にまで手をのばしたことや、朝鮮方面にも果實用の箱材を輸出したい事等の抱負やら希望やら一クサリ聞かされた時、矢張り實業家としての特殊性は多分にあるわいと思つた。

因に氏は未だ四十五歳の少壯で、宇部材木商組合長に推され、本年三月の改選に當り、宇部商工會議所議員として、商業部副部長に選ばれたことは宜なるかな。同部長末繁與一氏の逝いた今日、早晩代つて部長に推薦されることであらう。彼の非凡なる識見と鋭敏なる頭腦とは、必ず將來の一方の棟梁としての逸材である。

柿原醫院主 **柿原清喜氏**

宇部新川驛を起點とした寺の前線の終點、所謂眞宗派教念寺のあるところ。少し東寄りには宇部中學校があり、南寄りに宇部市最初の上宇部尋常小學校、隣りて宇部市農會、宇部市信用購買利用組合、最近迄、宇部市立農學校もあつた僅か一町内外の一筋道ではあるが、古風な家並が兩側にならんで、理髪屋、酒屋、煙草屋、菓子屋、日用品店、文房具店、郵便局、桶屋、自轉車店、旭醤油會社等々。それにしても、往年は居能町に亞〔つ〕ぐ町の形勢は、地方にとつては、こよない機關でもあったのだ。

此の中間を西に稍々下り道を十間餘りのところの右側に、生垣を廻らした廣々とした二階建の邸宅こそ柿原清喜氏の住宅であり、醫院でもある。

筆者は過る七月の初め、丁度お晝時分、久し振りに訪づれた。箒目正しい邸内の敷石傳ひに、西に細長く、二ツの溜池を圍んで風流に富んだ庭園の雅味を滿喫なしつゝ遠慮勝ちのベルを押した。眼のクルクルツとして背のスラリとした、見るから朗らかそうな十八、九の女中さんは、かつて顏見知りのことゝて無言の微笑を投げて奥に消えると、就業の白衣を身に着けた當の柿原先生だ。眼鏡越しにニヤツと笑面を見せながら、

「ヤア……まあお上り、もう診察も二、三人だから彼方へお上り」

と、何時も變らぬ親しみを感じさせるのであつた。

庭に面した六畳敷の日本室、開け放された南向きの庭園を掠〔かす〕めて、云ひ知れぬ木の香を含んだ涼風が机上の一輪差しの若葉をクスグツてゐた。

「このお暑いのに大變ですね、遠方まで……でもまあバスはあるし、大層元氣そうだから……」

と、斯ういつて自ら茶を入れながら、

「家内が少し不快なもんだから失禮しますよ。私はこんなことは不得手でねー……」

と、ニヤリ、ニヤリ笑顔を見せるゝのであつたが、それは人の氣持をそらさぬ所謂お職掌柄とでもいふか、お醫者さんらしい懐かしみを感じさせるところは、確かに洗練されてゐる。

「此の頃どうも、何をするにもおツくうでねー。いや多少體の工合も好いとは思はぬが、どうも億儀でいかん」

……「じゃあ紺屋の白袴といふところですねー」といへば、「まあそんなもんだなアハヽヽ」

と、阿々大笑……。折柄往診の電話の知らせに、

「では今日失禮しますよ。又ユツクリ話しに來給へ」

先生はやがて自ら自動車を運轉して參宮道路の方向に疾走した。

溫厚篤實といふ言葉は柿原氏の人格を表象する場合に最も適切な文字である。氏に接する時、そこには些の城壁をも設けず、隔意なき談笑の裡ちに溢るゝ溫情味は、軈がて繪畫に、或ひは彫刻の趣味が湧く氏の書齋の一隅に數個の茶器、その竹製に成れる山水の技巧は實に素晴らしい逸品といふだけでは物足らぬ感嘆といつても、未だ物足らぬものがある。餘技としては正に大成の域にある。

柿原先生は熊本縣の出身。明治二十年生れといへば今年五十二歳。大正三年、熊本醫學専門學校を卒へ、直ちに同校附属病院に研究生として修學、後ち山口縣大島郡西本病院に入り、院長を補佐して其の名を知られ、大正四年、宇部市國重病院に入り、後ち同分院(現在の寺の前)の院長となり、大正八年、同分院を讓受け現在に至る。現に上宇部小學校々醫として公共の任にあり。

因に長女幸子さん、京都女専文科卒の、女婿上田氏は目下熊本醫大、東外科に研究中。次女文江さんは目下、大阪樟蔭女子専門學校家政科に修業中。

沖之山炭礦株式會社
常務取締役　市會議員

金野藤衛氏

五尺ノ短身一竹ノ笻。
千山萬水去ッテ無レ蹤。
平生ノ心事知ル何レノ處ゾ。
寄テ在リ芙容第一ノ峰。

これは維新の傑物、横井小南が故郷熊本に塾を開いて、有爲の青年を養ひ天下を睥睨してゐた時、偶々鮫島生が東上に會して贐〔はなむけ〕として贈つた詩である。自分は甞て一本の竹杖を携へ、瓢然として日本全國を周遊した。千山萬水、之といつて印象に殘るものはなかつたが、只富士の靈峰だけが斷然群山を抜いて卓然天にそそり立つて、恰も天生天下人物の最高峰たらんと期して居る自分の志に似たものがあつた。君もこれから東都に上つて、人物を磨き名を成さうとするからには、須〔すべか〕らく理想を遠大にし、着眼を高うして、天下第一流の人物たらん事を心がけよ。

と、激勵した當時の小南の心境と金野氏の現在の心境とに相通ずるもののあることは、筆者の記憶に未だ新たなるものがある。それは政治家として、將又實業家として、私心なく至誠をもつて天下の公道を踏んだ第一流の人物渡邊翁の歿後。昭和九年一月一日、新川小學校講堂において慣例による名刺交換會の席上〔素より當日は無禮講で、各自隨意に意見の陳述が許されてある〕祝杯の醉ひ？　滿面をウツスラ朱色に染め、上記の詩を吟じながら歩一歩ユルヤカに、モーニング姿を壇上に現はし、双腕を打振り打ちふり……諸君、と一段聲張上げ、

「年は新らしく迎へられたが、親爺は死んだ〔親爺とは故翁のこと金野氏はよく渡邊翁を親爺親爺といつてゐた〕、然し親爺は死んでも、其の志は殘つてゐる。即ち遺業である。それは宇部市民の爲めに、ひいては國家の爲めに親爺の遺業を完成させなければならぬ。それは吾々宇部市民に課せられた義務であり、宿題でもあると思ふ……過去に於ける宇部市の躍進過程は天下無比であることは我輩が喋々するまでもない。これは一つに故翁の指導の宜ろしきを得たことと市民諸君の協力によつた賜でありますが、今後共尚一層努力して天下に誇示しても耻ぢないだけの宇部市を建設しなければならないといふことを、この新年の劈頭に臨んで、諸君の御協力を願つてやまないものであります云云……」

と、斯ういつて金野氏は微笑を浮べて降壇したのであつたが、双の眸〔ひとみ〕には熱いものを宿してゐた。

筆者が先きに小南の心境に相通ずるものがあるといつたのは此處である。政治的に事業的に第一人者であつた故翁を崇拜する點と、故に、その遺志が宇部市民幸福の爲の事業を遂行するといふこと、それは、市民協力によつて理想的の都市建設の他はないといふ金野氏の信念が、止むに止まれぬ年頭の贐としての挨拶であつたことに違ひはない。筆者はそういふ風に感じ、そういふ様に固定する。その頃から特に、金野さんといへば多血多涙の快男子として人々から深く親しまれてゐる。

爾來……宇部窒素の躍進振りはどうか。宇部大築港の完成期も近きにある。其他枚擧に遑〔いとま〕なき宇部市の進展振りは、全く國内的に羨望に似た驚異の眼をもつて視聽の中心に座してゐるのだ。

かつて筆者が、新聞記者として沖ノ山炭鑛の事務所に金野氏を訪づれた時だつた。

「故翁の遺業も着々と進捗するのでこんな嬉しいことはない。これも皆な市民諸士の協力の収穫だよ……君達も、こういふ様な傳票を通じて、會計課の方から當然の權利として金を領収するやうな職業に轉身したらどうだね」

と、所有、種類の買賣傳票に檢印を捺しながら、

「然し君達新聞記者といふ職業が惡いといふのではないよ。だが中々心痛が多いだらうと思ふね、アハヽヽ」

と、相手の感情を損はぬ様大きく笑顔を作るのであつた。酸いも甘いも、かみ別けた所謂世の中の裏面に通じてゐる氏にとつては、決して皮肉の言葉ではないのである。溫情から湧きでる眞實心であることはいまでもない。氏はそれほど健實な努力家なのである。

金野氏は生粋の宇部ツ子である。通稱、寺の前に孤々の聲を繋げた幼少の頃は腕白小僧の一人でもあつたと、未だに殘る土地の噂さもある。長じて山口中學に入り、その學生時代には英才に伍し、覇氣滿々、その頃より詩吟を好み、特に前記横井小南の詩を愛誦したといふ、又もつて氏の面目躍如たるものが察知される理だ。

山中を卒へて旅順工科大學に進み、大正六年、優秀なる成績を得て業を卒へるや幹部候補生として入隊、少尉より進んで中尉に任ぜらる。除隊後、直ちに沖ノ山炭鑛に入社し、技術管理者兼鑛務部長に就任、鋭意鑛内施設の改善に務めた。それらの功績は、深く故翁の信頼するところとなり、當時、未だ任は一部長でありし頃より、職は故翁の囑望を負ひ、樞機に參與して重大責務を盡したことは蓋し、同社をして沖ノ山王國との異名を謳はるゝ今日の盛況に達せしめた功勞者の尤なるものがなあろう〔※1〕。

先年組合組織より株式組織に變更されるに及び常務取締役に就任して現在に至る。そればかりではない。他方、福島炭鑛が今日の發展を遂げたのも、氏の貢献盡瘁に依つたものであるが、又氏の存在によつて益々前途に對する希望を大ならしめてゐる。

其他最近では、徳山地方の鑛業界に進出なし、今その事業の緒に着いてゐるが、氏の經驗と手腕とを持てすれば必すや他日の大成を期するであらう。由來宇部地方の鑛業界には手腕家が多い。人物も少なくはないが、現在のところ才華絢爛たる氏に比肩するものはない。獨り斯界の寵兒として金野藤衛氏の名

は太陽の如く輝いてゐる。先達をもつて自任する人々も、氏には一歩を譲らなければならぬだらう。

次に金野氏に對する一般世評? は、一言にして俠骨漢、親分肌の人ともいふが、これは實に皮相の見解である。然し一面そうした性格もないとは云はぬが、曖昧を何より嫌ふて直情徑行なところがあるので、胡魔化しを世渡りの秘訣と心得てゐる輕薄者流には、慥［たし］かに苦手である。その潔白は、いかつく思はれよう。親しきに慕つて增長すれば、相手が誰であろうと叱り飛ばす位の元氣があるので、時に人柄を謬られもするが、眞實は人間味豐かな人だ。隨つて溫良の裡にも鋭さを藏してゐるけれども、健闘的な生活を踏んで來ただけに、其鋭鋒を容易に出さぬ心の用意がある。時々自ら韜晦［とうかい］するが如きズルサも少しはあつて、心易い友人知人にはウイツトなど連發して人を喜ばすといふ藝當も知つてゐる。鋭いが如才がない、鋭さは所有、事に對する觀察の剴切痛烈なる所によく現はれてゐる。

而して多策智謀の人であるからして、易々と人に乘ぜられない。自ら深く藏して氣付かれぬ。驅引の妙とも云へれば、社交道の免許取とも稱し得る。兎も角も、機敏にして冷靜沈着を失はない外交的手腕は頗る優ぐれてゐる。這般、市當局對某炭鑛との借地問題で行き悩み齒が立たない。何れは法廷に於いて黒白を爭ふ餘儀ない折柄、金野氏の一諾に相方無事解決したといふエピソートもある。

昭和四年十一月、宇部市會議員となり以來引き續き第三期に渉りて現在に至る。市會の精鋭として將來氏の政治的進出にも亦、多大な期待をもつて矚目されてゐる。

［※1］「がなあろう」は以後もよく使う文語調で、「ではなかろうか」程度の意味。

宇部セメント製造株式會社
取締役支配人　宇部商工會議所議員

岡崎豐策氏

西日本に於ける工鑛都として、異常なる躍進途上にある吾が宇部市は、今や國内的視聴の中心に座し將來尚ほ多くの期待をかけられゐるが、更にその中心を爲す幾多工鑛業の中、宇部セメント製造株式會社の目覺ましき發展は、その顯著なる業績と共に、今や斯界の王座を占め、實に先進業者をして瞳着たらしむるに至った。之等は一つに同社の中心を爲す取締役、支配人岡崎氏が、終始一貫、藤本専務を輔佐して私心なく就業の發展に日夜を別たず克苦盡瘁した収穫である。と同時に、同社をして今日の盛況に達せしめた偉大なる功勞者と云はなければならぬ。

氏は明治十九年十二月九日、厚狭郡船木町の永田家に生れ、後ち岡崎家に入る。五十三といつても、僅か二十一日早やかつた爲めの世に云ふ年弱なのである。それにしても一見十年位若か振りだが、之れは天性の容姿に恵まれたもので、由來三田ボーイとまで異名のある慶應出身だけあつて、未だに殘る若かかりし日の面影が偲ばる。【註】三田ボーイとは、慶應義塾の學生を指して呼稱したもの同義塾の出身者に財閥が多い、隨つてその子弟が多數を占め、又美貌の青年が多いところから初まつたもの之れは神戸高商と双璧である。

氏は明治四十四年三月、慶應大學理財科を卒へ、大阪市、合名會社藤田組に入社し、爾來、十三ヶ年の勤續で、逭［さす］が日本一の商工都市大阪で洗練されただけあつて、特にその社交振りは上下の隔てなく頗る妙を得て、例へば、一世間話……でも、その談笑の裡に知らず識らず、つい有利に誘導されるところなどは、これを商業心理とでも云ふ?。事業上のかけひきに至るときは、底知れぬ鋭智が閃めくといふのだから凄い。正に事業家としての資格に申分はない。

大正十三年、故渡邊の招聘に應じ、宇部セメント會社に入社。支配人に就任し、次いで取締役に選任せられ、茲に十六ヶ年間、眞に一日の如く、所謂席溫まるいとまもなく、東奔西走の奮鬪振りは感激といつては物足らぬ、感嘆といつても未だ足らぬ涙ぐましい幾ページかのエピソートがあるのだ。

市内西區上町七丁目、濱通りの角を二十數歩の左側、今は名殘りの小松原を控へた二階建が氏の住宅である。筆者は去る中秋の或る日曜日のお晝前、久方振りに訪づれた。その日は生憎く雨足も近い曇り勝ちであつた。自ら玄關に迎へられた氏の洋服姿を不審に思つてゐると、

「今日は日曜でユツクリ休養したいと思つてゐたが、急に出張しなければならぬ……だが一時間計り餘裕がある。折角訪ねて呉れたのだから一寸話そう、まあ上り給へ」

と、いつに變らぬ春風駘蕩の表情で六疊の應接室に導かれた……。

「何……僕の經歴なぞ聞かれる様な事は何もない……一つの事務家? でねー。事業上のことは未だ一年生で、只諸先輩諸士の指導に從つて動くまでの事……會社の成績かね……これも從業員全體の協力によつた賜で、何も僕の誇りとするものはない……」

と、飽迄その謙遜の態度が奥床かしい。

「でも凡て會社は專務より地位は下でも、支配人の責任は重いといふじやありませぬか」

といへば、

「それは直接取締役にはそんな關係がないとはいへぬだろう」

と笑顔を見せ、

「朝鮮、京阪、或は東京と出張といへば大變呑氣そうに思はれるが、中々疲勞れるもんだ。決して樂ではないねー」

と、今度は眞面目であつた。

「心痛が多いのでせう」

といふと、

「勿論さ、會社の興廢に關する……といふ意氣で

居なければねー。監督官廳、同業者對中々入知れぬ苦勞はあるよ……」

と、斯ういつて深い感慨に耽けるのであつた。折柄迫つた出發時刻の知らせに、辭して玄關に立つと、戸外は、いつの間にかシトシトと降る秋雨に庭園の松の葉針はシツトリと濡れて居た。門扉を打つ雨脚を後に筆者は再び濱通りに出た。

因みに岡崎氏は、昭和八年三月、宇部商工會議所議員となり現在に至る。其他、朝鮮セメント會社監査役を初め、伊佐軌道株式會社檻査役を初め、伊佐軌道株式会社監査役、船木鐵道株式會社取締役、株式會社綠屋百貨店取締役等々、所謂三田財閥に倣び地方業界に君臨してゐる。

宇部市水産會副會長
山口縣水産組合副組合副組長
市會議員 **梶山文作氏**

現在、宇部市の水產物の製品中、海外にまで其の販路を持つものは唯一の乾鰕(ほしえび)であらう。即ち輸出品としては恐らく第一位にある。勿論、國內的には既にその優良なる品質が著名であることも亦、今更云ふまでもない。殊に近年に於いては土產品として賞味され一段と名聲を博してゐる。

先代文作氏が、明治初年持久的商品化を工風し、創業以來今日に至つた。其の間にありて、所有研究と不斷の改善とに一意精進しつゝ幾多の苦難を經て、現在ではスルメ以上に乾魚界の王座を占め、その聲價を認めらるゝに至つたことは、宜なるかな、畏き邊りの御嘉献の光榮に浴したること數回に及ぶといふ。又もつて、その眞價が窺知される。

この業界における老舖の現在主、梶山文作氏(亡父の襲名)は、明治二十五年四月生れ、長じて下關商業學校に入り、全四十三年同校を卒へた。その當時の氏は如何にもモダンであつて、而かも俊才でもあつたと未だに殘る同僚の評判である。同期生の大半は、銀行へ、或は會社へ就職し、又は上級の學窓に志したのであるが、中にも文作氏は獨り期するところがあつて歸鄕した。そうして父を助けて家業に專念したのである。その頃の氏は、坊ちやんとか、若旦那とか呼ばれながら漁夫と共に鰕の中に埋つて靑年時代に誰しも經驗する見得や體裁……そんな虛榮には眼も惑されず、只管一生懸命に働いたものだ。氏はそうした努力家であり、實際家なのだ。

昭和三年九月、嚴父の歿後、愈々志操堅固に獨立した理けだが、未だ若冠の域を脫しないにも拘らず、先進をもつて任ずる業者を尻目に不斷の努力を惜まず、その功は報ひられて宇部市漁業組合長に推さるゝに至り、一層拍車をかけて、常に業界發展の一路に他念なく、朝鮮、滿洲或ひは南支、北支と各方面の視察等々、絕へ間なき活動を續けて來た。その功績は多大であつて、一般業者の感謝するところである。

筆者は過ぐる初秋の或る日のお書前、東區海岸通りに氏の住宅を訪づれた。折柄漁夫達の運ぶ多くの生鰕の檢査中だつた。

「こんな恰好だが……まあこちらへ……」

と職場に近い事務室へ導かれた。白いシヤツも薄黑くボカされて、茶褐のズボンには鰕の皮が二ッ三ツ生臭いニホヒが鼻を突いた。

「もう涼しくなつたね、否や朝晩は寒くなつた……鰕の干加減は惡るいが、腐敗の虞れがなくなつて安心……何しろ、生のものを扱ふので、夏は油斷が禁物だ。千鰕位……と思はれるか知らぬが、少なりとも海外に輸出もし、國內的にも聲價を落すまい……衛生上の注意も要る……これで中々人知れぬ心痛は絕えないものだよ……それにしても近海の魚がクサイ……といふことも否定されない。といつて鑛工業の都市だもの、窒素の惡水問題かね……これも止むを得ぬ……君、兩頰好いのがホーカムリといふが、事業の發展向上が宇部市の隆昌と市民の幸福を招來するものとすれば、これは不可抗力といふもの、世の中の凡ての不可抗力に異議は云へぬじゃないかアハヽヽヽ」

と、大きく笑ふのであつた。

梶山氏は資性溫厚にして謙讓の德深く、然も一片の俠氣を持し、氏を知る人の信賴するところ多く、昭和六年より仝十年まで地元の區長に任じ、一方宇部市漁業組合長として過去四年間その任にあり、漁者をよく統制、指導して組合の圓滑と發展に資した。其他東區副區長として昭和九年以來その任にあり、第二消防部長、宇部市救難組合副組合長等公共事務に萬全を盡し、前宇部商工會議所議員を務めた。私的には宇部海陸運輸株式會社監查役たり。昨十二年十一月、宇部市會議員に當選して現在に至るも、自治制上の蘊蓄は先きに區長として永年勤續して最早試驗濟みである事は衆知の事實である。

因みに氏は陶磁器蒐集の嗜を多分に藏してゐる一風變り種でもある。

小野田炭鑛 專務 **秋重實藏氏**

北支の蒼空に新政權謳歌の聲は高らかに鳴り渡り、資源開發に打ち振る力強きハンマの昔は、近く防長の天地に響き、如何にも叱咤するかのようである。此の防長の代表的工鑛都宇部市の鑛業界に颯爽たる英姿を登場せしめたる人に、新興小野田炭鑛專務秋重實藏氏がある。

一時は小野田炭鑛の社長か、頭取かとの噂が高かつたが、自から專務の椅子を買つて、今では日々專務室に陣取つて、多數の社員を指揮督勵し快腕に鞭うつて着々事業完成への道を進んで居る。

宇部市民となつて二十五年、十年一昔とすれば二昔半、人生五十年とすれば、その半生を宇部市に過して居る。その少年時代は俊敏とか、才幹とは餘りにも緣が遠かつたらしい。いまだに村に傳る評判では、「黙りやで、極く柔順な少年」と云ふ印象より何物もないとの事である。その秋重氏の現在は、どうか。若い事業家として特に其の存在を認められてゐる事實は、そも如何に。これより氏の半生に渉る過去の道程を辿つて見よう。

氏は明治三十年八月十三日、吉敷郡嘉川村に嚴父儀三郎氏の長男として呱々の聲を揚げた。大正二年、年齒十六歳、青雲の志を秘めて故郷を出で伯父を頼つて宇部市に來り、宇部電氣株式會社（後、縣電に買収さる）職工見習として入社したのが、社會人として踏み出した第一歩である。

「國亂れて忠臣現れ、家貧ふして孝子出す」の格言の如く、氏が少年の體を單身故郷を去つたのも、そこには人生悲劇がひそんで居た。氏の父儀三郎氏は溫厚な君子人で、生來嘉川村で肥料問屋を手廣く營んで居たが、氏の小學校卒業の頃は打續く不況と溫厚な君子人に見る他人の保證債務と營業上の手違ひから、遂に破産の悲運に立到つたのである。之れが順調であつたならば、坊ちやん、若旦那として家業の手傳ひか、否な、未だ研學の志望は未來の空想に耽つたであらう。然しそれは許されなかつた。

數多學友の上級校に進學するのを他目に涙を呑んで秋重少年の心底を去來するものは何であつた？

小學讀本に教つた、「男子志を立鄕關を出ず、志成らずんば死すとも歸らず」の偈である。燃ゆる希望と感激を胸に宇部市に住む伯父の前に跪いた小年こそ、慈愛深き父母の許すの言葉を讎に成功を誓つて墳墓の地を涙で去つた少年秋重氏其の人であつた。それから後の少戰士の苦難奮闘は晝夜を分たず續けられた。鐵の如き信念は青春の血の燃へて火の如く、百煉の鐵は苦難苦行に挫折するものでなく、怒濤を越へ荊棘を拓き、惡闘四年に前途に光明の彼岸を見出したのである。

氏の奮闘と努力は漸く實を結び、認められて電氣會社の需用石炭の船運搬を請負事となつて、茲に初めて獨立し、宇部事業界に活躍する一歩を踏み出したのである。かくて生活の基礎は築かれ、兩親は氏の暖かい手に迎へられて一家を擧げて宇部市に移住されたのである。久しぶりに見る一家の團欒は、氏の生涯忘れ得ぬ快事であり、感激だつたに違いない。其の當時の古い人の話に、毎日々々眞黒くなつてハシケ船に乘込み、沖ノ山の貯炭場から新川筋の發電所まで、自ら船頭となり、人夫となつて水棹をあやつり、特に體質に惠まれて居たとは云へ、雇の船頭は一艘乘るのに秋重さんは二艘をあやつりながら新川橋の下を運航する姿をよく見受けたものだと、又電氣會社の古い人の話に、晝は船頭を二人分やり、夜は人夫の欠員は進んで引受けて働いてくれた、其の當時の奮闘は實に涙ぐましいものがあつたと。

昭和元年、運搬業の傍ら東區海岸に秋重内燃機製作所を興し、宇部の認識さるゝと共に、業績も益々隆昌を成し、青年實業家秋重は宇部市民から驚異をもつて刮目さるゝに到つたのである。

更に秋重組を創立し、土木建築請負業を開始し、宇部窒素工業會社の創立さるゝに當り、會社内に出張所を設け、バラス及び人夫の供給業を創め、秋重工務店の名の下に沈歿艦船の引揚事業にまで手が延び、正に旭日昇天の概があつた。

然るに昭和四年頃より世界を風靡した深刻なる不況氣は、氏の血肉に因つて築かれたあらゆる事業を、一朝にして根柢より破壊し去つた。され共それ位な事で兵古垂れる氏ではなかつた。再び少年時代を靜思した、盤根錯節逆卷怒濤を乘り切つた體驗と、不撓不屈の精神とは倒れて後止むの不動の信念を不知の間に精神にたゝき込んで居つたのである。捲土重來を期し、先づ秋重内燃機製作所を令弟貞一氏に讓り、專ら海事工業に專念した。然るに時利あらず失敗に失敗を重ねるのみであつた。され共、少年時代より練磨した體驗と修養は、荊棘の道を踏んで來た人々のもつヒネクレた感情は微塵もなく、強い感激性と憐愍（れんびん）性と至心なき至誠が氏の唯一の資本となり、かくれたる同情者、見へざる後援者は氏を再び事業界に浮べたのである。

昭和九年、小野田町に大正炭鑛を創立し、自ら頭取となり、昭和十二年十二月、賣山と同時に高千帆町にある淺野同族株式會社所有石炭鑛區を買収し、小神戸市に於ける業界の大立者大岩組と相提携し、小野田炭鑛を創立し、自ら專務の要職に就き、業界に大きな期待を掛けられて居る。時恰も事變下にあり、石炭飢饉の叫ばれる今日、靜かに氏の將來を見るとしよう。

氏は日本刀の愛好者である。從つて其の藏する所の數多く何れも名刀で、氏自ら手入れを怠らず、明煌々たる刀身に見入りニヤリ笑を浮べて三昧の境地に入る。其の曇りなき刀身の如く私心なき氏の正義觀念の旺盛なるを知るに足る。かつては單身オートバイにて朝鮮を走破せりといふエピソートを持つ快男子である。

資性豪放にして磊落濶達其の裡に俠骨を藏す。生死を誓ふ部下の多き事は、其の性格の一面を知るに足る。

宇部紡績株式會社常務取締役
宇部庶民金庫理事長　宇部商工會議所議員

山根廣助氏

久しく常務欠員……に相ついで支配人後任問題で行き惱んでゐた宇部紡績も、山根氏の常務受諾によつて漸く解決した。そして新常務の下に支配人制が復活し、この時局柄、最も至難な綿業界の宇部紡更生の道光を開拓すべく異常なる決心の下に奮然起つてその渦中？　に飛び込んだのが山根廣助氏である。しかも、宇部紡績が容易に、之等の後任者を決定し得ざりし當時、宇部地方唯一の綿業であるだけに、その人選に當り、名實共に斯界の體驗者を物色した事は云ふまでもあるまい。その頃、適材は山根氏の他にはあるまい……と誰いふとなく、利害關係の無い門外者の間にまで噂さされた山根氏である。それほど、氏は人望を一身に鍾めてゐる。

氏は明治二十九年二月十七日、廣島縣芦品郡に嚴父藤平氏の二男として生れた。その少年の頃より、如何にも才氣煥發だった、と、未だ村に傳はる評判である。

大正元年、齢十八歳にして、在福山市、山陽綿株式會社に入社したのが、實社會に第一歩を踏み入れた即ち初陣である。爾來十三年間の勤續克苦精勵、三十歳の男盛りに達して、俊敏な才幹だと謳はれるやうになった。

幅德圓滿の相といへば、山根氏の容姿が最もよく當てはまる。均整した五尺の短軀に、犯し難い彼のどっしりとした態度、といつて決して四角四面といふでもなく、いつ會つても、靜かにニヤリと微笑を浮べての應接振りは、遉〔さす〕がに世の辛酸を經驗した賜であり収穫でもあらう。全體から受ける感じは至極親しみ深い。そこに氏の商業手腕に似た心境が窺はれる。

大正十三年、同社は新興の宇部市に分工場設置を企畫し、當時神原町にありし宇部綿工場の譲渡を受け、茲に山陽綿會社宇部分工場以來、宇部市民として十有五年間を經過した。大正十三年、綿工場を獨立經營するに至つたのであるが、その轉身振りの鮮やかなりしことは蓋し、事業家として機を見るに敏なる尤なるものでがなあらう。

その頃から氏の名は宇部事業界に知られ、メキメキと頭角を現はし、其後宇部自動車株式會社の創立に及び、重役の椅子を得た頃には、最早や押しも押されもせぬ、若き事業家として將來を矚目され、宇部財界に伍し、何事にも溫健にして堅實なる經營振りは、他の眞似得ざる氏獨歩の舞臺に活躍して順調なる成績を納めたことが、今日の境地を大成した。所謂、栴檀は二葉にして香しいと云ふが、世に云ふ立志傳中の人と云ふ結論に到達する理けである。

是より曩〔さ〕きに宇部市に於ても市民の聲として簡易な金融機關の必要が高調され、これが實現に多大な奔走を惜まなかつたことは、今更並べるまでもあるまい。第一次宇部庶民金庫……理事長渡邊彌三郎氏の後を受けて第二次理事長に就任して現在に至る。其他、昭和九年、宇部商工會議所議員選擧に當選以來今日に及び、氏得意の手腕に拍車をかけ、宇部商工業隆昌の一路に邁進してゐることも亦、衆知の事實である。

宇部市は元來殊に事業界に於ては、保守的の誇りを免れない嫌ひがある。會社の一事務員を採用する場合にでも、多く土着人士を歡迎する。そうして大株主の親戚知己でなければ採用せぬ風習がある。況んや會社の大幹部に他の移住者を採用するなぞとはもつての外だ。然るに這般……宇部紡績が山根氏を常務に懇望したといふことは、この難局に直面し、氏ならでいかんせんやといふ高良社長のお眼鏡に叶つたことは、氏の經論の豐富なることを認められたものであつて、氏の平素からの心盡しから考へると當然過ぎる榮達でもあらう。豪膽で無口ではあるが、人物は眞に圓滿で、財界や業界からの評判もよく、綿業統制の問題にせよ、宇部紡不振の信用恢復を期する為にも、宇部紡には缺くべからざる人物であつて、前途尚ほ多くの春秋に富む。

因みに、永年氏が經營した山根綿工場は宇部紡常務に就任した關係其他で同工場は這般資本金十五萬圓の株式組織に變更（十二萬圓拂込濟み）し、義弟栗原信夫氏が專務として經營することゝなつた。尚ほ昨十二月十一月、山口縣製綿工業組合理事長に就任、現在に至る。

三隅久吾氏

博識多彩の點において、宇部屈指の人格者として知られてゐる三隅久吾氏は、元治元年、岬の素封家、故久右ヱ門氏の三男に生れた。幼少の頃より學を好み、長じて山口の鴻城學舍（現在、高等商業の前身）に學んだものである。

當時、明治維新の直後における彼の前原騷動を契機とし防長の天地は實に戰々胸々たるものがあつたが、時給も、その殘黨、町田某なるものが無謀の擧に出たため、同窓と共に縣廳守備の任に召集せられたといふ逸話もある。

氏が小學校に教鞭をとつた……と、傳へられてゐるのは、その頃であつた。それは〈寺小屋様式の學校長〉兄、禎輔氏〔※1〕の擔任であつたので、久吾氏は暑中休暇や日曜祭日を利用して助手を務めたのであつた。時に年齢、僅か十四歳、夙に出藍の譽れがあつたのも亦宜なるかなである。

後ち大分中津の儒門、白石塾に漢學を修むること多年。當時、同門下に匹儔なき秀才を謳はれてゐたが、偶々、親戚の先輩、藤本氏（開成義塾出身、帝大の前身）より轉學を促され、遂に意を決して大阪中學校へ入學した（當時の大阪中學校は文部省直轄の專門學校であつたもの）。

これより先き、斯うした氏の轉學について父、久右ヱ門氏は極力反對したものであつたが、時勢を自覺した氏の確固たる意志を翻す術もなく、悶々の日を過ごしてゐたが、茲に、慈母の庇護するところとなり、協議の上、

「それでは恩師の元に研究を續けます」

と、從順を裝ひ、一旦中津へかへり、父を僞つて旅裝を整へ、宇の島〔※2〕より船によつて大阪に直行したといふ涙ぐましいエピソードがある。

「五倫の道を修めて、然かも父に反いたことは眞に申譯がなかつたが、〈學資は私が内密で送つてあげるから心配せずに一生懸命勉強しておくれ〉と母に見送られた時は、心から〈慈母〉といふ嬉れしい有りがたさを沁み沁み胸に刻みこまれました。だから宇部の沖を通る時には、甲板から手を合はして岬の方角

を拝んだものです。然し今考へると、父を偽つたと云ふことも、結果からいへば孝の収穫を得たといふ結論になる譯です……」

　と、かつて自ら述懐されるのであつたが、成程氏は親孝行であつたと云ふことも亦有名である。斯くして大阪中學を出で、開成義塾に向學の志はあつたが、性來蒲柳の氏は憂慮して、潔よくこれを斷念歸郷したことは返す返すも遺憾事であつたのだ。

　爾來、田園生活に親むでゐたが、鮫龍永く地中のものたらず時の村長、故藤田勝之助氏の女房役として助役に就任したのが明治三十八年頃だつたが、當時の村政の上に氏の意見と相容れないものがあつたので、日淺くして辭職した。而し、氏の抱負と手腕とを豫てより認識した時の郡長が態々〔わざわざ〕來宇して留任を勧告したといふのも其頃であつた。蓋し當時は新智識の第一人者であつたのである。

「如何なる仕事にせよ、相對でないものはない。故に其の相手が、吾を信用せぬといふことになれば、吾は何事をも做すことは不可能である。人の上に立つには、下より信用せらるべき必要があり。人の下に就くものは、上より信用せらるべき必要がある。仲間同志に於ては、相互の信用の必要がある。この信用を具備する人を當〔あて〕になる人と云ふので、人間はこの當になる人と、なることに心掛けねばならぬ」

　と、これは、大正十年頃、筆者が駆け出しの新聞記者として氏の門を訪づれた時、筆者に對し、處世上の贐けとしてなされた談話の一節であつた。又もつて氏の人格の閃きが窺知される。

　氏は熱の人、力の人、情の人である。その進退は、時に巨人の闊歩するが如き觀があるので、これによつて毀譽褒貶も生するのだが、もとより介意するところではない。それは村會議員として過去十二年間の消息が最も雄辯に物語つてゐる。

　氏は又、稀に見る讀書家である。

「常に良書に親しむ者は、獨り居れども寂しからず。失意に慰み、不平、憂悶も之を忘る」

　とは氏の持論である。成程、順境には心の飾りとなり、逆境には庇護と慰諭とを與ふるものは讀書であろう。

　氏は資性、温厚篤實、一度接して好く識り、好く語り、人によつて城郭を設けず、随つて一般上下から氣受けのよいのも亦宜なるかなである。


〔※1〕本文では『寺小屋様式の學校』長兄禎輔氏」であるが、文意から「〈寺小屋様式の學校長〉兄、禎輔氏」に修正した。

〔※2〕福岡県豊前市の宇島〔うのしま〕のこと。

株式会社宇部銀行　副頭取　西村策朗氏

　宇部市の中央街頭に、新たに改築されたコンクリートの宏壮な一大建築物が目をひく。これぞ、今、宇部財界に時めく宇部銀行である。

　銀行業は他の商工會社と異つて、その信用のパロメーター〔※1〕は經營首腦者の人物、信用にあることは云ふまでもない。この見地より、同行の副頭取、西村策朗氏は、我が宇部財界に於て、其の人格、信用の點では一流組といつてよかろう。經營方針の健實と、同行の「行是」とも云ふべき、宇部市の宇部銀行であるといふ立前を、彌やがうへにも意義あらしめんとする努力に對しては、一般より絶大の信頼をあつめてゐる次第である。

　氏は、市内大小路、父祖傳來の舊家に生れ、不幸、幼時、慈父に死別したのである。然し夙に出藍の譽れはあつたが、性來蒲柳の質で、かてて加へて、家兄の逝去により母親一人の家庭の爲めに若冠にして家政を執る事となり、中途廢學の止むなきに至つたのも宿命といふべきであろう。斯くて田園の人となつた氏は、家業に親しむと共に、地方公共の事に努めた。即ち、村書記を振り出しに、日露役の中期以後、収入役、助役、と勤めて病氣退任したのが二十八歳の時である。爾來村會議員、郡會議員其他、公私の任務にあること多年。傍ら耕地整理、溜池築造等、農業土木の實務を主管した經驗もあるのである。後ち、明治四十年、宇部鐵道（省線宇部驛新川間）の創立に當り、故渡邊、故村田（増太郎氏）両翁の、推輓もだし難く之に參畫し、後ち支配人に就任した（當時幾多言ひ知れぬ苦心のエピソートがあるが、それは省略する）。この時こそ、眞に氏の手腕試練の機會に遭遇したともいへよう。然しながら今日の事業界より見れば、文、質の整はざること隔世の感ある當時に於て、文字通り日夜寢食の暇もなく東奔西走有ゆる辛酸を經て、遂に大正三年、首尾よく開通、茲に宇部交通機關の一部は完成された。氏の誠意と手腕は此の間に於いて遺憾なく發揮されたもので、大いに其の前途を嘱目さるるに至つた。然るに性來蒲柳の氏は其等過勞が災ひしたものか、突如頸部疾患に罹り、病勢日に加はり遂に業界を引退したものであるが、其の功績は多謝するに値ひするものがある。

　爾後、療養生活に入り、斷然自ら社會と絶ち、敢て名利を求めず、其の趣味とするところの圍碁を初めとし、園藝、文雅の風流三昧に隠れ、只管健康の復活に専念すること實に十數年に及んだ。現に、其の造詣においては、人に語るに足らずとも自ら慰むるに餘りあり、とは、強〔あなが〕ち本人だけの手前味噌とのみ云ひ切れぬ事ほど、左様に多彩の人であるともいへよう？　斯る氏の穎才〔えいさい〕は爭ふべからざる血統を見逃す繹にはいかぬ。それは氏の祖父、友信翁〔※2〕は、明治以前、里職に貢獻した傍ら、歌道に有名であつた事は、今でも古老の口碑に話題の數々が遺つてゐるのである。更に氏の父、故、芳一郎は數理の學を究めた先覺者であつたとのことで、常時、東上して、某、官學に教鞭を執つてゐたそうだが、病の為め悲しい哉、齢ひ而立〔※3〕に至らず、棟梁の材を抱いて早世したとのことである。

　斯うした先人の血を受けた策朗氏が、人格者であることは當然であらう。病後においても事業界に、或は自治政方面に、一再ならず氏の再起を慫慂されるのであつたが、元來、名利に恬淡なる性格の持主なるが故に、何時も病ひに託して第一線に出づる事を欲しなかつた。が、其後、健康を取戻した氏は、宇部銀行に監査役として手腕を揮ふこととなり今日に至つたものである。又昭和十二年、四圍の情勢に驅〔から〕れて宇部市會議員に當選し、現在に至つてゐるが、氏の論議は正に市會の一權威として折角自重を祈る次第である。

氏は資性、謹嚴、寡黙、質實にして謙讓なるが故に、氏の平生に對する一部の人の認識は、親しみ易からずとして、「融通の利ぬ理想主義者だ」であつたようだが、それは誤れる皮想の觀察である。成程、公事に關する限り、邪に對しては峻烈でもあるが、一私人として氏に接する時、興〔きょう〕至れば、好く識り、好く語り、獨特の人生觀による圓轉の話術、自ら人間味の靄々裡に談笑するところ、清濁合せ呑む雅量も亦多分にあるやうでもある。そこに氏の人格の閃きが窺はれる。

因みに氏は現在、財團法人、宇部共同義會副會長、宇部商工會議所議員、其他宇部鐵道株式會社、宇部曹達工業株式會社の取締役並に東見初炭鑛株式會社監査役等々の任にあり、蓋し鄉土產業界の元老、高良頭取の女房役として宇部銀行の副頭取であることは恰好の適役といはれてゐる。

〔※1〕バロメーターのこと。
〔※2〕藩政期に上宇部下存内の庄屋を務めていた西村友信のこと。『復刻　宇部先輩列伝』には士籍に列せられ、国学者・近藤芳樹に師事して国学を修め、和歌や国歌を作ることを学んだとある。
〔※3〕数え年で三〇歳を指す語。読みは「じりつ」。

橋本安次郎氏

えらい人間と、誰でもがよく口にするが、偉いとは強ち人爵〔じんしゃく〕の高きをいふのではない。天爵の高い、何から見ても常識に發達した人物をいふので、殘念ながら筆者は永らく筆陣生活の間に滅多に發見する事が出來なかつた。

勿論、我が宇部市にも他に誇るべき專門家はある。併しこれは多く一方に偏した人物である。偉い政治家がある、併しそれは英雄氣取で概して素行が治まらぬ。頗る鋭い才士がある、さういふ人に限って常識が薄べらである。溫厚な君子人がある、これらは大抵融通がきかぬ。財產あり、智識ある人、必ずしも人格者たりといへないのと同樣である。

茲に、普通一般の智識を有し、自ら身を修めて道德は高いが、さりとて人を責めず、世を罵らず、人によつて城郭を設けず、人間としての軌道を眞實に步み、圓滿なる常識に發達した人格者がある。それは橋本安次郎氏である。

氏は明治九年十月、市内藤曲の舊家に生れ、後ち橋本家に入る。その幼少の頃より、「無口で頗る從順な少年だつた」と、未だに土地に傳はる評判である。長じて土地の先覺に師事して漢學を修め、後ち自ら有ゆる和漢の書を熱心に修得したもので、就中倫理の道に造詣がある。「政治の根本精神は道德にあり……」とは、氏の持論である。蓋し政黨對立の弊害を喝破した卓論であらう。

大正五年、故、藤本閑作翁を頭取とした西見初炭鑛の創立さるるに及び、氏は懇請しがたく帷幄〔いあく〕の將として、之れに參畫常務に就任した。爾來十有餘年間、閑作翁の女房役として、その手腕を發揮したものである。

時は大正十年の夏、竹内鐵工所出入りの馬車挽〔人夫〕が西見初鑛注文の石炭車軸他の金物を運送した時のこと、恰度お晝頃で、暑さは烈しい上に、お腹は空いてペコペコの折柄、

「ヤア……あんた方はご苦勞だつた。まあ荷物は後でユツクり降すとして、お晝飯を先きに濟〔な〕したまへ……」

と、食堂へ招き、自ら冷たい麥茶を手づから汲んで出されたことは今でも忘れられぬ……と、現に二、三の馬車挽業者の追憶話しを聞されたことがあるが、斯うしたことは、一寸聞くと何でもないよう〔※1〕に思はれるけれども、常務の地位にある人の容易に爲し能はざるところであるが、氏の場合……實に下に對して深い理解と思ひやりの厚いことは、所謂、仁愛の現れにほかならぬもので、ここに氏の人格の閃きが如實に現れてゐる。

氏は尚ほ、過去十二年間、藤山村會議員の任にあり、亦組長として多年、地方自治政の爲めに精進したもので、特に當時にあつては、この地方自治政にまで深く浸潤した政黨臭味を脫した公平にして圓滿なりしことは、所謂、選良の名をはづかしめづ、實に模範人物であつた。

昭和六年、宇部市と合併の後ちは、現に藤山小學校後援會長の任にある他は、第一線より引退して悠々自適の生活に親むでゐる眞に當代稀れに見る人物である。

資性、溫厚にして謹嚴寡黙、苟〔いやしく〕も爭ふ事なく、よく人の言を聽く。藤山小學校後援會長たることは恰好の當り役であらう。

〔※1〕原文にない「よ」を補足し、「よう」と修正した。

西村右策氏

宇部市内上宇部は大小路の人、西村右策氏は宇部有數の人格者たることは既に定評がある。氏は慶應三年、故、傳介氏の長男に生れた。幼少の頃より才智に丈け、人をして眼をそばだたしむるものがあつた。されば長ずるに及び、土地の諸先覺に師事して和漢の學を修むると共に田園生活に精進しつつあつたが、明治三十一年頃、新川郵便受取所〔寺の前にて

宇部最初の郵便局であつたもの)が開設せらるるに當り、その所長に就任したものである。氏の活舞臺は、その時に始る。後ち明治四十一年本局に昇格し、事務所を西區朝日町(現在の宇部庶民金庫所在地)に移轉せしめると同時に局長に榮轉した。其後一ヶ年にして辭職したが、在任、十ヶ年間、事務員僅か三名にて有ゆる郵便事務を鮮やかに處理した多くの苦心談もあるが、それは省略する。要するに非凡なる氏の手腕によるものであるといふ結論に到達するわけだ。

斯くて大正元年、福川銀行(當時東區榮町にあつたものだが、後ち百十銀行と合併して、現在の百十銀行宇部支店の所在地に開業してゐた)に入る。もとより計理の道に丈けてゐたことは氏の天禀(てんぴん)とも謂つべく、加ふるに郵便事務で、一段と磨きをかけた氏が、金融界に君臨したことは、眞に適材適所を得たものであつたが、在任五ヶ年間、即ち、大正五年その職を辭し沖ノ山炭鑛に入り、會計課勤務に就任したのが同六年の春だつた。

爾來、十四年間、文字通り一日の如く、終始一貫、その精勤振りは驚異に値するものがあつたのだ。元來、金錢の出納は、一見してまことに簡單易々たる如くに思はれてゐるが、それは皮相の見で、實は、この金錢出納ほど難しい事務はないのだ。夫れは各部、各課から、各種の傳票によつて出納するのであるから、この傳票に必ずしも誤算がないとは云へないが、多くの人が……傳票の最終に記入された合計金高の數字だけを見て、支拂ひするのが普通であるが、西村氏の場合は一々單價と總高に眼を通し、然る後に支拂ふといふ、それを急速に處理するといふのだから凄い。時は大正十三年十一月の初旬であつた。筆者が新聞記者として、沖ノ山炭の事務所を訪ね、某氏と(稼働者に支拂ふ傳票を出す事務室で)談話中だつた。偶々(たまたま)西村氏が來られて、ニヤリニヤリと微笑を見せながら、

「あんた方は、お話中を邪魔をするやうだが、君一寸これを訂正して呉れ給へ」

斯ういつて、私の話相手の某氏へ小さい傳票を手交された。某氏は暫く傳票に見入つてゐたが、

「ヤア、これは恁うも……」

と、言葉の了らぬうちに、

「君、二錢ほど〆高が違つてゐるだろう……」

斯ういつて、氏はニヤリと笑ひながら、別に小言を云ふでもなく、再び氏の事務室に引き返されたものだが、氏のかうした態度と、その綿密なる事は、眞に敬服のほかはない。斯くて昭和五年、沖ノ山炭鑑を辭し、爾來田園を友として、悠々閑々、自適の餘生を送つてゐる。

是より先きに、氏は宇部にのみ誇るべき共同義會、並に達聰會の幹事として多年、產業開發の爲め、將又公共事業の爲め、或は市民を善導する上において盡瘁し尠からん功績を殘してゐる。特に多年村會議員の任務にあつたが、宇部市制成立と同時に、市會議員として一期より二期に渉り、その圓滿なる自治の運用に努力したことは云ふまでもない。未だ市民に思ひ出深かい親しみを抱かせてゐることは、氏の人格の然らしむるところである。資性、溫厚、篤實、然も寬容にして苟くも爭ふことなく、よく人の言を聽く。眞に、現代稀に見る得がたき人物である。

沖ノ山炭鑛株式會社　福島鑛業所

所長　重富常一氏

明治三十三年の春だつた。宇部新川の街は、煙突から吐き出す煙りで薄曇りの觀を呈してゐた。港内からは、幾多の荷物船が絶えず出入りしてゐた。その光景を、一眸のもとに俯瞰する小串の高臺に登つて、その日も亦、欝勃たる向學の熱に浮かされ、進學の夢を描いてゐる一人の少年があつた。

「さうだ、何うしても上級の學校へ進まう。そしてウンと勉強するんだ」

少年は、今にもワツと叫びたいやうな衝動に驅り立てられながら、高臺を下つて來た。が、ふと氣づいて見ると、

「いけない自分は自分だけの身體では無い。一家の長男として父の意に從ひ家業を繼がなければならぬ責任がある」

急轉直下、憧れの夢は一瞬に消え去つてしまつた。

「獨學の道を選ぶよりほか仕方がない……」

深い吐息がつかれて來ると、少年の眼には、泪が光つてゐた。この少年こそ、今沖ノ山炭鑛株式會社參事兼福島鑛業所長として令名ある重富常一氏の若き日の懷かしい思ひ出なのであつた。

重富常一氏は、明治十八年十一月、市内小串の舊家、權之丞氏の長男として生れた。その幼少の頃より「俊敏だつた」と、未だ土地に傳はる評判である。長ずるに及び聰明の聞え高く、小學校に就學するや才智衆に秀で、在學八ヶ年間、常に成績優等、特に首席をもつて卒業した。小學校を卒へるや、他の學友が上級に進學するのを見るにつけ、聞くにつけ、氏も亦向學の志望押へがたく、父に向つて再三、進學を乞ひしも、

「農家の長男は家業を繼ぐ事が祖先に對する禮である……」

と、氏の願ひを聞き入れられずに涙を振つて一家の爲め、沖ノ山炭鑛に入社したのが十七歳の秋であつた。小串の高臺に立つて、進學の思ひに耽つたのは此頃の事であつた。

沖ノ山炭鑛に入社後と雖も、尚ほ向學の念押へがたく、悲壯な決意を抱いて、密かに遊學を志したが、之又父の許しを得ず、茲に氏の希望は永久に斷たなければならぬことゝなつた。

「沖ノ山炭鑛でも同じこと、福島鑛業所にも、歴とした學歴のある人々が居られますので、所長として、淺學の身を非常に悔むでゐます」

と、かつて自ら述懐されるのであつたが、然し氏の

場合でも何が幸福になるか分らないものである。もしも、氏が學歴を得てゐたとしたら、或は鑛業家の重富常一氏は生れなかつたかも知れない。

斯くして氏は沖ノ山炭鑛の監量係に就任した（俗にカンバと稱し、職員の多くが一度は必らず體驗しなければならぬ關門である）。そして與へられた職務に忠勤を勵むと共に、有ゆる部門について常に研究を怠らなかつた。それは一つには、志を抱きながら一家の爲めに一身の自由を得ず……悶々の心＝それを忘れる爲めでもあつたのだ。

その精進振りは報ひられて、玆に倉庫係に任命された。「蛇は寸にして人を呑むの概あり」と、云はれてゐるが、氏は其頃から非凡なる萌芽を現はしてゐたのである。更に計算係に轉じ、後ち測量係として十二ヶ年、氏得意の技能を發揮したもの、測量士といへば當時、「沖ノ山の重富さんか」とまで、一般に其名を知られてゐたが、宜なる哉、營繕係、買入係を經て用度課長に拔擢された。「伏すこと久しければ、飛ぶこと高し」の譬への如く、この用度課長に就任された氏は、完全に多年の希望を達し得たが、氏多年の功勞に報ゆるには當然の榮達であつたのだ。氏は、その榮達を何等、誇り顔一つするでもなく、會社の一事務員としての心持ちで十ヶ年間の永きに渉り、沖ノ山炭鑛の大世帶である用度課といふ重要任務を鮮かに處理した手腕は、實に氏ならでは……といふ氏らしい面目の躍如たるものが察知される。故、渡邉翁、未だ在世中、某重役と會社の人事關係について談話中、

「重富君は、學歴は無いが、それで何を聞いても知つてをる。仕事をさしても立派にやる。丸で八百屋式だ。知らぬこと無しだ。事務家であつて坑内の仕事でも彼れなら結構仕遂げるだろう、眞に重寶な人物だ。重富君の樣な人物が、沖ノ山にゐると思ふと嬉れしくて……」

と、故翁は當時感歎久しうせられたといふエピソードもある。

これは先年、故渡邊翁の銅像建設の折柄だつた。筆者が新聞記者として沖ノ山事務所を訪ねて、機械課の某氏と對談中、偶々氏も居合はされてゐたが、氏の曰く、

「この度、故翁の爲め銅像建設については、前もつて豫じめ話してある通りだから……諸君は、何も聞かないで、何も云はないで出して呉れ給へ……」

と、斯ういつて小さな紙片を渡された。一同はお互ひに顔見合せて背かれるのであつたが、この、「何も聞くな。何も云ふな」と、云ふ言葉こそ、「故翁に對して敬意を失するな」といふ代名詞なのであつたのだ。氏はそれほど、故翁に對して絶對的の崇拜者なのである。

さればこそ昭和十年、長崎縣福島鑛業の創立に當り所長として榮轉し現在に至つてゐる。回顧すれば、十六歳の頃より四十年間、文字通り一日の如く、私心なく終始一貫、社運隆昌の爲め、將又鑛業報國の一助にもと、日夜努力奮闘を續けてゐる。眞に稀れに見る眞劍なる實際的努力家である。

「昔と違つて、この節は炭鑛にも、各々專門の技術家がゐられるので、私の樣な者でも、まあ皆樣のお蔭で、どうやら、かうやら任務を遂げてゐます」

と、過ぐる日曜日の朝だつた。小串の氏の住宅を訪づれた時、氏は自ら述懐されるのであつたが、更に言葉をついで、

「四十年間よく、あきも、あかれもせず務めたもんです……好い加減に後進の道を開くことを知らぬでもないが……アハヽ」

と、輕い溜息を吐かれた。折柄、來客の知せに、筆者は氏の笑顔を後に辭して門外に出た。

因みに氏は昭和八年、市會議員に當選し、任期中は、鋭意圓滿なる自治の運營に努力し、市民の選良として理想的第一人者であつたことは、現在においても市民の齊しく多謝するところであるが、その任期改選に直面し、立候補を薦められたのであつたが、

「事業上、常に遠隔の土地にゐる私が宇部の市會議員としては市民に相濟まぬ」

と、辭退された事實は、如何に氏の責任感の高潔なる信念を最も雄辯に物語るものである。其他、區長、衛生組合長、納税組合長、宇部市所得税調査委員、方面委員等々の公共事業に亦、多大な貢献をなしてゐる。資性は温厚篤實、メツタに笑顔は見せぬが少年時代より實社會の荒波に乘り出し、勞苦を體驗したゞけあつて俠氣に富む。未だ五十六歳といえば、向上宇部市の爲め、將又業界進展を期する爲めにも無くてはならぬ人物である。

沖ノ山炭鑛株式會社 交附所主任　河本直一氏

三十數年前は、長州の海濱に沿ふた一漁村に過ぎなかつた宇部新川が、今より十數有餘年前、村制より一躍市制執行の大進展の實現を招來したことは鑛業發展の賜であり、その素因を爲したことは、今更云ふまでもあるまい。現在新興鑛工都市として、西日本唯一の將來性に富む宇部市の盛名は國内的視聽の中心に座し、羨望に似た驚異をもつて憬れの關心の的となるに至つたことは、事實が最も雄辯に證明してゐる。就中宇部市の二大炭鑛の筆頭に位する最古の沖ノ山炭鑛は、稼働者數千人を擁して、之等の人々に有ゆる物品を安價に然して便宜上配給する一種の賄所にも似た交附所主任が河本直一氏である。

市内西區鵜ノ島町の高臺に建物がある。それが氏の住宅である。筆者は過ぐる秋雨のシトシトと降る或る日曜日のお晝頃、玄關に防づれた。

「ヤア……お顔はチョイチョイ見るが、宅え來られたのは……珍らしい、まあお上り……」

と、氏は微笑を浮べながら次の洋室の應接間に自ら導かれた。廣々とした庭園の樹々の葉はシツトリ

と濡れてゐた。室内の壁間には小さな洋畫と、大きな墨畫で奥山の冬景色の額が懸けられてあつた。來意を告げると、

「何……私の經歴……そんなものはありませぬ。小學校を卒へると直ぐ炭鑛で……初めは小使位や飯焚見たようなもんでねー……それとも給仕といふかアハヽヽ」

と、ついぞ笑顔を見せた事のない氏も、この時ばかりは大きく聲を擧げて笑ふのであつた。多分餘りにも出鱈目をいつたので可笑かつたのであろう。氏はそれから鑛業家の苦心談を一クサリして、物品交附所の責任問題に及び、轉じて自治に關する抱負やら希望を述べて一時間有餘を費やした折柄、「お父ちやん……」と、坊チヤんの來訪に、

「今日は公休で子供を連れて一寸街に出る約束をしてるもんでね……今日はこの位で失禮しやう……」

と、氏は愛想よく辭儀をして椅子を離れられるのであつた。

氏は、今は亡き嚴父右田秀之進氏の三男として明治二十六年、呱々の聲をあげた。長じて河本家に入る。之れより先き、嚴父秀之進氏は古くより鑛業界に入り、夙に故渡邊翁の信頼篤く、今日隆盛の沖ノ山炭鑛を基礎づけた功勞者の一人であつたが、悲しい哉、坑内事變の爲め逝去したもの。且又養父故留五郎氏も沖ノ山炭鑛にありて尠からぬ貢献をなし、辭して後ち地方自治の爲め、間接に多大の治績を殘してゐる。

斯うした人格者を父とした直一氏は、明治四十一年六月六日、沖ノ山炭鉱に入り、監量係りを振り出しに營繕係、倉庫係、重富氏の福島炭鑛轉任の後を繼いで購買、即ち用度課に勤務し、後ち交附所主任に就任して現在に至る。實に三十年間。十年を一昔といへば、三昔の間文字通り一日の如く、社運隆昌の爲め終始一貫孜々として恪勤してゐることは、社員中稀れに見る最古參者であり又功勞者である。

資性頗る溫厚にして情宜に富む。然も彼の黙々として、眼鏡越しに人を射るやうな沈着な態度に接する時、一種云ひ知れぬ畏敬の念が湧くのであるが、その裡にも亦、親しみを感じさせる。これが氏の圓滿なる性格の現れであろふ。未だ四十六歳といへば、氏の前途には尚ほ多くの春秋がある。

因に先代故留五郎氏は、組制時代より區制執行以來、組長及び區長の任にあつたが、先代歿後、昭和十三年一月迄、直一氏はその後を受けて區長の任務にあつた。筆者が探聞するところによれば、之又稀れに見る陰徳家で、區内においても、そうした氏の犠牲的行爲に感激してゐることを附記して筆をおかう。

宇部窒素工業株式會社　用度課長　水野數衛氏

山口縣下における屈指の軍需工業として、その聲價は既に全國はもとより、滿鮮方面にまで普及され過る昭和十四年の春であつた。

畏くも朝香宮殿下臺臨の光榮に浴し、爾來嶄然斯界を壓倒しつつある宇部窒素工業株式會社の經理課長として創業以來、彼の複雜多難な事務を鮮かに處理し、ことごとに堅實なる手腕を揮つてゐたが、最近、同社の職制改變によりて用度課長の要職に就任したのが水野數衛氏である。

氏は明治三十三年四月、山口縣佐波郡右田村の名望家、藤井米藏氏の五男に生れた。長じて同村の素封家、水野家に入る。幼少の頃より學を好み、夙に秀才の譽れあり。小學校を卒へるや當時の周陽中學に學び、更に京都の第三高等學校を經て、東京帝國大學法學部に進み、大正十三年三月、優等の成績をもつて同法學部を卒へた。斯くして、普通ならば、數多の同窓と共に前途の希望に燃ゑ、若き法學士として氏も亦憧れの實社會に巣立つたのであろうが、氏は獨り、自ら深く感ずるところありて、特に閑靜で然も思出懐かしい三高時代の京都を選び、同地の大學院に入り、專ら日本史の研究に精進すると共に、經濟書をも渉獵して熱心に研究したものである。

當時、歐洲大戰は既に干戈を戢〔おさ〕めてゐたとはいへ、その思想戰は砲火の惨禍も及ばぬまでに歐洲の天地を震撼せしめてゐた。曰く、デモクラシー……或は、マルクス主義……又はフアワシヨ等々。就中、マルクス主義といふ世に所謂、左傾と稱する矯激なる思想が大勢を占めてゐた。特に、彼のワシントン會議において軍縮は締結されて當然の歸結として失業者の續出により一層この風潮が熾烈になつたものであるが、斯うした思想は國境もなく、海を越えて我が國へも怒濤の如く、勢ひ鋭く波及した。隨つて、國内いたるところに勞働爭議は頻發して、茲に我が產業攪亂の脅威を痛感するに至らしめた。恰もその頃、我が最高學府の教授(一部の人)を初め學生の多くが、このマルクス主義……を謳歌し禮讃するに至り、遂に社會化學研究の名のもとに實行運動を試みるものさえ續出したので、當局を初め、心あるものの轉た寒心に堪へざるもののあつたことは、今更茲に筆者が喋々するまでもないが、この思想國難に當面した水野氏の胸中を去來したものは果して何であつた？　夫れは、「健全思想の樹立」であつた。即ち、

「マルクス主義は、我が國體と相反するものである。隨つて、光輝ある我が三千年の歷史を汚辱するものである。日本國民は日本史に準據して、この矯激なる外來思想を根から驅逐せねばならぬ。それには、尚は一層の努力をもつて、日本史を研究することによつて、我が國體の精華に即した共存同榮の思想を涵養することが、他日世道に資する所以である」

と云ふ、氏の固い信念の現はれにほかならぬのであつたのだ。

されば、こうした學界に身を處した水野氏は、云ふまでもなく異端視され將又、迫害に似た嘲笑を浴びせられながらも何等意に介せず、之等グループを敵……と、いふより寧ろ憐憫に似た襟度を示し、勇

敢にも、國粋日本精神の烽火を高揚すること一年有半、縦ひ短日月とはいへ、この間、氏は文字通り孤軍奮闘……日夜寝食も忘れて、不健全思想の矯正に邁進したものである。果せるかな、邪は正に勝ちがたく、流石に自稱……社會の先端？ をもつて任じてゐた左傾論者も、氏の高遠なる理想と、その眞劍なる態度とに深く感服し、悔恨の涙をさせたもので、學界の麒麟兒として大に其の前途を矚目さるるに至つた。夫れは其當時、氏の前に跪坐し、己れの蒙を詫びて、急角度の轉向を行つた人々の尠なくなかつたことが明白に立證してゐる。

斯くて大正十四年、不況の底にあへぎ數期間無配を續けてゐた東京麻糸紡績株式會社社長の懇請に逢ひ……人生意氣に感じ、個人的利害を度外して同社に入り、勞務課長に就任した。もとより天禀の才智に一段と磨きをかけた實業家としての氏の手腕と、然して、その眞劍な態度とは、期せずして社中同人の驚異とするところで、時に勞資協調に關聯する思想問題、社會問題に當面する場合、その所論の透徹せる、全く凡庸の追隨を容さざる所で、敢て權門に阿らず、富貴に淫せず、只管、與へられた自己の職務に精進して社運を利したことは、眞に敬服に値するものがあつたのだ。

其間、勞務問題も一應整備して、更に用度事務を兼任し、在職七ヶ年遂に無配の會社をして六分配當にまで復活を見るに至らしめ、社長の知遇に應へて一先づ肩の重荷をおろしたのであつたが、又もつて氏の面目の躍如たるものが窺知される。

後ち宇部窒素工業株式會社に轉じ、同社の經理課長に就任したのが昭和八年、櫻花正に酣（たけなわ）の頃であつた。

宇部市憲の一節に曰く、「公徳を守り、推讓を重んじ共存同榮の實を擧ぐべし」と、ある。この市憲が制定さるる時と殆んど同じうして、未だ若き一學徒の身をもつて、憂國の情禁じがたく、はやくも京都の一角に共存同榮の烽火を揚げた氏が、偶然とはいへ、我が宇部市の實業界に君臨した事は、何かの因緣でもあろう。爾來、氏は私心なく、至誠もつて社運の隆昌と將又產業報國の爲め、その職務に精進してゐたが、遂に其の手腕を認められ用度課長に拔擢されたことは當然の榮達であろう。茲に吾等が氏について學ぶべきは、何事を爲すにも、常に皇室中心主義で努力することである。それは暑熱の觸覺が動き初めた或る日曜日の朝だつた。筆者が氏を上町五町目の偶居に訪れた時、

「私は、法學部を出て大學院に入り日本歴史を研究した、といへば畑違ひの譏（そし）りを避けられぬかも知れぬが、その頃の日本國民、殊に指導的立場にある智識階級の間に一にも二にも歐米文物を崇拝？ する傾向が強くて、日本國家觀念といふものが薄弱であつた。これらは何れも〈日本國體の如何なるものであるか〉と、いふことを辨（わきま）へないことが原因を爲すのであるが、その日本國體を辨るには、茲に初めて日本の歴史を究める必要があります。話せば限りはありませぬが、先づ君臣の義及び父子の親は五倫中でも最も重きをなし、忠孝が道徳の根本を成してゐます。けれども例へば日本と支那は、孝に於て大差はないが、忠に於て少からぬ違ひがある。他の國々でも君臣の關係が違つてゐる。之れに反して、日本にて皇室と臣民の關係は、父子の關係と同じく分析するには餘りに情味に富み、天然に出來上つてゐるとして疑問を容るべき餘地がない。世界列國の歴史を讀めば、君主の原始的血統が幾度も變じ暴をもつて暴に易へ來たつてゐる。日本歴史を讀めば、我が皇室の奉戴せられたのが歴史の幕の開かぬ前に在つて、之を神代と稱し來つた。神代が幾年前の事か今日まで明白にないが、皇祖、神武天皇即位以來二千六百年……即ち皇室が有史以前より續き、萬世一系、先天的に定つてゐる事が明る。然るに、日本國民の中に彼の砂上の楼閣の如く、その國體を異にした國民思想を謳歌するもののあることは、實に嘆かはしいことである。歐洲戰後の獨逸を初め……殊に露國皇帝が悲慘な最後を遂げたのも……要するにその國民に國家觀念がなく、マルクスの偏在主義に心醉した當然の歸結である。故に日本國民は日本歴史を誇ると共に、皇室中心主義に邁進し、上は聖帝の大御心に副ひ奉り、下は國民相互扶助に力めて、國家の隆昌を圖る。之れが即ち、天壤無窮の皇運を扶翼し奉る所以であると思ひます」

と、氏は筆者に語るのであつた。方今（ほうこん）、階級意識に偏私した闘爭的政治結成が禁止されたるを思ひ合せる時、十數年前、氏は既に今日あることを豫期した、眞に先見の明ありといひつべく、その達觀的識見に至りては、今更感歎描く能はざるものがある。

因みに、父、等氏は地方公共事に多年盡瘁（じんすい）し、その功績の見るべきもの多々ある。過る昭和六年、山口縣々會議員に當選したことは宜べなる哉、然かも任期中は圓滿主義をモツトーに、自己の使命を全ふしたので、誰いふとなく理想的選良の第一人者と、未だに傳はる人格者であるが、氏も亦、父に劣らぬ人格者で、資性、溫雅恬淡、自ら長者の風そなはり、一度接して、よく語り、人によつて城郭を設けないところに、その人格の閃きが窺知される。歳、未だ四十一歳といへば、氏の前途には多くの春秋がある。今や非常時局下にありて、國民精神總動員の高調せらるる折柄、思想善導問題にせよ、將又、勞資協調を期する爲めにも、是非缺ぐべからざる人物である。

宇部市會議員　粟屋才藏氏

宇部市漁業組合長、將又、山口縣漁業組合聯合會理事として多年斯界の發展助長に貢献した粟屋才藏氏は、明治二十四年二月二十日、市内八王子の名望、故、米八氏の長男として生れた。その幼少の頃は

頗る腕白だつた、と未だに傳はる土地の評判である。長ずるに及びて才氣衆に秀で、小學校を卒へるや山口中學校に進み、同四十一年卒業。當時、同僚の多くが上級に進學し、或は會社に又は官廳……と、各々未來の光明を夢みつつ進出したのであつた。性來、勝氣な氏も亦、向學の志おさへがたいものがあつたが、父の意にしたがい、飜然、家事に従事したものである。氏の家は、父祖傳來、宇部で開祖ともいふべく、乾海老製造業を主として營むものである。現在、この乾海老は、一般家庭の調味料として、一面には土産品として夙に盛名ある逸品で、就中、宇部産業唯一の海外輸出品である。この乾海老をして汎く名を成さしめたことは素より同業者の努力は云ふまでもないが、一つに、氏の眞劍なる指導を得たもので、これに關して幾多の逸話もあるが省略する。それにつけても、氏に學ぶべきことは、一視同仁といふ事である。普通ならば、網元の旦那で納つてゐるのであるが、氏は寒暑を厭はず、漁夫と共に魚臭の中で働くので、主人と雇人と見別け難いまでの奮闘振りは實に感歎惜く能はざるものがあるが、蓋し共存同榮の實を地で行く氏の面目の躍如たるものが窺知される。

　是より先き、氏の父、故米八氏は土地切つての温厚篤實なる人格の士であつたことは、筆者が云ふまでもない。されば大正十年宇部市制執行と同時に初期市會議員に當選、任期中その使命に精進したことは衆知の事實であるが、氏も亦、大正十四年、市會議員に當選し現在に至る十五年間、終始一貫、是々非々主義をモツトーに市民の選良として遺憾なくその手腕を振つてゐる。時には市會の場合、彼の赤銅色の顔面に朱を現はし、口角泡を飛ばして駁論「ばくろん」を試みて其の眞劍なる奮闘振りは確かに一權威に値ひするものがある。

　氏は自治方面のみならず、公共に盡瘁すること多年、即ち大正四年、宇部消防組第二部長に就任、後ち副組頭に選ばれ、爾來二十五ヶ年間、至誠をもつて其の使命に精進したもの。現在警防團副團長の任務にあるが、本年一月、縣消防義會より功勞者として、「勤續章下附」表彰せられたることは又宜なるかな。

　氏は、この他、昭和七年、衆望を負つて宇部市漁業組合長に就任して現在に至つてゐるが、當時宇部市は新興都市として有ゆる新事業勃興の機運に際會して居た、かうした事業會社の創立は、宇部市の發展を助長するもので、市民の齊しく歡迎するところであるが、ここに漁業者は常に反對の立場にあつて、全く痛し痒しの態だつた。それは惡水と、海面が縮少せられて所謂、漁場が荒されるといふのである。かかる利害關係の漁業組合と會社との仲に立つて、相互扶助、即ち共存同榮をモツトーに、これが圓滿なる解決に善處したのが粟屋氏である。試みに山口縣下に於ける漁業組合中、一ヶ年間の賣揚總額二十万圓を出づる組合はないが、我が宇部市の魚市場岬、新川で一ヶ年間の賣揚總額壹百萬圓は何を物語つてゐる？……されば多年の懸案であつた岬漁港も縣營として、遂に昭和十四年八月、見事に完成したが、これ悉く氏の絶へざる運動の宜ろしきを得た賜である。

　氏が先きに山口縣漁業組合聯合會理事に選ばれたことも亦宜なるかな。

　私的方面では、宇部「元海陸運輸」汽船株式會社取締役、宇部土地建物株式會社監査役等々、今や宇部事業界に伍し、其の適材を認められてゐる。

　資性、恬淡にして磊落、然かも仁俠に富む。人の世話も犠牲を惜まず好くするので、一段上下の氣受けのようのも亦故あるかなである。

宇部商事株式會社
常務取締役　支配人　**木村傳氏**

　一時、經濟問題で行き惱んでゐた宇部商事株式會社も、高良四郎氏の社長受諾によつて、やうやく解決した。そうして新社長の下に、支配人として推されたのが木村傳氏である。氏が就任するや、茲に純商業をもつて任ずる宇部商事の陣容を改め、留守社長格の實權を掌握したのである。

　しかも、高良氏が容易に社長就任を承諾しそうもない當時、

　「從來、ずつと宇部の事業界にゐたのだつたら、今度のやうな時には、すぐに社長になれた男だ」

と、財界の某氏が賞識したほどの木村氏である。それほど氏は、宇部財界の人望を鍾めてゐる。

　氏は、明治十一年四月、宇部村沖宇部、故、教輔氏の長男に生れた。少年時代より「俊敏だつた」と、未だ古老に傳はる評判である。

　氏は、明治三十一年、山口中學校を出づるや、美禰郡役所書記に奉職したが、後ち山口縣廳會計課に轉勤したもの。然し、かうした氏の官界生活のスタートは、ぱつとしなかつた。當時、氏の胸底を去來するものは何？　これについて少し横道に入る嫌ひがあるか知れないが少し筆を進めて見よう。

　官僚萬能の思潮は今も昔も變らない。昔は、村役場の吏員でも官吏視された時代もあつた。況や郡役所、縣廳のお役人、といへば大したものだつた。社會の秩序も不充分だつたので立身出世の道は、いくらも開けてゐた。それにはお役人になることが最も便宜であつたのだ。だからこそ一巡査から臺灣總督となり、一小學教員から樞密院議長や總理大臣に出世することも出來たのだ。前者は田健次郎男であり、後者は清浦伯である。然しこれは明治初年から二十三四年頃迄のことで、以來は現在の如く、社會の秩序は確立し、一々資格や履歴に重きを置き、これに該當するものでなければ如何なる才能を持つて居ても立身出世の道を得ない。他日の樞密院議長や臺灣總督の夢等、到底望まれない。處世に於ける出發點を以つて生涯の到着點としなければならぬ世の中になつた。この意味において木村氏は翻然と心機一轉、

「自由な天地に出て思ふ存分働かふ」と、意を決して、縣の書記役人といふ榮ある衣を脱ぎ捨てて、實業界入りをしたのが明治四十年、三十歳の時だつた。まことに氏らしい面目の躍如たるものがあつたのだ。渡韓してから釜山を根據に日韓貿易業に從事したものである。

その當時のこと、交通不便に隨つて商取引上韓錢の授受は頗る困難と不便を感ずるので、氏は率先、これが對策として韓人に對し切手取引をなすの信用あり、且又便利なることを知らしめ、爲めに爾來彼等は非常に感激したといふエピソートもある。其後大正初年、下關市に於て洋品雜貨商を經營して居たが、偶々、宇部商事株式會社の、更生の期に望み、懇請に應じて支配人に就任したのが昭和五年であつた。

爾來、氏は社運の隆昌を期する爲め、文字通り終始一貫、彼の堅實なる營業政策の宜しきを得、遂に今日、宇部商事の盛名を成さしめたもの。これ一つに氏の非凡なる商才的手腕によることは云ふまでもない。現在、宇部商事といふより、寧ろ木村氏の名に於て内外の信頼厚き所以は、蓋し、氏の人格を最も雄辯に物語るもので、その功績は認められ、昭和十一年十月、常務取締役に抜擢されたことは當然の營達であろう。

資性頗る謹嚴にして豪膽だから社員を統制する上においても、時に俊烈に似た擧措がないとはいへぬが、然しそれは、親が子に對すといふよりか寧ろ、師が、子弟に對する責任感念の信條より迸り出づる誠意の現はれに外ならぬ。氏は斯うした堅實な實際的努力家で宇部の事業界稀れに見る人物である。

因みに、長男實氏は明大政經科を卒へ沖ノ山炭鑛に就職。目下支那事變に陸軍少尉として出征中である(この稿昭和十四年三月)。

宇部曹達工業株式會社　支配人　**藤川喜太郎氏**

宇部市内に於ける軍需工業の一に數えられ、過る昭和十四年早春の頃。

長くも朝香宮殿下臺臨の光榮に浴した宇部曹達工業株式會社支配人、藤川喜太郎氏は、明治十九年一月、市内藤山區の商家、故、房太郎氏の長男に生れた。幼少の頃より、「俊敏な才幹……だつた」と、未だに傳はる土地の評判である。

明治三十七年三月、下關商業學校を卒へ、福岡縣門司市の住友銀行支店に就職したのが、氏の實社會人として門出の第一歩であつた。云ふまでもなく、國内的財界の王座にある住友に入つた事は、常時、氏の前途に眞と輝やかしいものがあつたのだ。然し好事魔多しとやらの諺にもれず、家事の都合上歸郷の止むなきに至つた。それからの氏は常時の西沖ノ山炭鑛、次いで大正炭鑛等、何れも會計課に勤務し、大正十年まで、その職責に精進してゐたが、偶々、急速度に躍進する宇部の人口增加に反比例して、未だ市内交通機關の不備を痛く遺憾となし、意を決して自動車組合を創立したもの。ここ等が實に氏らしい實業的才氣の萌芽が閃めいてゐたのだ。茲に初めて市民大衆本位の至便なる交通機關が誕生した理だ。然し其間、所謂、惡戰苦闘……幾多の曲折を經て、漸く成績の見るべきに至つたのが大正十五年。同時に、その組織を宇部自動車株式會社と改め、市内隨一の交通網を掌握するに至つた。これ等は、一つに氏の努力によつたことは云ふまでもない。さればこそ炭鑛の事務員から一躍、同社々長として、鮮やかなる手腕を遺憾なく認められ、隨つて財界方面より、若き事業家として重視さるるに至つたものである。爾來交通奉仕の信條のもとに、孜々として宇部市の發展に貢獻してゐたが、昭和七年、宇部鐵道株式會社と合併するに至り、同社の主事として、更に其の陣容を刷新して益々交通機關の使命に一層の拍車をかけ、茲に同社今日の隆昌を招來するに至つたことは、蓋し、「至誠天に通ず」といふ私心なき、氏の誠意が齎らす當然の結晶である。だからこそ昭和十一年、宇部曹達工業株式會社が創立さるるに臨み、斯うした氏の人格と手腕とに痛たく感激したのが、同社々長國吉氏であつた。遂に懇望され、支配人として女房役に就任したことは、まこと恰好の、はまり役であつたのだ。

元來、社長國吉氏と藤川氏とは、素より、その人格、性格、共に相通ずるもの、即ち肝膽相照らす眞情の仲だつたのだ。國吉氏の藤川氏に對する信頼は絕對的であるが、藤川氏も亦、國吉社長の爲めなら身命を厭はぬ覺悟の勇敢忠實な使徒の態度を持するもので、要約すれば水魚の仲、社會的觀念の深甚なる點で、相扶け相寄り、一意、產業報國の爲めに盡さんとする熱意の象徴が、創立日、尚ほ淺きにも拘らず、今日、宇部曹達工業の名を成さしめたことである。

「お蔭様で、宇部曹達工業も漸く世間に認められ、且又、畏くも宮殿下の臺臨を忝ふしたことは無上の光榮で、これ等も一つに宇部市民諸士の御後援の賜で此の深く感謝する次第で、今後共、大いに努力奮闘して產業報國の實をあぐる覺悟であります」と、かつて氏は自ら述懐されるのであつた。

藤川氏は、かうした事業家であると同時に、爲政者として市民に忘れ難い印象を植付けてゐる。即ち大正十一年より三期に渉る十二年間、市會議員として文字通り、市民の公僕たる職責を全ふした一人者である。就中、その頃、市會の三闘士(他に三浦、末永兩氏)の筆頭でもあつた。堂々たる體軀とは云へぬが、沈着な態度と彼の人を射る鋭い眼光は、既に他を威服するものがあるが、殊に議場に臨んで、彼の莊重なる口調で、除ろに理路整然たる質問應答振りは、逍(さす)がに多士濟々の宇部市會における權威であつたが、それを思ふにつけ、現在の市會に氏の姿の見られないことは一抹の寂寥を感ぜざるを得ない。

過去、昭和十一年、山口縣會議員の改選に直面した時のことだつた。東區方面からの候補者難に行き

悩み、先づ竹中氏に交渉がものにならず、次いで西村帳七氏も容易に受諾しそうもない當時、

「こんな場合に、適材は藤川氏の外にはない」

と、上下から噂されたものだつた。氏はそれほど、その人格手腕を認められてゐる。氏は公共に關する限り一片の私心なく、常に大所高所に立脚して出所進退を決する。この行義が人をして推服せしめるのである。蓋し、君子豹變の世の中に氏の存在こそ、まこと力強き頼もしき限りである。

資性、謹嚴にして然かも豪膽であるが、一面、玲瓏玉の如き、清濁合せ呑む雅量もある。随つて過去に於て世の辛酸を體驗した氏には、温情の豊かなるものもある。かつて一運轉士に對し、普通なら解雇さるべきものを、氏は當人の将來を思ひやり、一片の説論により、翻然と改心して現在は獨立してゐるが、氏の當時の心づくしに對し、未だ忘れ得ぬ感激談を聞くにつけ、「世は情け」と、いふ言葉を如實に現はしたもので、氏の人格の偉大さを物語つてゐる。

其他、氏は先きに宇部商工會副會長として多年業界發展の爲めに貢献したことは衆知の事實として、一面には又區長を初め、幾多公共の任務にあり。實業方面では、大倉系、大濱炭鑛株式會社及び株式會社山口自動車商會の重役である。げに氏の實業界に印した足跡の大いなることは、他の意表に出づるものがある。今や多幸なるべく宇部市の將來は囑目されてゐるが、その興廢は一つに人物の如何によつて決せらるゝ以上、宇部市の隆昌を期する爲めにも是非缺ぐべからざる人物である。

藥種商 藤本槌作氏

宇部市内において、藥種商の開祖とも稱すべき藤本槌作氏は、明治四年、宇部村川上西山の農家、故、健助氏の長男に生れた。その幼少の頃より、「才氣煥發で、然も頗る勝ち気な少年だつた」と、未だ古老に傳はる評判である。

是より先き、氏の家系は現代の槌作氏が三十二代目で宇部の舊家である。藤本家は元來、郷士格であつたが、三十一代目を繼いだ故、健助氏によりて農業に從事したものである。槌作氏も亦、明治二十六年、二十二歳まで農業を手傳つてゐたが、翌二十七年、寺の前に藥種商を開業したものだが、實に氏らしい鮮やかなる轉身振に、當時、人々の意表にいづるものがあつたのだ。次いで同三十年十月、新川に移り、現在の場所に開業して今日に至る。ここにおいても、市街地商人の草分けとも云える理だ。

その頃からの氏は、はやくも將來の發展を期し、市街地完成の爲めに努力したことは云ふまでもない。そこには人知れぬ幾多の尊い犠牲が拂はれてあるのだ。

明治三十六年、自治運用に便宜の爲め、氏が主唱者となつて同志十名を得て、これが研究と協議の結果、東、西、區制を施行したのも、氏の力が多分に與つてゐるのだ。謂ゆる區制執行に關する草案、言葉をかえて云へば、これに關する條文の起草者であつたのだ。惜しい哉、當時の同志九人は、今はその境を異にしてゐる生存者は、氏が一人あるのみだ。この一半だけを見ても、氏が宇部市の發展に貢献した、その功勞の多大なることが肯定されるのであるが、其他公共的に表面に現れない尠なからぬ功績もあるのだ。

其後、大正十年、錦橋、架設の緊急を要することを主張して、これが發起者も藤本氏であつた。然し、この架設問題は金の爲めに、一時行き悩んでゐた時のことだつた。敢然、起つて、先づ寄附金を仰ぐべく成案を策した。そうして貳萬九千圓といふ巨額を集めたことによつて、遂に錦橋の完成を見るに至つたものである。その間における氏の勞苦や、實に他の想像も及ばざるものがある。随つて、その功績の顯著なることは後年、宇部市民史中に特筆大書しなければならぬ高價なものがある。

氏は大正十一年、市制執行さるゝに當り、最後の村會議員で、随つて市制執行上における功勞者の一人である。先きには厚狭郡藥種業同盟組合長に任ぜられ、二期に渉る其の任務を完ふし、現在、東區參事會員、並に第八十八區長として、自治政運用上に貢献なしつゝある。

資性、豪膽ではあるが、人物は頗る圓滿である。そして上下の評判もよくて、老いたりとはいえ、未だ元氣旺盛で、謂ゆる口八丁手八丁の武者振りは、眞と稀に見る得難き大人物である。

宇部海陸運送株式會社 常務取役 山本喜一郎氏

その年も蒸し暑い盛夏の正午頃であつた。場所は、佐郡郡三田尻小學校の、とある教室に生徒達は行儀よく、シヨンボリと並んでゐる。其の前の教壇には、黒の詰襟服を着た若い先生がゐた。恰ど、修身の時間が終つた直後である。しばらく先生も生徒も無言でゐたが、やがて先生は除ろに口を開いて、

「では、皆さんとこれでお別れです、呉れぐれも、先きにお話しました二宮尊徳先生のことをお忘れになつてはいけませぬよ。そうして皆さん、偉い人に成つて下さい……」

斯ういつて先生は眼の邊りに熱ついものを見せるのであつたが、それはその日を名殘りに辭職する先生の挨拶を兼ねた訓示でもあつたのだ。この若い先生こそ誰れあろう、現在、宇部海陸運送株式會社常務取締役として宇部海運界の權威、山本喜一郎氏が學校を卒へて實社会に出た第一歩の姿なのであつた。

氏は明治二十二年十月、佐波郡三田尻の舊家に生れた。幼少の頃から才氣煥潑だつたと、未だに傳はる町の評判である。

關西中學を卒へたのが明治四十年三月。ついで同大學に入り、明治四十四年三月、商科を出づるや、直

ちに郷里の小學校に代用教員とし奉職したが、同年八月その職を辭し、三田尻專賣局に奉職中、隅々招かれて朝鮮群山居留民團役所書記に轉じたのが同四十五年四月。時の民長は同郷坂上貞信氏の懐刀として、その忠勤振りは居留民からも亦、深い信頼を集め、氏の前途には多大の期待をもつて遇せられてゐたのである。氏に取つて此の時こそ、枯木春に逢ふて百花開くといふところであつたが、性來、無頓着な氏は、坂上民長の辭職と共に歸郷したのである。人々が小さな眼前の得喪〔とくそう〕に齷齪〔あくせく〕としてゐる時、氏は獨り利害を外に超然として、この營職を弊履の如く抛つところに、面目の躍如たるものが窺知されるのである。大正三年九月、明治商工銀行防府出張所主任に就職、後ち關西勸業株式會社三田尻支店長に就任し、地方産業開發の爲めに尠なからぬ貢献をなしてゐるのである。その當時、現在の海陸運送の前身、新川開運組に招かれて支配人に就職したのが大正八年一月だつた。宇部市制となつて正に二十有除年を經過してゐる。爾來、氏の建策に基づき開運組は宇部海運株式会社と組織は變更され、茲に初めて宇部隨一の化粧した海運業が誕生したのだ。これ等は一つに氏の力の與かつてゐることは云ふまでもない。その功勞により昭和七年十二月、常務取締役に抜擢されたことは當然の榮達であろう。

「僕は隨分職業を縛々したが、現在の海運業は性に合ふとでもいふのか、興味をもつて實に愉快に仕事が出來る」

と、自ら述懐されるのであつたが、氏に限らず、誰れでも、その職業に興味が無かつたら大成覺つかないものだ。

「今後、宇部市の發展は陸の施設といふより、海の方だね。先づ築港の急務だ。現在の體たらくで何が出來る。海岸の施設を完備することによつて宇部市の將來性がある」

と、(筆者が新聞記者としての初陣大正十二年頃)悲痛な面持ちで氏の抱負を聞かされたことは、未だ記憶に新たなるものがある。現在の宇部市は十七年前の氏の抱負が漸く實現されつつあることは、氏にとつて快心を禁じ得ぬ、蓋し先見の尤なるものでがなあろう。磊落で朗かで、人物も亦溫良、上下からの評判もよく、宇部の隆昌を期す爲めにも、宇部海運界には是非なくてはならぬ人物である。

因みに、氏の公共任務の過程を列記して見よう。大正十三年一月、東區會評議員。同十四年十二月、宇部達聰會議員。昭和八年六月、宇部商工會代議員同理事。同年十一月、市會議員當選。同十三年三月、宇部商工會議所議員當選。ついで常議員に就任して現在に至る。

宇部商工會議所議員　商業部副部長　**島田貞氏**

「どうも困るね、僕の學歴とか經歴なぞ聞かせろなんて……そう云へば過去においても、新聞社の方なぞが、君と同じやうな事を云つてよく訪づねられたものだが一度だつて話したことはないよ、それより釣りの話でも聞かそうじゃないかハ……マアお上り……」

と、自ら奥の應接室に導かれたのが、現在宇部商工會議所議員商業部副部長、島田貞氏である。

洋酒罐詰を主とした市内屈指の高級食料品店として知られた西區本町二丁目の店舗を訪ねたのは、過る師走の初めだつたが、その日は小春日和にも稀れなポカポカと暖かいお晝前であつた。氏は朝日を吸ひながら世間話の後ち、少し改つて、

「運だとか、不運だとかへば、迷信的だといふ嫌ひがあるか知れぬが、然し人間は勿論努力も肝要だが、この運といふことも否定されない事實がある……僕等の同窓で、最う會社の重役になつてる者が尠くないが、僕はお覧の通り一食料品店の主人に過ぎない……」

と、過去において好機を逸したことなぞ述懐されるのであつたが、會社の重役必ずしも幸福とはいへない場合がある。百萬石の家老より、寧ろ三萬石の殿様に然ず、と古るい諺もある通り、島田氏の場合がそうである。色の小黒い少しニガ味のある歌の文句通り、中肉中背の身に洋服を着た彼の均整した容姿は、一見犯しがたい威服の念ひが湧くのであるが、然し一度膝を交へて談話に及ぶ時、云ひ知れぬ親しみを感じさせるところは、逍〔さす〕がに商賣道の奥義とでも云ふのか、その洗練された應對の巧妙なることと、過去において、會社の技師より一食料品店を開業した鮮やかなる轉身振りは、蓋し宇部商人中の尤なるものであらう。

私が來意をつげると、

「まるで履歴調べ見たようなことだねー、何處か好い就職口でも心配しようといふのかねアハ……」

と、チヤカシ半分に、大きく靜かな笑顔を見せながら、

「會議所議員に就任してからは好きな釣りも出來ないよ、何となく忙はしくてねー。最も、實際に於いては商業部を擔任してるから、昨今は殊更に多忙でねー……」

と、氏は特に今年末の大賣出しに關聯して從來の型と異なつた方法の苦心談を一クサリして、それからそれと宇部市の將來は工業と共に商業の發展に重點をおいて、之れに邁進しなければならぬ理由や抱負を語り、其他是れに伴ふ自治に關する希望等々を説くのであつたが、折柄、商工會議所用件の電話の知らせに、氏の笑顔を後にして、私は辭して再び鋪道に出た。

氏は明治三十年五月一日、太一郎氏の長男として福岡縣小倉市閑靜な山ノ手に呱々の聲を擧げた。長じて小倉工業學校機械科に入學し、大正六年三月、同校を卒へ、直ちに同年四月、株式會社宇部鐵工所に入社し、翌七年四月、長門工業學校の教員兼職を命ぜられ、同八年二月、同九年二月(元名古屋セメ

ント株式會社）、現在の豊國セメント株式會社の建設に直面して入社し、十月、製造係に任じ、後ち焼成部主任に昇進。大正十年十月、宇治山田市に在る三重セメント株式會社に入社し技師補に任ぜられ、後ち、機械兼製造係長に就任。大正十五年五月、福島縣石城郡四倉町に在る磐城セメント株式會社に入社し、製造係長に就任したが、當時家事の都合により辭して、後ち宇部市に轉住、現在の食料品店を開業したもの。資性頗る溫良にして、上下に潛渠を作らず、其の裡にも亦、底知れぬ鋭智の閃きを藏す。

　因みに、氏は現在の商工會議所議員を初め、宇部專門店會理事、宇部食料品商組合組合長、宇部商店聯盟理事等々の重任を帶び、日夜暇なき活躍をなしてゐるが、齡未だ四十二歳といへば氏の將來には、尚ほ洋々たる輝かしきものがあると同時に、氏の政治的進出には、多大の期待をかけられてゐることを附記しておこう。

沖山炭鑛株式會社　取締役　**笠原四男藏氏**

　渡邊翁記念館の表通り、俗に小串通りを北に向つて七、八丁のところ、少し勾配を上りつめた東側に、小ジンマリとした瀟洒な平屋作りの新らしい建物がある。それが笠原氏の住宅である。時は稻の穗波も稍々黄色を帶びた十月の半ば頃、或る日曜日の朝、私は初めて氏の宅を訪づれた。

「ヤア……これは珍らしいお客様だ、まあ上り給へ」

と、自ら玄關に出て、次の應接室に導かれた。未だ木の香も失せやらぬ新建で、明るい氣持よい六疊の部屋は、南向きに開け放された椽側に近く座蒲團を進められた。露を含んだ庭園の樹の葉越しに色とりどりのコスモスが、朝の装びをこらして咲き誇つてゐた。私はこの朝の景色に暫し恍惚としてゐたが、

「矢張り郊外は好いですねー」

といへば、

「全く衛生上からいつても申分ないが……この朝の氣持……特に陽の出の氣分は又格別だ。確かに一種の無色興奮劑だねー。街の人達に此の雰圍氣を味はしたい位ひだ。よく蘇生の思ひが湧くといふが、この陽の出の瞬間に接した心境をいふのだろう。要するに田園？　に住むもののみが味ふ別世界とでもいふかなアハ……」

と、大きな仁義笑ひを見せ、

「然し、そういふ僕等は早朝に出勤するので、公休日どもでなければ、陽の出を見ることは出來ないね。これから冬になると、朝は小暗いうちに家を出るし、夕方とても亦、星をいたゞいて歸る……だから日の明るいうちに道中を往復することは滅多にない……」

　斯ういつて、下眼使ひに靜かにニヤリと笑顏を作るのであつたが、この笑顏こそ、笠原氏の特長とでもいふか、彼の濃い太い眉と、クルツとした白眼勝ちな瞼とが、笑ふ度毎の共同動作によつて云ひ知れぬ魅力を感じさせる。それは男性的といふより、寧ろ天性の溫情味豊かな個性が沈露した柔らかい、そして親しみ深かい好感である。

「往復の道中も暗らいし……又坑内も暗らいといふのでせう」

といふと、

「イヤ坑内は電氣が燈いてるからとても明るいよ。然し太陽の恩惠には浴されない理だ。だから陽の目を拜むのは、上の事務室に居る時だけだ……よくも暗らい方面にばかり緣のある男だよ」

と、笑談の裡ちにも、いつの間にか眞面目さが面に現はれて、遠い過去の追憶に耽けるのであつた。

　歐洲大戰當時、英國において時の首相ロイドヂヨージ氏がいつた、「暗らい坑内作業に從事する多くの坑夫諸君も亦、職場に於ける將兵と同樣に尊とい無名の大戰士である云云」と激勵したといふ事であるが、まこと凡ての原動力をなすものが石炭である以上、この石炭鑛業の重要性は今更云ふまでもあるまい。同時に技術管理者として氏の責任や又決して輕くはない。

「よくも暗らい方面に緣のある男だ」

と、笑談をした笠原氏は、先きのロイドヂヨージ氏の言葉をかりて云へば、暗い坑内作業に從事する多くの無名戰士を指揮する司令官ともいえよう。

「坑内勤務は油斷大敵だよ。だから中々人知れぬ苦勞は絶へぬ。然し金野さん初め、右田、田中の先輩諸士が居られるので、僕も今日迄大過なく過ごした理けだ」

と、自分のことは口にも出さず、他に讓つて飽迄謙遜されるのであつた。

　笠原氏は山形縣の出身、明治二十八年生れ。大正八年、旅順工科大學を卒へるや、豫て知遇の常務取締役金野氏に招かれて仝十年、沖ノ山炭鑛に入社し、專ら保安の任務に就き爾來十八ヶ年間、謂ゆる一日の如く孜々として恪勤してゐる。沖ノ山鑛を今日の磐石の安きに置いた功勞者の一人として見遁がせない人物である。その功を空しうしては……といふので昭和十二年十二月、取締役に擧げられたのも當然の榮達であろう。

　資性頗る溫厚、酒も煙草も嗜まない。人格は圓熟して實に當りのよい春風駘蕩の氣分で人を魅了するといつた風がある。然かもそれが輕薄でなく交際術の眞諦……不則不離も巧みに應酬に申分がない未だ四十四歳といへば、尚ほ多くの春秋に富む。

沖ノ山炭礦株式會社
販賣課長　**松本金吾氏**

　松本氏は小串の舊家、和三郎氏の次男として明治二十二年、呱々の聲をあげた。氏が幼少の頃、未だに傳はる土地の評判では、附近の腕白大將であつたといふことであるが、それが小學校を卒へる頃には正反對に頗る柔順な少年に變つたと噂されてゐる。

昨十二年秋、元山運輸商事株式會社々長の職を辭した嚴父和三郎氏は、宇部鑛業界の元老として、西野嘉四郎、西條惣助兩氏と共に偉大なる存在たることは、今茲に云ふまでもあるまい既に周知の事實である。古くより沖ノ山炭鑛に入り營業部の總帥として、當時見覺しい活躍が元山炭の聲價を擧げ、今日の彼の販路網を獲得したのも、氏の獻身的努力の賜であることも亦改めて並べるまでもない。隨つて、同社の隆昌を基礎づけた功勞者の一人として多謝しなければなるまい。事業方面ばかりではなく、和三郎氏は初期以來二期に渉つて、宇部市會議員として自治政の上にも亦尠なからぬ功績を殘してゐる。眞に溫厚篤實なる得がたき紳士の典型である。

斯うした人物を父に持つ金吾氏は、或る意味から云へば惠まれてゐるとも云へるが、然し、栴檀は二葉にして芳ばしいの諺の通り、幼年時代の勝ち氣な性格は爭はれぬものか、今日に於て何事についても、男性的といふよりか、寧ろ戰鬪的氣魄の躍如たるものがある。それは陳腐な一例に過ぎないけれど、嘗つて氏が倉庫係の一員としての頃であつた。枕木を檢収するに際して某坑木店の店員と折衝した時のこと、

「……自分勝手なことばかり云ふんだつたら、最う檢収は中止だ……持つて歸つても好いよ……蓄木はウンとあるから不自由はせぬ……」

と、店員の要求？を一蹴して、サツサと事務所へ引揚げられたものだが、その姿が今でも眼前に浮ぶのだと某店員の述懐であるが、それは氏の短氣であるといふことを意味するものではない。氏の直情徑行がそうさせるのである。要するに時間の徒勞を惜む一面には、能率の增進に他かならぬ。それが軈がては一擧兩得の結果を齊らすといふ結論に到達する理だ。蓋し勇敢にして忠實な努力家の尤なるものでがなあろう。

氏は明治四十五年四月、沖ノ山炭鑛に入り、倉庫係を振り出しに、後ち倉庫長に昇進し、更に販賣課長に就任して現在に至る。其の間、實に二十七ヶ年、同社の隆昌の爲め終始一貫、私心なき奮鬪を續けてゐる。特に販賣課長に任ぜらるるに及び、一層その重責を全ふすべく日夜東奔西走孜々として恪動、販路の擴張保護の爲めには、東京へ、京阪、其他の出張所或は特約店巡視もせねばならぬ。又は遠き取引先の來訪に接し、顧客として優待もせねばならぬ等々其の任務は門外者の想像も及ばぬ涙ぐましい勞苦があるのだが、氏は黙々として意表に現はさない。これも少年時代から切磋琢磨……負けぬ氣で謂ゆる奉仕觀念の深甚な點で、氏の腦裡には、一つに相抜け相寄り、一意會社の爲めに盡さんとする其の熱意こそ實に誇らしき存在である。氏は未だ五十歳といへば、尚ほ多くの將來がある。それは輝かしいものであろう。

宇部電業株式會社　社長　中村岩記氏

昭和元年五月、宇部電業社が創立されて茲に十四ヶ年間を經過した。昭和七年九月、中村氏就任と同時に合資會社に改組し、昨昭和十三年四月一日、資本金弐拾萬圓の株式組織に進展せしものにて、其間、幾多の苦難を巧みに突破して、その營業課目も電氣、機械器具、並に鑛山用機械類の販賣修作工事、及び之れに類似する事業一般の多岐に渉り、現在では同業者を後に瞠若〔どうじゃく〕たらしめ、尚最近、長崎縣佐世保市に別動隊、佐世保電業社を創設し、相提携して大々的商工報國に邁進してゐる。其の發展振りは、遂に福岡縣小倉市に支店を設くるに至り、之等を合しての、その業績の顯著なることは宇部地方業界切つての王座を占め、宇部電業社の盛名を中外に輝かしてゐる。これ等は一に同社を代表する中村氏が終始一貫至誠をもつて懸命の努力經營其の宜しきを得たからである。沈着な裡にも、あの果敢な手際は、單に中村氏の強い性格からでなく、「責任」と、いふ固い信念の現れにほかならぬ。

中村氏は明治二十三年、長崎縣南松浦郡福江町の酒造家、貞藏氏の三男に生れた。幼少の頃より「俊敏な少年だつた……」と、町に傳はる評判である。長じて第五高等學校を經て、東京帝國大學法科（政治學科）に入り、大正三年、その業を卒るや不幸、間もなく長兄の早逝するところとなり、止むなく歸鄕して家業の整理に從事してゐたが、偶々、長崎酒精株式會社と合併するに至り、氏は同社の專務に就任し、これと同時に五島汽船株式會社を創立し、其の專務取締役として昭和四年迄その手腕を振ひしも、汽船沈歿の厄に遭ひ、爾後感ずる所あり、之等の事業を他に譲渡し、趣味の圍碁、謡曲に閑日月を送つてゐたが、折柄、安川電氣製作所社長よりの懇望により、宇部電業社の業績不振を恢復整理することとなり、昭和七年、宇部市に移住したもので、爾來宇部市民として八ヵ年、その間において直接に、間接に、市の發展助長に幾多の貢獻をなしてゐる。

中村氏が、宇部電業社の代表に甘んじて就任したことについては、名利に恬淡である氏の人格を窺知するに足るものがある。それは昭和四、五年の頃から、宇部電業社の成績が上がらないといふことであつた。何とか整理して恢復せねばならんが、それには年齢、閲歴、學才、手腕、聰明の諸點を具備した人物でなければならぬが、一小會社へ、そうした人物は就任を望まれないといふより、寧ろ嫌ふものである……所謂、帶に短し襷に長しといふ人事關係に行詰つた時だつた。豫てより中村氏と友人關係にあつた安川家の支配人平山氏から、安川の前社長、安川敬一郎氏に中村氏を推擧し、宇部電業社の業績不振を恢復、整理すべく、これが受諾を懇望されたものである。蓋し宇部電業社は安川から全部の資本が出てゐたからである。

常時中村氏は閑地にありしも、他に種々と會社の要職に懇望されたのであつたが之を顧みず、「人生意

氣に感ず功名何ぞ論ぜんや」の氣概をもつて、友人先輩の請を要れ、易々諾々として何の躊躇するところもなく宇部電業社に入社したことは、現代、凡人の多くが名利にのみ汲々たるに反して、中村氏が如何に名利に無頓着で仕事本位の人格者たることを最も雄辯に物語るものである。

尚ほ、氏に學ぶべきことは、常に職業の尊卑を認めず、地位の高下を眼中におかず、與へられたる自己の本職に全才能を歿入するのが人間の本分であるといふ信條の下に、何事に對しても献身的努力を捧げるのである。氏は更に、

「報酬を眼中におくな。自己本來の仕事に忠實にして、これより來る愉樂を報酬と心得よ」

と、謂つて居るのは宜なる哉である。さればこそ、一時經濟問題で行詰りの狀態にあつた宇部電業社をして今日の隆昌を招來せしめたことは素より識見高き天賦の才能があつた。とはいえ氏の私心なき努力の結晶であることを見逃す譯にはいかぬのだ。

多くの凡人は地位が出來、名が上ると、自然、自我の強い我儘な人間になり、物事が不公平になるものである。即ち自己に追從する者によく、然らざる者に悪いと謂ふのが一般の人情である。だが中村氏には、そうした事がない。氏は冷靜で、頗る義理人情に厚く公平無私である。この風格の例證として、「社長さんとも思はれないほど、頭の低い親切丁寧な人は珍しい」と、會社附近の人々の噂話であるが、この態度こそ、氏の全貌を遺憾なく發露したもので、眞に敬服のほかはない。蓋し紳士民衆化の尤なるもので當世極めて稀れに見る人物である。

齢ひ四十九歳といへば、前途の春秋に富む。然も氏の實業的將來に想到すれば、誰人も深き興味と期待を懷かずにはゐられない。資性眞に溫厚篤實、一度接すれば好く識り、好く語り、滿座明朗の思ひあらしめる。趣味の圍碁、謡曲も亦通人の域に入る。

宇部市農會技師　**和田恕介氏**

櫻の花も、漸く綻びそめやうとする陽春四月の初め頃であつた。所は周防、佐波郡の北方、村境ひの山上に佇つた一青年があつた。身には新らしい黒の羅紗服を着け、滿面には言ひ知れぬ喜悅が溢れて、眞と輝かしい未來の光明を胸に描きながら暫し無言でゐたが……軈［やが］て振り返り、遠く彼方山麓の里に眼を注ぎ、殘り惜げに恭々しく一禮して、然かも微笑さへ浮べながら、再び勇ましく峠を下るのであつた。

この青年こそ、現在、宇部市農會、技師和田恕介氏が四十年前、學校を卒へて實社會に門出をするに際して故郷に別れを告げた第一歩の姿なのであつた。

氏は明治十五年、山口縣佐波郡小野村の農家、故、操氏の三男として生れた。長じて後ち、和田家に入つたものである。氏は幼少の頃より孝行の聞え高く、然も、農家に生れながら學問を好み、隨つて秀才でもあつたと、未だに傳はる村の評判である。

明治三十三年、山口立農業學校を卒へるや、山口県廳に奉職、農事試驗場技手に就任した。爾來、大正十三年迄、實に二十四ヶ年の勤續は正にレコード破りとして、當局よりの表賞は勿論、一般の信賴と賞讃を一身にあつめたといふ、幾多のエピソードがある。氏はかうした精勤家なのである。十年一日の如くといふが、二十四年間一日の如く孜々として自己の職責に向つて精進なし、その間、農事の改良に或は產業の增進開發等々に尠なからぬ貢献をなしつつあつたが、偶々、宇部市の懇請に應じ、大正十三年十二月、宇部市役所に轉職、市農會技師に就任して現在に至つてゐる。

元來、鑛、工業を主とする宇部市の農業は、當時にあつては副業視されてゐた。

「米麥は別として蔬菜［そさい］類の如き、自給自足、とまでは行けなくとも、今少し農家に自覺して貰つたら、大いに增產の餘地があるが、現在の狀態では實に遺憾の至りだ……」

と、嘗つて氏が赴任當時に述懷されたのであつたが、まこと宇部市の農業が各方面に渉つて、半癈に近かい狀態にあつたことは事實であつた。そこに尠なからぬ氏の惱みがあつたのだ。茲に於いて、氏が第一に痛感したことは、先づ農家の自覺。農事の改良……等々、自己本來の職責に向つて献身的努力を捧げた。

多くの凡人が地位が出來、名が上ると自然自我の強い人間となる。これは一般の人情であるかも知ないが、氏にはそうした片鱗だにもない。謂ゆる名利に無頓着で、仕事本位の人格者である事は、懸の農事試驗場に勵務した若い時代から變らない終始一貫してゐる。新うした眞劍なる氏の努力は酬ひられて、現在、宇部市の農業狀勢は著るしく進歩發達を招來したのである。これは一つに、その指導宜しきを得た賜であると。同時に氏の功績の多大なるものあることを多謝しなければならぬ。

今や國を擧げて、食糧問題に行惱んでゐる。此の重大時局に當面し、宇部市の農業の盛衰が延いて、國家の興癈にも關する限り、氏の責任も亦決して輕くはない筈だ。斯の意味に於いて、宇部市の農業發展を期する爲めにも、是非缺ぐべからざる人物である。

資性頗る溫厚。冷靜で然かも義理人情に堅く、公平無私が上下の信頼を受くる所以である。因みに長男耕一氏は昭和十三年、帝大農科出身。現在、福岡縣農事試驗場に奉職。齢二十六歳。

…（この稿昭和十四年四月六日）…

篤農家　**藤里市介氏**

宇部市内は云ふまでもなく、山口縣下に在りても篤農家として、その人格と共に名を知られてゐる藤里市介氏は、明治十二年四月、宇部市則貞の農家故、清太郎氏の長男として生れた。幼少の頃より「俊敏な器才」であつたと、未だに傳はる古老の評判である。

長じて山口中學校に入學し、明治三十三年三月、同校を卒業した時、恰も北清事變の眞最中であつた。その刺戟に影響されて、陸軍士官學校に志したが、幼にして父を失ひ、家庭の事情は之れを許さなかつたので、止むなく同年十月、村役場に奉職、庶務課に就任した。當時未だ若き青年書記の氏は勸業方面一切の事務を鮮かに處理して遺憾なく其手腕を認められたもので、その活躍振りは、後年に至つて農業學校出身だ……と喧傳さるるに至つたといふエピソートがある。

「その當時は、縣廳へ、或は農事試験場等出張して凡ゆる資料を調査研究したものです……」

と、かつて自ら述懐されるのであつたが、氏はそれほど農事に關する諸般の事務に精通して居るのだ。

その間、僅々一ヶ年間、明治三十四年、その職を辭したが、翌三十五年より同三十七年に至る三ヶ年間、勸業委員に任命され、其の使命を全ふしたが、氏の建策により初めて村農會の出現されたのが此の年であつた。斯うした氏の空しく野にあることを當時の宇部村は許さなかつた。大正三年、故、新谷軍二氏の後をつぎ、助役に就任し、藤田豊、藤田權九郎兩氏二代に渉る村長を補佐して、大正五年に至る三ヶ年間、圓滿なる自治の實績を擧げたことは、素より氏の手腕によるものであつたことは云ふまでもないが、一つに氏の至誠の現はれであつたことを見逃してはならぬ。助役を辭して後も、農業振興に關する限り、氏の眞劍なる貢献振りは、文字通り寢食を忘れて終始一貫したものである。

一例を擧ぐれば、當時、村長兼務の農會長では、農會の事務に澁滯を來し、不便が多かつたので、これは、どうしても分離することによつて能率の増進は期せらるるものだといふ、氏多年の實驗が齎らす理想から、茲にその建築に基き村農會は獨立したものである。獨立はしたものの、さてその主宰者は誰？といふ悩みにも似た問題が持ち上つたものであるが、結極、大地主である紀藤閑之介さんにお願ひするのだと頑張つて、衆議一決、同氏を農會長に推し、主唱者たる藤里氏が副會長として就任したので、此の問題も解決したといふ逸話もある。氏はそれほど、人望家であり、又、實際家であるのだ。時の厚狹郡農會長、三隅哲雄氏が、藤里氏のこの農會分離の理想的であるといふ意見を用いて實現に移し……感嘆これ久しうしたといふエピソートがある。

そうした功勞は認められて、大正十四年十二月、大日本農會より表賞され、同時に同會總裁、畏くも梨本宮殿下の宮邸において、人別拜謁の光榮に浴したものである。又もつて、氏の面目の躍如たるものが窺知される。其後ち、時の縣知事よりも亦、農村振興に關した功勞者として表彰されたことは當然であつたのだ。

氏はかうした農事に關する功勞ばかりではないのである。一面には社會事業家としても一個の識見を有し、有ゆる公共任務に服して、幾多、顯著なる事蹟を殘し、且又、現にその指導の任にある。

自治に關するものとしては、宇部市に區制が制定さるるや、先づ最初區長に就任して、よく自治の圓滿に貢献した。次に小作調定委員、山口縣方面委員、司法保護委員、或は宇部報徳會幹事、報徳會地方幹事として現在その任務に精進なしつつある。

今や農村振興は政府の一大政策で、地方においても頭痛とするところで、これ等の對策問題にせよ、將又、社會公共事業の充實を期する爲めにも是非無くてはならぬ人物である。

因みに長男、隆氏は宇部中學を出で、東京電氣學校を卒へ横須賀海軍航空所に在勤五ヶ年、轉じて宇部窒素に勤務、目下出征中。次男龍雄氏は大分高商を卒へ、宇部セメント會社に勤務中、出征したが、目下幹部候補生として○○聯隊にあり（この稿昭和十四年四月）。

朝鮮セメント製造株式會社
常務取締役　宇部市會議員

中安閑一氏

我が大陸經營の據點ともいふべき半島朝鮮の施政茲に三十年、躍進につぐ躍進、理想郷實現の爲に、内鮮一徳一心、緊密提携の結實は今次支那事變を契機として、愈々その眞價を發揮するに至つた。行政機構の改革を初めとし、產業統制の強化は着々と完成の實を結んで、資源の開發に文化の向上に、更に一段の寄與貢献をなしつつ、所謂、東亞新秩序建設の一路に驀進をつづけてゐる。斯うした半島朝鮮の洋灰界に少壯實業家として颯爽たる英姿を現してゐるのが、朝鮮セメント製造株式會社常務取締役、中安閑一氏である。

氏は明治二十八年四月、宇部市恩田の農家、故、周太郎氏の長男として生れた。その幼少の頃より學を好み夙に秀才の譽れ高く、長じて山口中學校に入る。

是れより先き〔※1〕、故父、周太郎氏は若くして鑛業に志し、當時にあつては宇部業界の古豪として自他共に許す業界随一の權威であつたことは今茲に筆者が云ふまでもない周知の事實であろうが、そうした父の環境に影響されたもの？　中學を卒へるや、他の學友の多くが政治、經濟學に志したに反して、氏は獨り東京高等工業學校に入したものである。茲に氏の天才的識見の高邁なる閃きが窺はれる。その智識が、今日氏の地位を作りあげた重大な役割を務めた譯けである。

大正七年七月、優秀なる成績をもつて同校を卒へるや、直ちに神戸三菱造船所に入社したのが二十四歳の時であつた。

「大男、總身に智恵のまわりかね……」と、いふ諺の通り、短軀の氏の全身には滿々とした才智が溢れてゐるのだ。就中、語學の蘊蓄に至つては、他の追從を容さぬものがある。すでに入社當時、氏の手腕に對し社中同人より羨望に似た驚異をもつて、その前途を矚目されてゐたものであるが、偶々大正十二年九月、宇部セメント製造株式會社の創立さるるに當り、故、渡邊翁の懇望に應じ、歸郷して同社に入り、工務部長に就任した。その創立當初のこと、當時、沖ノ山炭鑛販賣課長だつた松本和三郎氏をして感歎久しうせしめたといふエピソートの一節を記して見よう。それは創立に要する製圖や其他、便宜上、一時、大阪市堂ビル階上に假事務所を設けられた時のことである。

「私が、沖ノ山炭鑛大阪出張所へ社用で行つた……ところが松本さん、堂ビルの階上に宇部セメントの出張事務所があります、行つてご覧なさい、事務員も二、三人來て居ります……と聞かされたので早速、行つて見ると、成程、二、三の人が大きな机の上に青色の紙を擴げてコンパスと鉛筆を持つて一生懸命仕事をしてゐる。すると一人の小男が、急ぎ足で隣室へ行つて外國人と連りにチヤバチヤバと話しをする、が、〈如何にも流暢な英語で話すので何が何やら〉サッパリ私等には解らなかつた。斯なことを何度も何度もくり返すので、男は小さいが態度といひ、話振りといひ實に立派なもので、宇部セメントには眞に重寶な人物を採用したもんだ。それにしても何處の出身だろう? と。後で、彼が恩田の周太郎氏の息子さんだ、と聞かされた時〔※2〕、言ひ知れぬ感激と快欣を禁じ得なかつた」

と、かつて筆者に語られたのであつたが、それは、その當時セメント界の獨逸人技師某との間に於ける事業上に關する談話であつたのだ。中安氏は、それほど洗練された語學者であるともいよう。昭和二年、歐米の近代工業視察の命を帶び、沖ノ山炭鑛專務取締役俵田明氏と共に洋行、八ヶ月振りに歸朝して爾來、宇部工業界に新機軸を革するに至つた。

そうした閱歴、學才、手腕、聰明の諸點を具備した氏は、故、渡邊翁の厚き信頼を得た。一方では專務取締役藤本磐雄氏の懐刀として常に同社の樞機に參與し、每々に縱横の手腕を揮つて一意社業隆昌の爲め日夜東奔西走、文字通り刻苦精勵して今日宇部セメントの名を成さしむるに至り、一面には今日の大宇部建設助長に資した功勞者の一人として見逃すわけにはいかぬ。さればこそ現在宇部セメント株式會社の取締役に拔擢されたことも亦宜なる哉である。更に、朝鮮セメント株式會社の創立に當り、常務取締役に就任した事は、氏の平素からの心盡しから考へると當然過ぎる榮達であらう。

同社は資本金千四百万圓を擁し、京城府長谷川町二十一番地富士ビルに本社事務所を置き、黃海道海州に工場を有し、昭和十一年二月の創立といへば、未だ四年と半歳の短日月とはいへ、地方先進業者を風靡するの勢ひをもつて異常なる躍進を見せ、好成績を示してゐる事は、氏の健實なる經營の宜しきを得た賜であると共に、その至誠もつて献身的努力の現れにほかならぬ。

其他、朝鮮海州鐵工所（初めは宇部鐵工所の分工場）の專務取締役として其の活躍振りは正に半島業界を壓せんとしてゐる。嘗て宇部セメントの藤本專務が、

「技術家としても優れてゐるが、中安君も朝鮮セメントの常務として、今度は少し、金……に勞苦の體驗を味つたら新進の事業家に成れる」

と、述懐されたのであつたが、彼の手腕と聰明が齎らす氏の前途は、眞に輝やかしいものが待つてゐるのだ。

因みに、氏は朝鮮海州においても公共の任務にあるが、昭和八年十一月、宇部市會議員に當選し以來現在に至つてゐるが、市會においても稀れに見る選良振りを發揮し、その人格と相俟つて氏の政治的將來に想到すれば、何人も深き興味と期待を懷かずにはゐられない。資性、溫厚にして寡言、簾直にして謙讓。

〔※1〕原文は「是れり先き」であるが、文意から「よ」を補足した。

〔※2〕原文は「聞かされ時」であるが、文意から「た」を補足した。

鑛業家　榎本高三郎氏

昭和七年頃であつた。宇部地方における新事業勃興の機運に乘じ、麒麟のやうに現はれた宇部鑛業界の寵兒、榎本高三郎氏は、明治二十二年三月八日、福岡縣筑上郡門田村〔※1〕の商家、喜作氏の五男に生まれた。その幼少の頃は頗る腕白で、所謂、九州つ兒の萌芽を藏してゐたものである。長じて商業學校に學んでゐたが、感するところありて中途退學した。後ち小倉市において伯父の經營する酒造業に從事する身となつたが、さすが福岡縣下は鑛業の本場だけに、その頃も幾多の群小炭鑛は簇出して、その業績は人々の垂涎の的となつてゐたもので、性來覇氣ある氏は斯うした環境に處して、造り酒屋の番頭に納つてゐることは飽き足らぬものがあつたので、遂に意を決して伯父の店を辭し、當時小倉市外、鷲峰炭鑛に事務員として就任したのが二十二歳の時であつた。爾來、氏は與へられた職務に精進すると共に、鑛業に關する有ゆる部門について熱心に研究したものである。それは他日鑛業家として獨立の場合に備へる爲めであつた。蓋し「栴檀は二葉にして香ばし」といふ結論に到達する譯だ。人間は何が幸福になるか分らないものである。もし氏が商業學校を卒業してゐたら、或は今日鑛業家としての榎本高三郎氏は生れなかつたかも知れぬ。斯くて數年間、事務員の身で既に鑛業家としての體驗を得た氏は、大に期するところあつて、大正元年七月、宇部に移住した。そうして豫て經驗した酒類商を開業した。傍ら鑛業方面にも關係して密かに時期の到來を狙つてゐたものである。此間に特筆すべき事は、當時、故新谷軍二氏の經營する新浦炭鑛（現在の長生炭鑛の前身）の大派炭を、三千噸上海の支那商人と取引したことは、宇部炭最初の試みであ

つた。

「それは同郷の宜みで頭山滿〔※2〕翁の紹介で支那商人に知遇を得たもの」

爾來、沖ノ山炭鑛其他に上海方面に輸出されたものであるが、海外へ販路開拓の先鞭をつけた氏の功勞や多としなければならぬ。斯くして雌伏十有餘年の後ち、敢然宇部鑛業界に君臨し、平原、丸河内、大休、宇部産業中王子等々の各炭鑛を經營したが、その天禀の才智に多年鍛へに鍛へた氏の手腕は、業界の麒麟児とまで云はれたもので、今は故、庄晋太郎氏をして當時感嘆久しうせしめたのも、この頃であつた〔※3〕。現に業界の先輩をもつて任するものと雖も、氏に學ぶべき數多の人々のある事も、宜なるかなである。

現在、氏の經營になるものの中で、宮崎縣下のアンチモニー鑛(個人經營)を初め、朝鮮における水鉛鑛(組合組織)の如き、前途有望なる事業である。其他、長崎、福岡兩縣下に渉る鑛區の所有夥しく、文字通り日夜東奔西走に暇なき奮闘振りは、眞に感嘆措く能はざるものがある。

最近に至り、過勞の爲めか持病の神経痛に惱まされ勝ちである。氏の邸宅を訪づれたのは過る初夏の或る日曜日のお晝前であつた。

「餘り手を擴げ過ぎて、體はお見かけ通り兎角健康を害して萬事思ふやうに活動も出來ぬのを遺憾に思つてゐる、長男は亡くなつたし、二男は他の炭鑛に務めてゐる。三男は未だ在學中……だが今一、二年して卒業したら一息つけるといふものだから、其れ迄の辛棒だ……それに家内も健康が優れない方でね……娘の縁談も断つてゐるやうな次第だアハ……」

と、所謂、豪傑笑ひとでもいふか、何の屈托もなさそうに大きく笑ふのであつた。折柄令嬢榮子さんが、

「お父様、繃帯の巻かへを致しませう」

と、慇懃な姿を見て、筆者は氏の笑顔を後に門を辭した。

因みに氏は子寶に恵まれてゐるが、長男行雄君は宇部工業學校を卒へ、八幡製鐵所に勤務中、支那事變勃發と同時に應召○○に於いて名譽の戰死。次男、義隆君は現在、高千帆炭鑛に勤務中。三男武正君は目下、拓殖大學研學中。

氏は資性豪放磊落、事に當つて熟慮斷行、然かも仁俠に富む過去において陰徳の美談が數々ある。齢ひ未だ五十二歳、業界進展の上にも將又鑛業報國を期する爲めにも無くてはならぬ〔※4〕人物である。

〔※1〕「門田村」は、「角田村」誤記と思われる。「角田村」の読みは「すだむら」で、現在の豊前市の一部。

〔※2〕原文は「遠山滿」になっているが、昭和九年刊『道徳經濟現代生活改造読本』、昭和一一年刊『人士選抄録』、昭和一五年刊『国士仙波兵庫翁を憶ふ』など、頭山満を「遠山滿」と誤記しているので、本書もその一例と考え、「頭山滿」に訂正した。頭山満は旧黒田藩士の家に生まれ、明治九(一八七六)年の萩の変に連座、下獄後に明治一二年に福岡に向陽社を立ち上げ、同一四年に玄洋社を結成。明治から昭和戦前における日本を代表する大アジア主義者。大陸浪人を指導した国家主義者の首魁として有名。

〔※3〕原文にはない「つ」を補足した。

〔※4〕原文にはない「ぬ」を補足した。

東見初炭鏞株式會社　總務部長　**藤本豐三氏**

化學文明の歸結として、家庭的個人工業は次第に其の影を潜め、之れに代はるに機械工業に依る大量製産が謳歌されるに至つたことは、蓋し社會進化の理法に叶ふ當然の現象といはねばならぬが、然し之等の有ゆるものは、殆んど同質異名のものが多く生存競爭の激烈なるに隨つて、茲にその販賣方法……即ち如何にして消費者に迎合せぬ？　といふことに多大の闘心をもつて、尠なからぬ苦心に惱まされてゐることは、業者の等しく頭痛とするところであろう。

茲に又、買ふは易く、賣は難し、といふ新熟語が生れる理けだ。金があつて商品を仕入れる事は比較的に容易であるが、さて、これから利を見て販賣する段になると中々六ケ敷いもので、ここにも亦經驗の必要が痛感される。會社に於いても亦個人的にでも、廣告、宣傳の重要性を認めてゐる所以が察知される。要するに、之れ等は一つに營業といふことの難事を如實に物語るものであつて、同時に營業の良否が、その盛衰の別るるものとすれば、此の營業事務擔當者の責任や實に輕るからず、といはねばならぬ。

西日本屈指の炭鑛都、吾が宇部市に於いて、鑛業界にその一、二を爭ひ、年産額八十餘萬瓲を採出する東見初炭鑛株式會社は、その採掘せる石炭は全部直接販賣となし、其の販賣機關として東京、名古屋、大阪、及び高松に出張所を置き、此の外、各地に指定問屋、又は特約店をして販賣せしめてゐるが、之等を統轄して指揮命令する本社に營業部長藤本豐三氏がある(最近總務部長に昇進した)。

藤本氏は明治三十六年生れ、山口高等學校より進んで京都帝國大學法科を卒へ、昭和九年九月、東見初炭鑛株式會社に入社し、營業部に勤務して居たが、前部長藤田淸氏の歿後、その後をついで營業部長に擧げられ、現在に至る。筆者は甞て、或る日のこと、この若き部長さんを本社營業事務所に訪づれた。

「二、三回お訪ねしましたが、生憎ご不在で……」

と、初對面の挨拶にかへて一寸頭を下げると、

「イヤ……そのことは常務さんからも、又受附の者からも聞いて居ります……此の頃は、とても忙しくて、恰ど彼の頃は京阪から東京の方へ出張して居ましてね。そういふ今日も夜行で高松へ出張することになつてゐます……度々お訪ねさして濟みませんでした」

と、藤本氏は始終微笑を浮べながら、恰も久方振りに會つた學友にでも接したかの如く快活に、未だ學生氣分の失せやらぬ純情の溢れた隔意なき應接振り。それは朝の淺瀨に躍るやはらかい初鮎の撥刺

さであつた。

「ご感想を……」

といへば、

「僕の現在は、事業界に入つて未だ幼年期だよ、何も解らぬ。先輩の指導と鞭撻とによつて、漸く任務に服して居るといふまでの事だ。これからウント勉強して一人歩きが出來得るやうに努力する。そうした時は、君達に多少の感想も話せようといふものだが、今の僕に、そんな事を聞く君の常識を疑ひたくなるよアハ……」

と、謙遜されるのであつたが、談話中に、

「學校で習つた財政經濟を實地に應用する興味と其の恩恵？とが、此の頃漸くボツリボツリ判り初めた……」

と自ら述懐されたことを思ひ出すにつけ、彼の聰明と鋭智が齎らす氏の将來や眞と輝やかしいものが待つてゐよう。

因みに氏は、前社長故閑作翁の女婿にして、現副社長政郎氏は義兄にあたり、國吉現社長とは之れ又義理ある伯父の關係にある。

合名会社　内田金物店　社長　**内田象二氏**

宇部唯一の金物商店として、今より三十數年前、現在の營業地に開業したのは、今は亡き嚴父金作氏であつた。金作氏は稀れに見る温厚篤實の實業家であつたばかりでなく、又圓滿なる爲政者として、第一期より二期に渉り、市會議員として遺憾なく其の職責を全ふした。實に模範的な人格者であつたことは、今更茲に云ふまでもない餘りにも衆知の事實である。象二氏は、斯うした人格者を父として、明治二十九年九月、長男として呱々の聲をあげた。

大正四年、下商を卒へると同時に、當時の内田金物商會に入り、兼安支配人の下に、一事務員に甘んじて、日夜孜々として格勤精勵十數年間、たまたま兼安支配人急逝し、嚴父金作氏の隠居により、名實共に社長格の職權を掌握せざるべからざる事情に至つたが、多年の經驗と將來の希望とは、一層氏の手腕に拍車をかけ、現在では若き實業家として、その存在を認めらるるに至り、然かも健實なる營業振には信頼と崇高の念が渦巻く。蓋し壯年にして實際的努力家の尤なるものでがなあろう。

氏の甫柳の質……で思ひ出さるることは、嚴父金作氏の歿後に於いて、いつも市會議員の改選期に當面すると、必ず議員候補者として話題に上るが、事業の多忙と健康が優れないといふことを理由として一蹴？される。それは口實である？　或は謙譲の心持ちが潜んでゐない？　これは暫く宿題として置くこととしよう。

琴芝部落の南寄りの高臺に、森林にも似た庭園に圍まれた宏壯な建物がある。それが氏の邸宅である。

私は過ぐる盛夏の或る日の早朝であつた、老い茂る葉櫻の下をくぐつて、久方振りに訪づれると、

「エライ早朝から、何事かね。マアお上り」

と、氏は自ら玄關に出で、次の六疊の應接室に導かれ[※1]、縁側に据ゑられた藤椅子に座を進められた。建材の匂ひも未だ失せやらぬ新築の氣持よさ。廣々とした庭園の樹の葉越しに吹き來る涼しい風は、白のカーテンを撫でてゐた。私が來意を告げると、微かな笑みを見せながら、

「どうも困るねー……僕の經歴なぞ、親爺は多少の仕事はしたであろうが、僕はヤツと一人歩きが出來る様になつた計りで、これからだよ。最[も]う十年も經たら、話の材料も體驗するだろうが、現在の僕には何もない白紙だよ。それに僕は折角だが、そうした事を書かれるのが大嫌ひなんだよ。虫が好かんとでも云ふんだろうね」

と、平素にも似合ぬ、突ケンドンの御挨拶に私は聊[いささ]か恐縮の態。これが初對面の人だつたら、二の句のつげない場合だろうが、そこは面識のある私だ。

こうした些の修飾なき言葉こそ、氏の性格の現れがそうさせるのであつて、反つて好感が湧くのであつた。

その日は珍らしくも、彼の中肉の身を瀟洒[しょうしゃ]な浴衣姿ではあつたが、少し上身になつて、朝日をプカリ、プカリ喫はれる格好は、齢の割合に沈着な態度と相俟つて、逍[さす]がは故嚴父金作氏の二世だけに、社長の貫禄に申分ないと思はれるのであつた。

「この頃は知つての通り、鐵材は強度の統制でね―商賣はアガツタリだよ。といつて止める理けにも行かぬ。又書類上の事務は煩雑を加へてむしろ店員は増さなければやれないと云ふ珍現象には、眞に鐵屋は悲鳴を擧げて居る……然しこれも皆國家の爲めだ。今更個人的の營利を計り考へて居る時ではない……と思つて頑張つてる」

と、感慨深い表情で、過去の思ひ出に耽けるのであつた。

氏は、そうした金物商が一番打撃を受けてゐることや銃後に肝要な決心や、轉じて自治に關する希望と、商工上の抱負やら多方面に渉る意見を一クサリして、

「もう出勤時間だから、又話そう。今日はこれで失禮する」

かう云つて茶の間の方に姿は消えた。私は辭して、再びアスファルトの街に出た。

因に氏は初期の宇部商工會議所議員に當選。讀書を唯一の趣味とし、一面には信仰主義の人。此の點、若い者に得がたい人物である。要するに世に媚ず、人に諂はず、自力更生の念に厚く、未だ四十五才といへば、氏の前途は尚ほ多くの春秋に富む。

[※1]原文は「かれ導」だが、文意から「導かれ」に訂正した。

沖ノ山炭鑛株式会社　**俵田克己氏**

宇部市内小串の南寄りに、青い延々とした蔦葛に

蔽はれたコンクリートの外塀に圍まれた和風の建物がある。これが俵田氏の住宅である。

それは過る盛夏の候、蔦の葉蔭から藪蚊も、最〔も〕う飛び出さうといふ夕暮れであつた。私は久し振りに訪づれた。門内に入ると廣々とした庭園には、大小種々の盆栽が數知れぬ程、彼方此方に並べられてあつたが、かつて田園生活に多分の趣味を持つ……と自ら述懐されたことを、古るい記憶より新らしく思ひ出すにつけ、氏の風雅な性情が窺知されるのであつた。

「エライ久し振りだね……まあ上り給へ」

と、斯ういつて自ら導かれたのは、氏の六疊の書齋であつた。書棚には財政經濟に關するものを初め、部厚な法律全書とか、或は文學やスポーツに關するもの……が納められてあつた。机上には近刊雜誌が二、三冊無造作におかれてあつた。

「君は相變らず健康でいゝね……僕は最近健康を損じて……一時は、もう駄目？　だと自ら諦めて居た位だつたが、此の頃では又大變よくなつて、此の分なら大丈夫……だ。朝夕は庭内でチョイチョイ運動が出來るやうになつたから、何れ會社の方へ出勤することもできよう」

と、氏は健康當時の面影は見られなかつたが、それでも頗る元氣な口調で微笑さえ浮べながら、斯ういふのであつた。

お世辭をいふでもなく、そうかといつて嫌味一つ聞いた事もない。況や不平不滿らしい表情さへも見せた事のない。いつ會つても靜かなニコニコ顏で、寧ろ遠慮勝ちな應接振りは、相手に深かい親しみを感じさせるのであるが、それは溫情に富む氏の天性の現れに他ならぬ。

「永年のサラリーマン生活も好い加減にして、眞との田園生活に親しみたいと思ふ……僕は早生野菜の栽培をやつて見たいと思ふ……」

「如何にも若隱居？　見たいですねー」

といへば、

「イヤイヤ僕は本氣でやつて見たい。高級に屬する野菜類は悉く輸入品で、宇部産のものは殆んど無いといふ現狀だ。その輸入品の年額が何程か、詳しいことは調査してゐないが、少くとも十万圓は下るまい。これは高級に屬する蔬菜だけだよ。だから、せめてこれだけでも自給自足の實現に努力せなきやならんと思ふ」

と、氏はどこまでも眞面目に、

「大體、鑛工業の方面で相當金儲けが出來るので、宇部の農業家には斯うした方面に餘りにも無關心過ぎる。工業が發達すれば、人口の增加が伴ふことは判りきつた事だ。今少し、全體的に農業といふことに理解を持ち、熱心にやつてほしい。〈農は國の本〉といふ古い金言だが、今改めて新らしく高唱せにやならぬ。長期の事變下に於ける食料問題から檢討する時特に痛感される。土地が瘠ることは、國力が衰へるといふ結論に到達する理だ」

と、氏は太い溜息を吐いた。そして深かい感慨に耽けるのであつた。

氏は明治二十九年、小串の名門、故嚴父軍太郎氏の長男として生る。中學校を卒へるや大正三年沖ノ山炭鑛に入社す。初め倉庫係に任ぜられ、後ち會計出納係りに轉じ、暫時、俵田寛夫氏の出征により、その後を受けて文書課長に就任してゐたが、偶々病の爲め辭して靜養暫し、現在會計課にあるが、その間實に二十有四年間、人生五十とすれば、その半生を同社の爲め、文字通り一日の如く孜々として恪勤してゐる。蓋し同社、今日の隆昌も氏の貢獻尠しとせず、永年勤續の功を空してはならぬ。因に氏は野球に趣味を持ち、所謂スポーツマンとして知られてゐる。尚ほ同社の專務俵田明氏とは伯父甥の關係がある。

宇部窒素工業株式會社 人事課長　**梶山正一氏**

宇部新川の北方、通稱富豪部落で有名な島の南寄り、縣道に沿ふて練瓦塀に圍まれた宏壯な日本樣式の建物が、梶山氏の邸宅である。今は亡き先代芳平氏は、同じ島部落の舊門前田新平氏とは兄弟の間柄で、共に溫厚なる人格者であつた。特に芳平氏は農家に生れながら、夙に事業といふことに對する先見の閃めきがあつたのだ。その識見が、今日の財を成すに至つたともいへる。

これより先き、故渡邊翁が鑛業界に手を延ばすに及び、卒先してそれに參加し、有ゆる辛慘を經て遂に業界の王座を占め、沖ノ山鑛の名を成すに至りし頃は、大株主として重役に就任したもの……惜しい哉、折柄の病ひのため早世した。その後繼者が女婿現代の正一氏である。

この正一氏の生家は、縣下佐波郡防府市屈指の名門、兄部家がそれである〔※1〕。古くは酒釀造を業としてゐたものだが、それも今は過去のこと。然し未だに殘る土地の評判では、彼の古風な建築物に圍まれた庭園である。就中、彼の稀有の蘇鐵の素晴らしさである、少なくとも三百有餘年を經た代物だとのこと。土地の古老の話によると、

「兄部家に未だ酒造を業とせらるる時代に、彼のソテツは何石何十石？　の酒を呑んでゐますからなー。それで彼〔こん〕なに珍らしく、大きうなり、見事なものになつたのでせう……」

と、感嘆するのも道理で、唯だ偉觀……といふ外に言葉はない。このソテツと共に……防府市の元老として重きを爲す兄部家の現主敏輔氏の三男として、明治四十三年八月十五日、呱々の聲を擧げたのが正一氏である。幼少の頃より才氣煥発であつたと、未だに傳はる土地の噂である。防府中學校から山口高等學校を經て、昭和十年三月、京都帝國大學法學部を卒へ、同年四月、宇部窒素工業株式會社庶務課に入り、後ち、人事課長に就任して現在に至る。蓋し秀

才侯伏の勇敢なるものでがなあろう。

私が或る日の晝下り、事務所に氏を訪れた時だつた。

「學校を出たばかりで……未だ何もわかりません。巣立ちはしても、小鳥は當分羽叩きの練習をするじやありませぬか……いや時には親鳥が餌拾ろひさえしてやるでせう。人間も恰ど小鳥と同樣です……僕は未だ足踏みの練習中ですから、やがて一人歩が出來るやうになつたら、其時は又お話しすることもあるでせうかハヽヽ」

と、この若い法學士は靜かに笑顏を作るのであつた。いつも會社の制服である詰襟姿は、一見して學生の面影が失せやらぬ。とはいへ、彼の均整した容姿と、犯し難たい沈着な態度と、今一つ彼の特長のある人を射る？　やうな瞳等々に接する時、逌〔さす〕がに爭はれぬ血統？　とでもいふか、云ひ知れぬ畏敬の念が湧くのであるが、これを稱して貫祿といふのであろう。英國の文豪バーナードショオは云つた。「人間を偉くするものは、經驗ではない、期待である。春秋に富んで、未來の期待で胸が一杯だから、青年は明るいのだ」と。私は梶山氏に接する時、特に、この感を深うするのである。最高學府を出た人とも思はれぬまでに、上下の差別なく、謂ゆる頭の低い、そして快活でもあり、潑剌たる元氣と、彼のクルツとした瞠の奥に閃めく鋭智が齎らす氏の將來こそ、眞と輝かしいものが待つてゐるのだ。

〔※1〕『人事興信録　一三版（昭和一六年）上』には「資産家」として、「山口縣兄部敏輔の五男にして明治明治四十三年八月出生。昭和十年梶山ヒサの入夫となる」と見える。

雀田炭礦（重役）
營業部長　市會議員　**福永虎介氏**

或る日のこと、私は福永氏の過去を承〔うけたまわ〕るべく、その住宅を訪れた。氏は、

「今、殊更にお話するやうなことはない……此際は、寧ろ君達から何か參考にでもなるやうな、お話が聞きたい……」

と、被仰つた。

それは十一月の初め頃、市内東區芝中通りの宅、奥まつた書齋の一室。凝つた裝飾品の數々。政治、經濟の書籍を初め、家庭百科全書の大冊が特に眼をひく。カンカンと起きた炭火は、其の日の寒むさを凌いでゐた。大島まがいの上下で、彼のスラツとした瘠形の身をくるみ、少々色の小黑い……その瀟洒たる恰好は、沈着な態度と相俟つて、男性的である全身雄渾の精神に漲る福永氏。私と相對座して莞爾とされた、その容姿は、矢張爭はれぬ氏である。

福永氏は、今は亡き嚴父新七氏の二男として、明治二十八年十二月、呱々の聲をあげた。宇部市民として三十年間を經た昨年、即昭和十二年十一月、宇部市會議員となつた所謂、新進の人材である。

「市會議員としての御感想をでも承りたい」

といへば、氏は靜かな笑ひを見せ、謙讓に似た表情の裡に、いとも眞面目に、

「最も痛切に感じたことが一つあります」

と、居ずまいを正し、

「爲政者として缺ぐべからざるものは妥協性がなければならぬと、いふ結論になる。單に自分の希望とか、或は要求にのみ偏することは避けねばならぬ。要するに、自己の主張が正しいが故に、飽迄も貫徹させる……といふ、そうした意氣は惡るいとは云はぬが、地方自治の場合は、そうはいかぬ。折角、當局の提案を徒らに非難せんが爲の非難に似た心持ちで攻擊？するやうでは宜しくない。少なくとも、そこに幾分かの所謂る妥協がなければ、圓滿なる自治の運用は期せられないものと思ふ。こうしたことは事業の上においても同樣で、我を通すといふことは、餘程愼まなければならぬ……」

と、幅永氏は、それから市政上に關する抱負やら、或は又、事業上についての希望やら、多岐に渉つて順々と陳べられたのであつたが、逌〔さす〕が市民の選良として、その要意周到な腹案を聞いて、眞に意を強うするものであつた。

福永氏は大正元年、下關市、關西高等簿記學院を卒へるや、東見初炭鑛にあること五ヶ年間、文字通り一日の如く精勵格勤したもの。辭して後ち、簡易な金融機器として質屋業を經營した。然し氏の場合は、利用者に對しては、常に溫情主義をモツトーとした稀れに見る人格者であることを、茲に特筆大書しなければならぬ幾多の事實がある。

氏は先の組長制度時代の組長として五ヶ年、區長八ヶ年、東副區長四ヶ年、納稅組長八ヶ年等、從來永らく間接に自治を助けてゐる。其他、消防特科八部長、又は縣方面委員、その他の公共事務に獻身的努力の功も亦、尠くない。

私的方面では、雀田炭鑛の重役兼營業部長として現在に至つてゐるが、同鑛の創立並に、元山炭鑛の創立者の一人として參畫なし、地方產業の開發に多大の貢獻をなし、その功績の見るべきものが多々ある。未だ四十四歳といへば、氏の將來は尚ほ多くの輝かしいものがまつてゐるのだ。

宇部商工會議所議員　**國廣清助氏**

その年も、毎日のやうに絕え間なき春雨が、シトシトと降つてゐた。場所は佐波郡、宮市天滿宮に程遠からぬ時計店の店先を、掃除に餘念なき少年があつた。折柄の來客に、

「一寸お待ち下さい……マアどうぞ……」

斯ういつて、愛想好く座蒲團を進めながらニコニコして、

「お客樣です……」

と、次の間へ聲をかけるのであつたが、如何にも親

切丁寧で然かも、その動作の敏捷なることは、さすが商人の卵だと、感心させらるのであつた。

この少年こそ誰れあろう、現在、宇部商工會議所議員で、市内屈指の吉村時計店を經營することに於て知られてゐる國廣淸助氏が、三十有餘年前、實社會に門出をした最初の姿なのであつた。

氏は明治二十五年、山口縣都濃郡加見村の農家、故、喜作氏の長男に生まれた。その幼少の頃より、農家に生れながら、「商才に秀で、然かも勝氣な少年だつた」と、未だに傳はる村の評判である。

獅子は兒を生んで、千丈の谷に蹴落して、その强弱を試すといふが、氏が小學校を卒へる頃、嚴父、故、喜作氏は、はやくも氏の天性を知り、商人に仕立てるべく決心してゐたのである。氏も亦、同僚の進學を羨むでもなく、潔よく意を決して、當時の宮市町吉村時計店に弟子入りしたのが、年齒、僅か十五歳の時だつた。

爾來、謂ゆる年期制度の下に、日夜を別たず、文字通りの刻苦奮勵、涙ぐましい忍苦の十有餘年間、眞と一日の如く、その修業に專念し、遂に一人前の時計職人としての資格を得たことは、世に云ふ、「栴檀は二葉にして芳ばしい」と、いふことを如實に物語つてゐる。機を見るに敏なる氏が、當時、炭坑町として素晴らしい躍進途上にあつた宇部新川に移住し、玆に獨立開業したのが大正五年、齢二十六歳の時であつた。

先きに國廣氏が、「吉村時計店とは……」と、人々の異とするところであるが、その由來が實に氏らしい面目を發揮してゐる。即ち、少年時代からの舊主、吉村時計店のノレンを讓渡されたものである。然し氏にとつては廣告的に印象づける爲めではないのだ。それは舊主に對する永久的に忘れ得られない、報恩の信條より生れ出た忠孝にも似た、堅たい眞情の現れに外ならぬ。又もつて、氏の人格が窺知される理だ。

斯うした、氏が宇部市民となつて二十五年間を經過した。その間に於ける氏の處世上には順風に帆をあげた……日は稀れであつたのだ。寧ろ、逆流に棹さして奮鬪又奮鬪、性來の勝氣に鞭打つて、よく其の難局を打開した幾多の歴史が綴られてゐるのだ。それ等は素より、氏の商才的の手腕でもあつたであろうが、一つに奉仕の信念が齎らす、至誠の賜である。隨つて内外の信頼を一身に鍾め、今日、常盤通り一丁目に彼の堂々たるモダンな店舗を構え、市内業界の隨一として認めらるるに至つた事は、當然の收穫である。蓋し立志傳中の尤なるものといふ結論に倒達するわけである。

氏は、宇部市報德會幹事を初め、其他幾多の公共任務にある。一面には時計商組合長として、將又顧問として、業界の指導統制の任にある。さればこそ昭和十三年、宇部商工會議所議員に選ばれ、爾來忠實に、その職責に精進なしつつあるが、今や宇部市の將來は多幸なるべく期待されてゐる折柄、宇部市の隆昌に資する一助として、商業發展を期する爲にも缺ぐべからざる人物である。

資性極めて溫厚、その圓熟せる社交振りは、逍(さす)が商人道の極意とでもいふのか老練である。未だ四十八歳といへば、氏の前途には幾多の春秋がある(この稿昭和十四年四月)。

醬油釀造業

宇部商工会議所議員　**櫻井義雄氏**

大正十三年三月、淸浦内閣出現の當時、例の床波竹次郎氏が、その一族郎黨を引具して政友會を脱し、新たに政友本黨を結社した。玆に於いて時の大政友會は、遂に分裂の悲運に落ち入つたことは、政治に關心を持つ人の未だ記憶に新たなるものがあろう。

地方に於いても、お多分に漏れず、山口縣政友支部も分裂した。二、三の衆議院議員を初め縣會議員では、先きの議長に榮達した土屋、伊藤の兩氏等々錚々たる人物が政友本黨に轉身した。

時は恰も陽春四月、總選擧に直面した時のことだつた。誰いふとなく、「櫻井氏は、土屋、伊藤の兩氏と通じてゐる」噂を耳にしたので、黨時、筆者は新聞記者として、直ちに氏を訪問して實否を正し、その心境を叩いた。すると開口一番、「馬鹿ツ」と、一喝されたものだつた。

「君も職掌柄、〈政治は公事である〉ことは百も承知だらう。僕の意志は自由だ。誰れの掣肘(せいちゅう)も受けない。僕は飽迄、是々非々主義だ。成程、世間に噂の通り、政友本黨の主義政策に好意をもつてゐることは確かだよ。で、かりに僕が政府の純與黨である政黨の主義に共鳴して、その所屬の候補者を援助したら、一體どうあるかね。憲政は擁護せにやならぬことは判りきつたことだが、畏れ多くも、上御一人の信任よつて組織された内閣の、どこが非立憲だといふのか。然るに三派の人々は、現内閣に對して、徒らに罵言讒謗の限りを盡すとは何ごとか。僕は斯る卑怯の言動を嫌ふものだ。今一つは、往時は宇部の盟主であつた福原男が、政友本黨に所屬されたといふ理由をもつて？　當時、鄕土入りを妨げる等々、對外的に宇部市民の面汚しをして恥ぢないやうなことを憎む。僕は敢て渡邊さんに反抗するものではない……私事と公事とを混同してはならぬ……僕の心境が判つたかね」

と、それは今から十五年前、初めて會つた櫻井氏である。

氏は、かうした熱意を持ち、世評の外に超然として、正義に立脚した自己の信念に生くる人物で、實に氏らしい面目の躍如たるものがあつた。その頃から俄然氏に對する世の認識は、一時、驚異に似た變り種として、多大な興味と關心をもつて重視されるやうになつた。其後において、村治上の諸問題、其他公共事務に、或は村市合併問題等に關聯して、氏の手腕は遺憾なく認められたものである。

氏は明治二十五年一月、宇部市藤山區居能の舊家、徳次郎氏の二男に生れた。關西中學を卒るや、豫てより憧れの一つであつた繪畫を志して上京し、專らに研學に精進して、その出色の才能を認められるに至つてゐたが、偶々、長兄が早世した爲め、惜しくも花は未だ實を結ぶに至らずして歸郷し、家業に從事したのである。家は代々醬油業の傍ら、材木商を營んでゐたが、それは大正四年癈業。爾來、醬油釀造を專業として現在に至つて居る。資性豪膽にして然も果斷に秀づ、明朗なる若き實業家として將來を期待されているので、氏の前途には、まこと輝かしき幾多の秋春がある。

氏は學生時代から多藝、多趣味で、まづ加留多選手を筆頭に、野球は宇部の開祖とも稱すべく、尺八、琵琶、長唄の外、文學にも亦、造詣が深い。俳句はお手のものとして、就中、朝顔造りに至つては他の追從を許さぬ優れた技倆をもつてゐる。

因みに現在、氏の公共任務を列記して見よう。

・大正十四年一月、元藤山村居能西條中組長ニ任命セラレ、昭和元年一月ニ辭任ス
・昭和五年三月、藤山村藤山商工會長ニ選任セラレ、仝六年七月、宇部市合併ト同時ニ解散ス
・昭和六年、藤山區防空團副團長ニ選任、仝七年六月辭任ス
・仝六年八月、宇部市一三七區長ニ任命セラレ、仝九年ニ辭ス
・仝七年六月、宇部市消防組第五部長ニ任命セラレ、仝九年ニ辭ス
・仝七年三月、宇部市商工會議所議員ニ當選ス
・仝拾年四月、山口縣醬油同業組合地方代議員ニ選任、今日ニ至ル
・昭和十年拾月、山口縣醬油同業組合宇部分會長ニ選任、今日ニ至ル
・仝十二年四月、仝――厚宇支部副支部長ニ選任セラル
・仝十二年九月、宇部市藤山防空團長ニ任命セラレ、今日ニ至ル
・仝十三年三月、宇部市商工會議所議員ニ再當選セラル
・仝十三年拾月、厚狭郡税務署管内宇部市所得調査員ニ當選
・仝十四年三月、宇部警防團藤山警防分團長ニ任命セラル

以上

株式會社宇部鐵工所　工務部長　住吉兼松氏

宇部市内、重工業界にありて、その良好なる成績を擧げ、然かも素晴らしい躍進振りを見せてゐる株式會社宇部鐵工所の工務部長として知られてゐる住吉氏は、明治二十三年六月、佐賀縣佐賀市の商家に生れた。

氏は幼少の頃より頗る柔順であつたと、未だに傳はる土地の評判である。長ずるに及び、福岡縣直方市、住吉鐵工所に入つたものである。

これより先き、同鐵工所主故住吉六郎氏とは親戚關係にあつたもので、後ちに養父としてつかへ、住吉の姓を名乘ることとなつたものである。

明治三十九年頃……養父、故六郎氏と共に宇部に移住し、鐵工業を經營するに至つたのは、故六郎氏であつた。それが現在の宇部鐵工所の前身であつたのだ。大正三年、組合組織に變更されるまでは住吉氏の個人經營であつたものである。

其の後において故養父、六郎氏は旅館業の側ら、東見初炭鑛附近において、鐵工業、見初工作所を經營してゐたが、兼松氏は組合組織に變更さるると同時に、宇部鐵工所に入社して現在に至つてゐる。然しその間、上京して通學の餘暇を利用して、斯業の實際に專念したもの、氏はそれほど熱心な努力家なのである。

「淺學鈍才で工務部長……の柄でもありませぬ……」

と、謙讓されるのであるが、氏の業界における多年の經驗は、優に學校出の專門家を淩ぐものがある。

殊に、宇部鐵工所を見ることは、氏にとつて生みの親にも似た關係があるので、爾來、前後約三十年間、同社の隆昌の爲めに、至誠をもつて終始一貫努力奮鬪は遂に認められて□□□□〔※1〕年□□〔※2〕氏の後を受けて工務部長に拔擢された事は當然の榮達である。蓋し立志傳中の尤なるものでがなあろう。今や宇部市の發展に伴ひ、同社の隆昌を期する爲めにも缺くべからざる人物である。資性、眞に溫厚で、上下の信賴厚き所以も亦宜なるかな。歳五十といへば働き盛りで、氏の前途には未だ幾多の春秋がある。

〔※1〕四字空白（原文のママ）。
〔※2〕二字空白（原文のママ）。

立憲政友會山口縣支部　書記長　川上卓爾氏

昭和七年六月、立憲政友會山口縣支部幹部に於て、年來の懸案であつた初代支部長、故渡邊祐策翁の引退が正式に認められ、二代目支部長として在京の大御所、久原房之助氏を推戴することに決定した。之れと同時に、故渡邊翁の推擧によつて、當時、名縣會議長として名聲を博してゐた土屋基雄氏が支部幹事長に、川上卓爾氏が書記長に、それぞれ就任することになつて、玆に支部の新陣容が整備された。當時、世間では土屋對川上の名コンビを目して、「鬼に金棒だ」と評したものである。昭和九年、土屋氏が政界を引退するに及んで、支部長や幹事長の當然なさねばならぬ複雜な黨務を身一つに引受けて、鮮かに處理し、ことごとに縱横の手腕を振つて今日に至つたのが川上氏である。氏は明治二十一年、眞宗の古刹、

法泉精舎二十一代の貫主順證師の五男に生れた。幼にして才氣煥發、夙に出藍の譽あり、長じて佛教中學に學び、更に碩學赤松連城、香川義文師等に師事して、宗餘の學及漢學を修め、詩文の指導をも受けた。斯くして氏が若き布教師として巣立つたのが、漸く二十四歳の春であつた。教海に身を投じた氏は自己の使命に精進すると共に、常に和漢の書を渉獵して倦むことなく、又一面、思想問題、社會問題など熱心に研究したものである。夫れは實社會に即した説法をするためであつた。關西各地、殊に廣島、山口の各縣に汎くその足跡を印して席の温まる隙もなく、到處に富樓那の辯を振つて親鸞教を説き、老若男女に深き感銘を與へ、隨喜の涙を滂させたもので、教界の麒麟兒として大に其前途を矚目さるるに至つた。それは其當時、氏が一度教壇に立つた地方からは、必ず二度三度と重ねて氏の來錫を求めて止まなかつたことが、明白に立證してゐる。

斯くて明治四十五年、我宇部市に足を停め、今は亡き淑子〔よしこ〕夫人と共に、私立宇部實業女學校を經營して、宗教的信念を基調とする女子教育に力を注いだのであつたが、學校經營につきものの資金難から僅か六、七年にして、遂に癈校の止むなきに至つたことは、返すがへすも遺憾事であつた。併し氏等夫妻の薫陶を受けた數百の子女は、今尚市内の隨所に現存して、その徳を讃へてゐる。

氏は女學校に教鞭をとる側ら、乞はれて故阿川滋氏の經營してゐた宇部新聞に、「政治と宗教」、「通俗信仰論」など執筆したのが因縁となつて、急角度の轉向を行ひ、その劍よりも鋭き一管の筆を携へて敢然操觚界に君臨したのである。新聞人としての氏は、その着眼の犀利〔さいり〕にして、觀察の透徹せる全く凡庸の追隨を容さざる所で、權門に阿らず、富貴に淫せず、常に堂々の筆陣を張つて、世道を利したことは眞に敬服に値するものがあつた。

當時政界に在ては二大政黨の對立が、自ら激烈な政爭を生み、その餘弊が幾多の社會惡を派生するに至つた。此醜い現實曝露をマザマザと見せ付けられた氏は、默視するに忍びす、蹶起して廣く同憂の青年を糾合し、自ら先頭に立つて政界革新の烽火を捧げたのである。先づ手近な中國、九州各地を遊説して憂國慨世の熱辯をふるい、到る處に若人達の血を沸したものである。氏の政界革新運動は、かつて故後藤新平伯によつて、なされた政界淨化を目的とする「政治の倫理化運動」に先立つこと十年。眞に先見の明ありと謂〔いい〕つべく、その達觀的識見に至つては、今更感嘆措く能はさるものがある。筆者は當時屢々、氏の長廣舌を傾聽したものであるが、あの短軀を悠々壇上に運び、場内を一瞥して徐ろに口を開き、諄々として説去り説來るところ、聽衆をして「ナル程、尤もだ」、「全くその通りだ」と納得させねば措かぬ一種の魅力を有つてゐた。即ち、所論の大半は之れを聽衆の理性に愬〔うった〕へて、智的承認を求め、時に巧妙な比喩を用いて難解を避け、結論に入らんとするや、急湍激流の岩を噛むが如き熱辯を揮つて、專ら大衆の感情に訴へ、思はず拳を固め、劍を接せしむる概があつた。之れは氏が宗教家時代に鍛へた辯舌の然らしむる處で、場當的輕薄者流の遠く及ばざる所である。「川上君は演説が上手だ」と、上下を通じて絶讃される所以は全くここにあるのである。就中、氏の政界革新論、清浦内閣時代の護憲論、第一回宇部市會議員選擧當時に於ける達聰會攻擊演説等は、今尚市民の記憶に新たな大獅子吼であつた。當時の氏は、只管理想に活きると云ふ立前から、所謂苦節十年とも云ふべき時代で、比較的不遇な境地にあつたが、當人としては清貧に甘んじて尠しも屈托しなかつた。而して蛟龍永く地中のものに非ず、一夜千里の駿足と見て取つた名伯樂、渡邊、藤本、高良の三長老が談合つて、政友會山口縣支部の事務を委囑して生活を保證し、更に政友會本部遊説部員に推薦されたのである。暫く東京の本部に在りて專ら政治學、經濟學等を修め、天禀の辯才に一段と磨きをかけた氏の演説は、愈々洗錬されて近縣にその匹儔を見ないとまで云はれたものである。故渡邊翁はいつも「川上君の演説は堂に入つたものだ、實にウマイものだ」と嘆賞されてゐた。氏が翁の知遇を受けたのも、蓋し偶然ではなかつたのである。

つい四、五年前のことである。今の政友會總裁久原房之助氏が、總選擧の直後、本部の幹部室で居並ぶ總務の面々に、時の縣選出高良、中野の兩新代議士を紹介し最後に、

「之は僕の國の支部書記長、川上君である。書記長なり、幹事長なり、支部長なりで、僕は支部長と云つても、全くロボツトに過ぎない。どうぞ宜しく」

と、紹介された時のこと、總務松野鶴平氏が、

「川上君とは、もう多年のお馴染で、いつも色々お世話を掛けてゐます。今更、御紹介を受けるまでもありません」

と答へ、安藤、大口、猪野毛、堀切、其他の幹部連が、

「イヤ暫らく……いつもお元氣で」

と、立つて握手を交された。此體たらくを見た時、流石の久原翁も口アングリの體だつたと云ふエピソートがある。氏はそれほど中央政界に多くの知人を有つてゐる。

而して氏は啻〔ただ〕に言論の雄者としてのみでなく、帷幄〔いあく〕の謀將として、黨の高等政策や選擧戰には、是非共なくてはならぬ支部の重實である。一例を擧ぐれば昭和十年、衆議院議員選擧の時、選擧期日の間際に至つて遮二無二(※1)に、山口市の中野治介氏を推し起てて、選擧界に大衝動を與へたことがある。それは山口縣第二區に於て、政友派の代議士二名を失ふか、一名を増すかと云ふ、實に冒險極まる策戰であつた。第二區に於ける政友派各公認候補の選擧事務所では頗る脅威を感じて、支部へ強硬抗議に及んだが、戰擧戰に一切の采配を振つてゐ

た氏は、頑として之れを拒否し、萬一誤つて同志の落選を見るが如き場合は、俺が腹を切ると頑張り通したものである。而して、一方起ち後れの弱味を持つてゐる中野派では、各地からの悲報に氣を腐らして、無理な戰をさせると随分小言を云つてゐた。併し胸中深く成算を藏してゐた氏はビクともしなかつた。時機の熟するを見て、中央から無理耶利に久原御大を引張り出して、山口市吉敷郡の一市一郡に猛烈な言論戰を展開して巨彈を放つた。此奇襲戰法が見事的中してマンマと敵を倒し、自派の代議士一名を増加した手際は、實に鮮かなものであつた。當時久原支部長は、

「君の功勞は正に功一級に値する」

と、賞揚されたと聞いてゐる〔※2〕。山口縣會が常に和衷協同して縣政の進展に貢献し、天下に範を示してゐる裏面にも亦、氏の所謂、「椽の下の力持ち」が與かつて大に力あることを見逃してはならぬ。

更に、吾人の氏に就いて學ぶべきは、何事を爲すにも、常に「御奉公」と云ふ氣持で精進することである。それは未だ渡邊翁が在世中のことだつた或日、氏が翁を松濤園に訪れて中餐の饗應に預つた席上、翁の曰く、

「川上君、俺は何も嗜き好んで政黨の世話をしてゐるのではない、我國に憲法政治の布かれてゐる限り、什麼〔どう〕しても政黨と云ふものが生れる。既に政黨が存在する以上、之れをヨリ宜きものにして善政を行い、かくして上は明治大帝の大御心に副ひ奉り、下は國民の福利増進に力めて、國家の隆昌を圖る。これが即、天壤無窮の皇運を扶翼し奉る所以であると思ふ。故に之れも一つの〈御奉公〉と思つてやつてゐるのである、君もまた其氣持で心配せねばならぬ云々」

と、諭された翁が、生存中少くも年に二、三回位、同じことを聞かされたものである。翁の永い政治生活は全く名利を外に、この「御奉公」と云ふ考へで終始されたもので、眞に敬服の外はないと、川上氏は嘗て筆者に語るのであつた。氏の現在の境遇が果して多年黨の爲に盡した功績に酬いられてゐるか否か……それは今茲に論ぜんとするものではないが、一言の不平もなく、又何等求る所もなく、十年一日の如く孜々として黨務に鞅掌してゐるのは畢竟、「御奉公と思へ」と云ふ翁の諭しを忠實に遵奉して、翁在世中の知遇に答へんとするに外ならぬのである。

氏は資性溫厚にして仁俠に富み、骨をまず好んで人の世話をする人である。一度接して好く識り、よく語り、人をして墻壁を設けさせぬ所に、氏の圓滿な人格の閃きが窺はれる。官廳方面に於ても、將又新聞記者團方面に於ても、一般に氣受けの宜いのも亦、故あるかなである。

〔※1〕原文は「遮二無理」だが、文意から「遮二無二」に訂正した。

〔※2〕原文は「聞いたゐる」だが、「た」を「て」に訂正した。

東見初炭鑛株式会社
倉庫係　**藤田正介氏**

神父といふ言葉がある。如何にも人間放れのした神秘的な尊稱？　の感じが湧くのである。が、そんないかめしいものではない。要するに信仰に生き、信念に生くる人に對する代名詞だと思へばそれでよい。然しこの信仰と信念に忠實なる人が極めて稀れであるが、この藤田氏に接する時、彼の風姿、黒眼勝ちの大きいのと、眉の濃いのと、黒緣ちの眼鏡をかけて、ユルユルともの柔らかな口調……とが、筆者の知人、今は亡き岡山唯一の土井といふ牧師に似てゐる。藤田氏のそうした態度に接する時、前述の神父……といふ感じが深く胸を突くのである。

過ぐる初秋の或る日曜日を利して、居能の氏の住宅を訪づれた時だつた。平素はむツつりとした變り種に屬する人物だが、興が湧くと言々句々肺腑をついての雄辯が飛ぶ。

「あなたの修養に對する骨子は」

と、いへば、

「陳腐に似た古るい金言だが、健全なる精神は健全なる身體に宿る……といふことをモットーとしてゐる」

斯ういつて、

「そこには忠孝といふ根本を無視してはならぬ」

と、開き直つて、頗る勇敢に、

「人は人類として共通で、個人として各々異つてゐる。家族も共通な點があり、又幾らか異つてゐる處がある。國家社會も之と同じく、世界を通じて共通點を認めることが出來る。支那の戰國時代に孟子が君臣、父子、夫婦、長幼、朋友の關係を擧げ、日本でも夙に之を五倫と稱し動かすべからざるものとしたが、之れは東洋に限らず、何處でも何程か形跡を見出し得るが、同時に各々特徴を具へて絕えて同形のものはない。日本と支那とも甚だしく違ふ所がある。君臣の義、及び父子の親は五倫中でも最も重きを成し、忠率が道徳の根本の如く考へられつつも、日本と支那と、孝に於いて大差はないが、忠に於いて少からぬ違ひがある。君、ここに修養の意義が價値づけられるのだ」

と、藤田氏は如何にも眞面目に熱心に説破されるので、筆者は恰も往年教室において、先生から倫理學の講義を聞いた時の思ひ出が新らしく腦裡にひらめくのであつた。

藤田氏は明治二十七年三月、今は亡き嚴父又兵衛氏の四男に生る。長じて藤山村役場に書記として勤務すること暫し、その頃から、初め文學に趣味を覺え、倫理に志し、後ち政治に興味を持つやうになり、當時、同村の青年級を集めて時々講演其他を開催して、修養の資に備へ、或ひは時事を批判する等、一方の棟梁としての器でもあつたが、現在では、

「政治方面は暫くおあづけです……」

と自ら述懐された通り、一意修養團の發達と完成

に努力されつゝある。

　大正七年、東見初炭鑛に入り、現在に至る二十年間、一倉庫係として精勵し、傍ら東見初炭鑛修養の創設に參與し、今幹事長の任にあり。昭和元年、財團法人、修養團藤山支部長としてその任にある。今や國民精神総動員の高調せらるる折柄、氏の活躍こそ、眞に有意義のことは云ふまでもない。邦家の爲め、人類の爲めに、一層の健闘を祈つてやまぬ。

宇部鑛業界の恩人　桂桃一氏

　事變下における國民の覺悟について、「長期建設といふことは東洋平和の確立が目的で、國民擧つて貯蓄報國を念とせられたい……此際ご當地の皆様は先づ、ドンドンと石炭の採出にも邁進して下さい。それが銃後のご奉公ともなる譯であります……」と、昭和十三年、時の藏相賀屋閣下が我が宇部市において講演されたことは、未だ記憶に新たなるものがある。が、賀屋藏相が謂はれなくとも、鑛業でなければ夜も日も明けぬ宇部市である。海濱に面した一農村を、僅々二十年にして一躍市制を施行したのも石炭のお蔭であつた。そうして現在、工業都としても亦著るしき發展を招來したのも、鑛業が生んだ収穫である。近く五千萬圓の資本をもつて、石炭液化事業が實現さるる等々、今や宇部市は鑛、工都市として羨望に似た驚異をもつて、國内的視聴の中心に坐してゐるのも一つに鑛業の力である。此の意味から石炭は宇部市民の守本尊とも云へよう。否な、石炭は、その國家の盛衰を左右する。それほど重要性を帶びた石炭である。然し今は昔、六十年前、今日宇部市民の守本尊ともいふべき石炭採掘業者を、一般から一種の山師といつて白眼視されたものであつた。忌憚なくいへば、不眞目な仕事として、石炭採掘事業は多く顧みられなかつたといふことは、時勢の推移だと簡單に片づけるだけでは物足らぬ。眞に感慨無量を禁じ得ぬものがある。

　そうした頃、時は明治九年、宇部で石炭採掘事業の開祖ともいふべき一人で、今は亡き梶返の住人藤右衛門氏の長男に生れたのが、桂桃一氏である。

　氏は幼少の頃より才氣煥發をもつて知られ、小學校を卒へるや父の事業を助けて鑛業界に入る。偶々悲しい哉父を失ひ、若くして家督を繼ぎ、同時に、その遺業も亦相繼いで經營するに至つたのが、齡二十五歳の時であつた。「栴檀は二葉して芳ばし」とやら、流石に血は争はれぬもの……長ずるに及び實業的手腕に秀でた。その頃から、父に劣らぬ鑛業家として將來を期待さるるやうになつた。

　その當時にあつては、謂ゆる金持ちは鑛業に從事しなかつた。これに反して、物質的に餘り惠まれない人々と、石炭に對する將來を達觀した僅少な人々とをもつて經營されてゐたのだ。

　沖ノ山、東見初も、現在では宇部市内鑛業界の二大王國を形成してゐるが、その昔、故渡邊、藤本の兩翁とても、閑古鳥的な物質的經營難の悲境にあつたことは周知の事實で、今更いふまでもない。

　桂氏も亦、爾來四十年間、鑛業報國といふ固い信念のもとに私心を抑へて共存同榮をモットーとし、これが開發に終始一貫したことは、凡人の容易に爲し能はざるところで、その事實は幾多のエピソートとして、未だに傳はる話題に見ても、氏に對する親切圓滿居士の名ある所以が肯定される。

　「人間の運、不運、といふことが、全く努力にのみよつて決せらるべきものでないといふことを體驗しました……」

　と、かつて氏は自ら述懐されるのであつたが、成程、物質的からいへば述上の兩翁に比すべくもないであろうが、往年における桂氏の鑛業勢力は、この兩翁の遠く及ばざる隆々たるものがあつたのだ。大正四年頃、桂氏の所有鑛區は九州方面を合せて二十六鑛區の業權を掌握してゐた。時に齡四十歳、少壯鑛業家として、その名聲を謳はれたもので、實に想像も及ばざる當時の氏の面目の躍如たるものがあつたのだ。

　斯うした機會に處して、氏が致富に汲々たるものであつたなれば、或は今日より以上の大を成したであろうが、氏は性來、名利に活淡である。即ち公共心で、その流るるものは、常に奉仕である。氏の胸底を親切圓滿なるものが、自己の利益の爲めの圓滿ではなく、大にしては國家社會の爲め、小にしては一事業、一會社の爲めの圓滿であつたのだ。氏が有ゆる難局に處して協調的に、而も凡ての人に親切を竭して之れを切抜けられた道程は、確かに後進の範とするに足るものがある。更により以上、氏に學ぶべき事は、自分自身に對して秋霜烈日の如くであつたこと、そうして全力を業界乃至一般公共事業に盡瘁せられたことである。今でこそ、社會思想が變化してヤレ共産主義だとか、或は新資本主義だとかが宣傳される爲め、さうしたことは社會奉仕として、當然とか、敢て珍とするに足らずといふ者もあるであろうが、併し、桂氏の活躍時代と、その當時の思想を吟味して擧世〔きょせい〕、富を作る事に汲々としてゐたことを思ふとき、氏は獨り、自己の致富を犠牲にせられた態度は敬服の外はない。つまり氏は四十年前、既に今日の社会思想が持ち來す處の新資本主義、國家社會主義を念とせられた譯で、之れを一口にいつて了へば何でもない様だが、云ふところの共存共栄を實行せられた氏の如き人物の存在こそ、宇部の財界に求めて、宇部が他に向つて誇るに足る一人である。

　「宇部も近年著るしい發展振りを見せて來た。これも全く石炭のお蔭だろう。決して偶然ではない。然しこれが何日迄續けられるかといふ事については何人も明答は六ヶ敷い。何にしても二十年や三十年で炭脈が盡きはせぬだろうが、何れ五十年か百年か先きには、必ずこの炭脈が盡きる事を覺悟せねばならぬ。目前の發展に甘んじて切那主義は禁物だ。それには、これに代るべき産業開發の準備が肝要である。即ち永久的宇部人士の生活舞臺の樹立完成が急務である。そうして先づ海陸共に交通機關の整備、殊に海上運輸の至便を實現させなくては宇部の將來は談ずる價値が無い……」

と。これは大正四年頃から桂氏の主張であつた。更に言葉をついで。

「政治的にも、これ等の實現を期するには素より當局の力と、諒解に俟たねばならぬが、現在の如き政治態勢では思ひやられる。内閣が代はる毎に地方長官の更迭を見る樣では、圓滿なる自治の運用は望まれない。随つて産業經濟上に及ぼす影響が尠なくない。そこで政憲兩派の人々も大局高所に立つて、今少し愼重な態度を持してほしい。さもなければ、何れの日か、政黨に對する國民の不信を招來しはせぬか……だから私は政黨に、〈コリ固る〉事は嫌ひで、公明正大不偏不黨だよ……」

と、談ぜられたものであるが、政黨の現狀を目前に見るにつけ、二十五年前、氏の鋭敏なる識見に今更感嘆久しく禁じ得ないものである。

桂氏は、斯うした正義觀の強い熱の人、力の人、情の人である。その進退は、常に巨人の濶歩するが如き足跡を印せずにはおかない。これによつて毀譽褒貶の生ずると雖も、素より介意するところではない。蓋し氏の人格の躍如たるものが窺知される。

故父藤右衛門氏は石炭採掘業に對する先見の明を拓いた宇部鑛業界の恩人として、多大な功績を殘し、明治三十四年、六十五歳を一期として、幽明その境を異にしたが、その長子、桃一氏も、亡父の遺志を心とし、鑛業進展を期する爲めに日夜奮闘、有ゆる苦驗を嘗めつくし、遂に石炭採掘が國家的有益事業であるといふ認識を一般に首肯せしめるに至つた。その努力が生んだ今日の宇部市である以上、宇部鑛業界の恩人として自他共に許す。興隆宇部市の今日を築きあげた功勞者の一人として、多謝しなければならぬ人物である。

因みに、氏は事業本位の人で、名譽職等々は眼中になかつたが、その人格手腕を信頼され、當時宇部村會議員に當選したが、よく、その使命を完ふした。事業上について未だに殘るものは、東見初炭鑛株式會社の生みの親、育ての親として、その功勞は昭和十三年、全炭鑛の創立三十周年祝賀に際し、銀盃を接受した事が雄辯に物語つてゐる。

今や直接、業界より引退したといはれてゐるが、多年に渉る多數鑛區の楚々たる整理に、恰も快刀亂麻？を斷つ如くされてゐる。その成否を直ちに論ぜんとするは早計である。寧ろ氏が、知己を後世に求めんとする意氣を壯とせねばならぬ。

私人としての氏は、眞に好々爺。よく識り、よく語り、滿座春風に接する思ひあらしめる趣味の盆栽、古物も亦通人の域に入る。

二代、太良氏は東京高等獸醫學校出身。目下宇部鐵工所に勤務。齢三十一歳、畑違ひとは云へ、お醫者が文學によつて生活し、法律學者が藝術に成功する世の中だ。太良氏は飛行機の大衆化が目的である。

内科・小児科醫院　院長　池崎三郎氏

宇部市西區三炭町一丁目に、つい先頃、近代的洋式の建築が落成したが、頗る明朗色を帶びて人の目を惹く樣式である。これが内科、小兒科として知られた池崎醫院である。

池崎氏は明治二十八年八月、熊本縣天草郡鬼池村の農家、松八氏の三男として生れた。氏は中學を卒へる頃は政治、經濟方面に多分の憧れをもつてゐたが、性來、蒲柳の質である氏は、自己を知ることに忠實であつた抑へ難き燃ゆる希望を斷念して、京都府立醫學專門學校に入學した。大正八年四月、同校を卒業するや同校附屬病院に入り、專ら内科、小兒科を研學すること五ヶ年間に及ぶ。其間、約一ヶ年間、神戸市役所に校醫としてその任務にあつたが、大正十三年、辭して宇部市に移住したもの。爾來、文字通りの仁術の使命に精進なしつつ現在に至つてゐる。氏は無口の方であるが、常に微笑をうかべてゐる。然も、やせ身ではあるが、彼の沈着な態度といひ、眼鏡越しに光る彼の眸の動きといひ、眉の濃いさといひ、かうした氏の全貌は、まことに他を威服するにも似た、謂ゆる貴公子然たる觀がある。まことに、お醫者樣に相應しい風貌である。内科、小兒科といへば、彼の、「池崎先生か……」といはれるまでに、一般から深かい親しみをもつて見られてゐるのだ。氏は、それほど市民に深かい印象を植え付けてゐる。これ等は一つに私心なき氏の奉仕といふ責任觀念の信條より出た眞情の發露した行爲の賜である。随つて、眞と、「優しいお醫者樣だ」として信頼さるる所以である。

「づつと昔はそれほどでもなかつたらしいが、現在醫者といふものに對する一般の認識が不足してゐる點は、支那に對する列國の認識不足と同程度の觀があるね。晝の疲れでグッスリ寢込んだ夜半に叩き起されて見給へ……物質なんか問題ぢやないよ……矢張り人間だもの、休養が肝要だ……その上、往診が遲かつたとか何とか文句を聞かされるが、全く醫者の心境が判つて貰らへぬのが遺憾だよ！」

と、氏は嘗て自ら述懷されるのであつたが、成程、自己を忘れた職責といふ尊い信念があつてこそ、初めて醫師としての使命が果せるのだ。氏の場合においては、それが特に著しく人の目を惹くものがあるのだ。縱へ、雨の日でも亦風の日でも、或ひは凛烈骨を刺す雪の夜半と雖も、嫌な顔一つ見せたことはないので、だからこそ足の輕るい、氣のおけない、同情深かい先生として感謝に似た喜悦をもつて畏敬されてゐることは當然で、然かも、氏に學ぶべきことは、貧富をへだてないことである。その眞實味は、蓋し斯界稀に見る人格者の尤なるものでがなあろう。

斯うした氏の存在が、社會的に及ぼす、眼に見えぬ貢献の多大なることを見逃してはならぬ。今や宇部市は素晴らしい躍進途上にあり、各種の工業は次から次と勃興するに伴ひ、人口の増加することは必定で、今更茲に云ふまでもない。かかる折柄、「先づ健康」であらねばならぬ以上は、これ等の衛生施設に關聯して、宇部市民の健康を期する爲めにも是非缺ぐべからざる人物である。

東見初炭礦株式會社
用度課長　**大東萬作氏**

「……成程、君だつたのかね。家内がいふには何でも新聞社のお方らしい……もう二、三度もお見えになりました、と斯ういふのでねー。それにしても態々僕の宅を訪づねられるといふのは一体何事だろう……と思つてゐた……そうだつたかね。まあ掛け給へ。久し振りだつた。相變らず新聞の方かね、いや結構々々……」

と大東課長さんは、いつにないニコニコ顔で、彼の半ば白くなつた頭髪を撫でながら、差向ひに椅子を進められた。今度新装でデビユーした東見初炭鑛の事務所はペンキの香ひが強よく鼻を打つ。

「關西隨一の事務所といふ噂があります。全く素晴らしい……」

といへば、

「何そんなでもないでせう……が然し、事業といふ點に至つては君のいふ隨一といつても敢て遲れはとらないかも知れぬ。先きに買収した沖見初の鑛區も排水を了へ、近く着炭を見られよう。其他にも種々と新設備は整つたのもある。又今進捗中のもあるが、何れも近く完成する」

と、氏は朗らかな笑顔を作るのであつた。

「用度課のお仕事も樂ではないでせう」

といふと、

「中々心痛は絶へぬ責任がある。此の頃はとても忙しくてね。だから公休日をあてに君達が宅を訪ねても滅多に家に居ることはない。一寸でも事務所に來て見ぬことにはねー。」

と、大東さんの面には、今度は朗らかさは失せて、何か深かいもの思ひに耽けるのであつた。

「買入れの際、商人の方へも實際氣の毒で同情してやらねばならぬ場合もあるし、そうかといつて會社の利害も考へにやならぬ……中々心痛が多い」

と述懐されたが、そこに、氏の手腕を高價に認めなければならぬといふ結論が生ずる理けだ。それについて筆者の記憶に新らしく浮んだ事は、今から十七八年前の事、海岸の坑木揚場の風景である。所謂、山と積まれた坑木を檢收せられる時、商人對大東氏とよく一種の口論にも似た、かけ引が演ぜられた事を度々見受けたものである。

氏は明治十六年七月九日、梶返の舊家、今は故人となつた厳父市太郎氏の次男として呱々の聲を擧げた。長じて徴兵適齢に達し合格した。日露戰争にも出征して國民兵役の義務を了へた。それほど氏は健康體で、今尚ほ壮者を凌ぐ精力家である。歸鄕して當時厚狭郡厚南村における梅田炭鑛に入る。同鑛に在ること一ヶ年にして、明治四十一年十月、東見初に入り、爾來三十年間、十年一昔とすれば三昔の間、所謂一日の如く同社の發展と隆昌の爲め、終始一貫孜々として恪勤した稀に見る努力家なのである。東見初炭鑛をして今日の盛名を謳はるるに至らしめた一人として、見逃がし難い功勞者である。その功は酬ひられて、遂に用度課長に就任されたことは當然過ぎる昇進であろう。

中村次之介氏

宇部市内、常盤湖畔の料亭〈ひさご〉を經營する中村氏は、明治十八年十二月、市内藤山區居能の商家、父は土地切つての顔利きであつた故權四郎氏の二男に生れた。幼少の頃は頗る腕白であつたと、未だに傳はる古老の評判である。小學校時代にあつても、餘りにも敏捷が過ぐるので、時に先生から注意されることは一再ではなかつたといふことである。

子を見ること親に然かずの諺があるが、父は夙〔はや〕くも氏の將來に思ひを致し、十一、二歳の頃から商人に仕立られた。學校から歸ると、自ら、すしを作り、箱に入れる等々家業の手傳ひをした。氏は年齒僅か十四歳の時、上京を志し、私〔ひそ〕かに父の許を家出したが、中途にして其の意を得なかつたといふエピソートもあるが、その頃から氏の勝ち氣な萌芽がホノ見えてゐたのだ。然し上京の希望は止み難く、遂に許されて、その年の春、單身上京して、淺草の某時計店に住込み、茲に刻苦勉勵、數年の後ち一人前の時計職人と成つて歸鄕した。氏の商才は、この頃から抜群の觀があつた。

二十二歳にして獨立し、當時の新川に出でて時計店を開業したもの。それは新川における最初の時計店であつたのだ。

當時、炭坑町としての新川は素晴らしい發展途上にあつた。隨つて娯樂機關の要求に迫られ、明治四十二年、劇場新川座が落成されたものである。初め、三浦、木下、酒井等の三氏によつて經營されてゐたが、代る代る、何れも經營に苦楚を嘗めて廢業したもの。其間、僅か三年を出でなかつた。

土地の發展に伴つて、是非缺ぐべからざるものは娯樂機關である以上、この娯樂機關が土地の繁榮上に齎らす貢献の尠なくない事は云ふまでもない。

我が興行界の大立物、松竹の大谷竹次郎氏が、

「昔は、興行者も社會から白眼視されてゐたが、明治中興から、立派な一個の事業家として待遇せらるゝやうになつたが、それほど又骨が折れる事業中で、興業の經營程難事業はない。それは娯樂の要求に應ずるといふより、寧ろ、如何にして慰安を與へるかといふ責任に似た、奉仕の信條がなければならぬからである」

と、いつてゐる。

中村氏が、この難事業に身を投じたのは明治四十五年。未だ三十になるやならずの忠臣藏の勘平に等しい年頃であつた。氏の性格として恰好の、はまり役だつたのだ。それから昭和十一年迄、實に前後二十六年間繼續した。其の間、宇部市の興行情勢の中に絶えざる逐鹿は試みられたもの。中には一トラストの力をもつて、これを捲席せんとすれば、或る者は、神謀鬼略をもつて、これに當らんとする等、追ひつ追はれつ、その混戰の狀態は殆んど端倪すべからざる。恰も元龜、天正に於ける群雄割據の觀があつたが、氏は獨り私利を考へず、大谷氏の言葉をかりていへば、「責任と奉仕」の信條のもとに、觀客本位に終始一貫した、そうした氏の手腕に對しては、他も一籌を輸さなければならなかつた。

「利己主義で經營すれば、幾らも方法はあります。然し、折角、市の發展に資する一助にもなるやうに、何とかしてお客に滿足して頂きたい……と、つい男氣を出すので、金儲けは至つて不得手の方です」

と、かつて自ら述懷されるのであつたが、眞と氏に學ぶべき事は、他に對してこそ圓滿であつたが、自分自身に對しては秋霜烈日（しゅうそうれつじつ）の如くであつた。凡人の容易に抑へ難き私心を抑へ、奉仕の信念の下に我慢をして己れを殺すことに頗る嚴重であつた。隨つて自己の致富を犠牲にし、興行者流を脱した態度は敬服の外はない。又もつて氏の面目の躍如たるものが窺知される理だ。昭和十一年、この經營を長兄島本氏に讓り、自ら現在の營業に從事してゐるが、何れ平凡では収まらぬ斯界の智慧者である。

資性眞に溫厚、然かも仁俠を以つて知られてゐる。因みに氏は子寶に恵まれ、何れも成績良好である。長男金太郎氏は高商出身、現在宇部窒素に在勤。次郎氏は海軍機關兵として奉公中。今一人、三郎氏は滿鐵社員として將來を期待されてゐる（この稿昭和十四年三月）。

土木建築請負業 宇部商工會議所議員 宮田顯二氏

昨十二年の秋、市會議員の改選に際し、業界を代表して候補者の話題に上つたのであるが、「私共の出る幕ではありませぬよ……」とアツサリ一蹴はしたものの、食指は動いたか？　どうか。この邊の消息は宿題としておかう。ところが翌十三年の春、宇部商工會議所議員の改選に突如、立候補して見事に當選した。私が、「お目出度う」といつたら、餘り目出度もない表情で、「重い負擔が一つ增した理けです」とニヤリと微笑を見せたのであつた。それは、その當時、氏の住宅を訪づれた時だつた。

宮田氏は明治十七年九月九日、大分縣宇佐郡宇佐町の郷士の家に生る。長じて土地の中等校に學んでゐたが、性來蒲柳の質を脱しない氏は、先づ健康……といふので、一轉直ちに實社會に飛び出して工々界に身を投じたのが、今日の地位を成した素因である。現在、宇部地方の業界において、氏に對する、その信頼は確固として動かす可からざるものがある。これ等は、素より事業に對す誠實と技術的の優秀とに依ることは今茲に並べるまでもないが、一つに氏の營利的でなく、責任感の信條より生れ出た犠牲的精神の現れにほかならぬ。

是れより先き、年齒十九才にして若松築港株式會社の埋立工事に從事して以來、明治四十一年四月、神戸三菱造船所に入社した時、同僚で未だ學生間に羨望に似た驚異をもつて見られたもの。當時、葺合港灣の埋立工事を初め、東京倉庫のコンクリート工事、高濱港の埋立岸壁（鐵筋コンクリートケーソン）の製造進水沈歿等々、工事の現場監督に任ぜられた事は氏の忠實なる體驗の賜であつたのだ。其の後、大正七年三月、將來を約されたその地位を退いて獨立し、茲に土木建築請負業、宮田組を組織したのが三十六藏であつたのだ。

大正九年十二月、當時の宇部新川に移住して以來十九年間を經過した。その間、業界の爲めに尠からぬ貢献を殘してゐる。

大正十二年頃のこと、沖ノ山炭鑛、現在の新坑開發に際し、そのケーソン工事を見事に完成した事は周知の事實であるが、當時、この工事を請負つた宮田氏に對する、「請負師にも以合はぬ優しい、然も頭の低い人は珍らしい」と仲仕連中の追憶談が、未だに傳はつてゐるが、氏は、それほど溫厚である。世の辛慘を經驗した同情味豐かな人物である。然し天性の俠氣は人に賴まれたら、橫に頭の振れない爲め、物質的には惠まれたとは云へないかも知れぬが、そこに氏の人格の躍如たるものが窺知される理でもある。

先年、宇部電鐵の厚東川鐵橋架設工事の任に當つたが、折柄の水難に、多大の損害を受けたのであつたが、

「何……之れも天災ですよ……今更會社に泣事も云へぬじやありませぬか、男が一旦約束したんだもの……」

と、エヘン的に何の屈託もなさそうに高らかな笑顔を見せたことは、私の記憶に未だ新たなるものがあるが、人は表面の觀察だけでは判らぬ。げに宮田氏こそ、業界稀れに見る古豪だと、少なくとも私だけは折紙をつけることに躊躇するものではない。

因みに宮田氏が完成した宇部市其他における工事の主なるものを列擧して見よう。

大正九年八月、宇部市に於ける最初の鐵筋コンクリート橋梁。綠橋を架設し爾來。

一、綠橋架橋工事
二、沖ノ山炭鑛埋立コンクリートケイソン工事
三、宇部セメント製造株式會社工場建設工事
四、東見初炭鑛株式會社コンクリート棧橋架設工事
五、宇部鐵工所工場建設工事
六、東京府玉川二子橋架設工事

七、宇部紡績株式會社工場建設工事
八、宇部電氣鐵道株式會社厚東川鐵橋架設工事
九、日本赤十字社山口支部病院建設工事
十、宇部窒素工業株式會社工場建設工事
十一、鹿兒島縣山川港海面埋立工事
十二、宇部曹達工業株式會社工場建設工事
十三、朝鮮セメント株式會社工場建設工事
十四、宇部窒素端川採礦所
十五、海州鐵工所工場建設工事
十六、市上水道ノ第○期工事

其他、地方町村に渉り、幾多工事の完成に務め、當局より感謝狀を受けたことは一驚に價するものが多々あることを附記して筆をおく。

千歳舍旅館々主　**岡村成次氏**

宇部市内随一の旅館割烹店として、一般に汎くその名を知られてゐる、(通稱)岡村旅館を經營する當主、岡村成氏は、明治十八年七月二十日、下關市内長府町の商家、故、幾太郎氏の長男として生れた。

明治二十九年の春、父に伴はれて宇部に移住したのが十二歳の時だつた。幼少の頃より學を好み、小學校を卒へるや、岩國中學校に學びしも、當時、切なる父の訴へに止むを得ず中途退學して歸郷し、家業を手傳つてゐたが、性來、勝氣な氏は向學の志押へがたく悶々の日を過してゐたが、遂に意を決して、密かに海外渡航を企てたものであつたが、之叉父に知られて其の意を得ず。涙を揮つて、再び家業に精進せなければならぬ身となつた。斯くして氏は、父の意にしたがい懸命の努力をした。随つて家業も日一日と繁榮におもむくので、一家は歡喜に溢れる思ひであつた。ところが好事魔多しといふ諺に洩れず、大正七年一月、父幾太郎氏は六十一歳を一期に、儚くも此の世を去つたのである。昨日の喜びは今日悲しみの奈落へ……。

父の死によつて、一時は非常な打撃を與へられたものであるが、其悲みは軈[やが]て大きな力となり、熱となつて、氏は愈々不撓不折の努力精進を續け、遂に今日の如く、千歳舍旅館の盛名を謳はるるに至らしめたものである。

抑も千歳舍といふ屋號は、明治二十九年、父、幾太郎氏が宇部に轉住した當時、偶々、川上の紀藤宗輔翁(現代、紀藤閑之介氏の親父)に知遇を得た時のこと。紀藤宗輔翁は種々と希望を述べられたので、幾太郎氏が、それでは私が、「御用を仰せつかりませう……」と。斯くて紀藤翁の紹介により、草江の素封家、藤田草湖先生(現代、藤田健策氏の祖父で有名な學者)の居を訪ね、その來意を開陳したので、それでは、といふので、先生が主唱のもとに一種の社交倶樂部として當時、白砂青松の中に建築され、草湖先生自ら、千歳舍、と命名されたものである(鶴は千年、松も千年……といふ意味で)。

然して今一つ、群鶴樓といふ別名もある。それは明治四十年頃、この千歳舍に足を留められた書家、京都の人、靜處先生が、千歳舍といふ倶樂部時代に、宇部の有志のみの集會所であつたといふ事實に鑑みて、群鶴樓と執筆された額が今尚ほ保存されてある。

元來、父、幾太郎氏は長府の歴とした商家に生れただけあつて、商人には稀れな、信義に厚い人格者であつたのだ。その血を受けた當主成次氏も、父に劣らぬ恩、義、に強く、然も、その勇敢なることは恰も、元祿年間に於ける義商、天野屋利兵衛にも比すべき事實がある。今は既に一種のエピソードとして爐邊閑話に葬り去られてゐるが、その過去を回想する時は、まこと男の中の男として、轉た感涙を禁じ得ぬものが多々ある。斯うした氏の私心なく、至誠に終始したことが、所謂、「至誠天に通ず」と云はれてゐる通り、故渡邊翁を初め、其他の有志の信頼を聚めたのである。殊に渡邊翁の生前中、翁は月の半ばを、事務所代りに氏の宿舍で過ごされてゐたことは、氏に對する信任の如何に厚かりしかを最も雄辯に物語るものである。されば氏も亦、この翁の恩愛に報ゆるに、感謝と感激の眞心を捧げて奉仕したものである。

「私は渡邊翁が亡くなられたときは、親爺が死んだ時より以上に悲しみました……そうして、云ひしれぬ寂しさを覺えました」

と、かつて自ら述懐されるのであつたが、成程、渡邊翁の存在は、氏にとりて偉大な光明だつたのだ。氏は、それほど翁を崇拝してゐたものである。更に言をついで、

「私には資産といふものがない。有れば、それは頼母子が私の財產です。これは有志の方々の御同情によつて幾度となくお世話樣になつてゐます。その御意は決して忘れません。いつか、この御恩を報ゆるべく一生懸命努力して居ります……」

と、かういつて深い感慨に耽けるのであつた。

顧みれば四十四年前、一倶樂部(初めは旅館ではなかつた)として產聲を揚げた千歳舍も、時世の推移に伴ひ、所謂、時代の要求を痛感して茲に旅館兼割烹を營むに至つたものである。爾來、宇部の著るしき躍進と共に、氏も亦之が增築に、或は改築と、慌だしい歳月を經て遂に、今日では宇部唯一の然も由緒ある千藏舍旅館の名を成さしめたることは、氏の先見の明ある所以である。蓋し栴檀は二葉にして香ばしい、といふ結論に到達する譯だ。その當時、關東、關西を初め、全國的に官公吏、政治家軍人、實業家、或は、畫家、書家等々有ゆる名士が宇部來訪の際は、千藏舍旅館が定宿となつてゐた。加ふるに千歳舍は、一面、市當局の社交機關でもあつた。それは千歳舍の他に、之等名士を接待するに適する宿舍がなかつたものである。されば千歳舍の存在は、獨り千歳舍の名譽でなく、吾が宇部市の誇りであると同時に、今日の如く、大宇部市を建設するに當りて、その基礎工事に於ける拾石にも比すべき任務を果した氏の功勞

は大なりと云はねばならぬ。性來、俠骨をもつて任ずる氏は、常に奉仕を信條として營利に走らず、故に、物資的に惠まれてゐるとは云へないかも知れぬ。彼の大世帯を背負つて、今尚、業界の覇權を保持することは並大抵の苦勞ではないが、そこに氏の面目の躍如たるものが窺知されるのである。自己の營利にのみ汲々として他を顧みようとしない人間の多き脛薄の當世にありて、氏の如き高潔なることは他の範とするに足る眞に稀れに見る人物である。

因みに氏は二期に渉つて、第八十六區區長の任務にあり、在職中は好く、その使命を全ふしたもので、其他、過去において納税組合長、料理屋組合長、旅館組合長、等々の任務に服して其指導に最善の勞力をなした事は今更云ふまでもない。其間、料理屋對、券番の問題については幾多のエピソートを殘してゐる。現在は、旅館組合の相談役、且又、料理屋組合の顧問として業界に重きをなしてゐる。

氏は資性温厚にして仁俠に富み、一度接して、よく語り、人をして墻壁を設けさせぬ所に氏の圓滿なる人格の閃きが窺はれる。上にも將又下にも氣受けがよいのも亦、故あるかなである。

尚、長男宗一氏は、現在で二期に渉りて八十六區の報德會幹事として、その使命に善處されて居ることを附記して筆を擱く。

西村萬平氏

時は明治二十六年、場所は當時の下山炭鑛、事務所とは名ばかりで、僅かな板圍ひの小屋に過ぎない其中で、春とはいへど未だ黎明の風は痛く身に沁みて、ブルブルツと身震ひを續けながら、何の屈托もなさそうにセツセと書類を整理する眉目秀麗な一人の青年があつた。軈〔やが〕て出勤する多くの先輩に、お早うございますと、丁寧に笑顔を見せるのであつたが、この青年こそ、現在、宇部地方の株式賣買界に群鷄の一鶴として名聲を謳はれ、今日あの大成を築き得た西村萬平氏が、今より四十八年前、實社會の荒波に第一歩を踏み出した當時の姿なのであつた。

氏は明治八年十二月、市内恩田の農家、故、伊佐吉氏の長男として生れた。「幼にして俊敏、長ずるに及び才智に秀でてゐた」と、未だに傳はる評判である。氏は夙に鑛業の有望なることに着眼し、之れによつて身を立てんものと當時の下山炭鑛に入つたのが、僅か十七歳の時だつた。爾來、王子、主成、恩田と、各炭鑛を轉々すること其の間十ケ年の歳月は流れたが、何れも豫期に反して業績不良の爲め、遂に失敗の悲運に落ち入つたものである。茲において、氏は鑛業界より一轉して葉煙草の生產に着手した。當時、吉敷、厚狹の兩郡にかけ共同事業を目的とし、時の宇部村長、牧三平次氏に之れが、可、否、の調査を依賴した結果が、又もや不良に了つたものである。全く七轉八起的環境にあつた氏は尚ほも屈せず、更に寒漬製造業〔※1〕に從事した（長サ六間、深サ五尺、巾五尺の大窖四個を準備してゐた）。それは軍隊の用達を目的に思ひ立つたものであつたが、當時、消化不良といふ理由のもとに之れ又志を得ず、三度失敗の經驗を味ふの止むなきに至つたものであるが、現在、寒漬は宇部特產品として内外に賞讃され、特に滿鮮地方に於ける軍隊では、梅干と共に愛用されるといふ事實は、轉〔うた〕た髀肉〔ひにく〕の歎〔たん〕なきを得ないものがある。然し、かうした辛苦の體驗が後年、氏に取りて大いに益するところがあつたともいへよう。後ち、中野原炭鑛の石炭運搬を請負ひ、傍ら仝炭鑛内の物品交附所を經營するに至り、茲に初めて更生の端緒を見出したものである。

斯くして氏が獨立して株式界に君臨したのが三十歳の時であつた。當時も現在も變りはない。業者の多くが何れも仲介を業としてゐるので、損失の無いかはりに大した利益は得られないのが定石であるが、氏の場合は之れ等と異つて、自らが賣買するのであるから、損失の場合は大であるが、隨つて利得の場合も亦大である。所謂る、「虎穴に入らずんば虎兒を得ず」といふ、この氣魄が必要で、その點に至ると、凡庸の當底眞似得ざるところで、氏にして初めて其の本領を發揮し得たと謂つべきである。就中、氏が鑛業界に盡したことは……某炭鑛成績不良の爲め解散の悲運に遭遇した時のこと。氏は多大の犧牲を厭はず、これが獨力もつて株價維持に努力した結果、事業を繼續して遂に好成績を擧ぐるに至らしめたといふエピソートもあるが、これらは一つに健實にして氏の先見の明あることを明白に立證してゐると共に、その面目の躍如たるものが窺はれる。蓋し立志傳中の人といふ結論に到達する。

數年前より株界の一線より引退して元の鑛業界に入り、現在では組合組織により、長崎縣下及び廣島縣に渉る十數鑛區の組合長として、その手腕を揮ひつつある。

資性温厚にして自ら長者の風具〔そな〕はり、然かも一度接して武人に對するの思ひあらしめ、その意氣や未だ壯なるものが窺れて、稀に見る圓滑なる好人物である。

〔※1〕同じ大根を原料とする沢庵漬けについては、宇部市東岐波磯地の永田周一が明治二八年頃、西岐波の林久治郎が大五アールを栽培して下関」に販売したのが最初と語るが、「寒漬」については、「同じ時期にはじめられたものと思われる」と推測にとどまる（『岿和91号』）。一方で、『あじすの記憶』（「阿知須田園物語」）には、「寒漬は昭和28年に始まった」と見える。以上のように寒漬に関しては、これまでの資料では開始時期が不明瞭であったが、本書により、日露戦争期に、西村滿平が手掛けていたことがわかる。

渡邊彌三郎氏

宇部市内屈指の酒類卸小賣店として、汎く其名を知られてゐる渡邊彌酒場は、東區錦橋通り一丁目最寄りの左側の老舗がそれである。明治四十三年開店して以來、現在に至る實に二十九ヶ年間を經過した市内業者界に於ける最古の人であることはいふまでもない。この三昔に及ぶ永年の間の氏の刻苦奮勵が、今日の成果を爲したことも亦、茲に並べるまでもないが、其の素因は何といつても、氏が誠意をもつて需要者本位に健實なる營業の宜しきを得たからである。蓋し市内業界の筆頭に信頼さるるも亦むべなる哉。數年前より家督は長男貫一氏に讓り、自らは同じ東區本町一丁目眞締川に面した新居に餘生を送つてゐる。

川に面した六疊の部屋に案内されたのは、過る霜月半ばの或る日のお晝頃だつた。飽迄、物腰の低くい、いつもニコリニコリと笑顔をもつて人に接するところは矢張り商人だけあつて、相手に心地よい好感を湧かせる。同時に親しみ深かい懐かし味を禁じ得ないものがあるが、これは激しい商戰線に苦闘して、世の辛惨を嘗めつくした過去の體驗の現れであろう。

「私が酒店を初めたについては忘れ難い動機があります……」

と、氏は深い溜息をついて、遠い過去の追憶に耽けるのであつた。

「その動機が理由で、宇部に移住されたのです？」

と、筆者が問い正すと、

「そうです、それが宇部に移つて一旗擧げようといふ動機になつたのです。それにしても三十年前を回顧すれば、全く感慨無量です……」

と、氏はここでも一つ輕るい溜息を吐いた。眼の邊りには、何時の間にか少し霑ほひさえ帯びて、

「然し正義は最後の勝利を得る、といふ眞理を識りました」

斯ういつて、今度は朗に笑ふのであつた。

氏は明治六年七月、厚狭郡小野村の舊家に生る。長じて呉服、自轉車、材木等々の營業を開始した。

「若い時には、呉服物を背負つて地方を行商したこともあります」

と、自ら述懐されるのであつたが、當時、農村で呉服屋といへば大したものだつたに相違ない。それは何れの土地でも同じ事。平凡ではあるが、一生氣樂に生活過程を辿られるものを、偶々土地の某酒造家の保證になつてゐた爲め、これが不運にも氏の家業も失敗の形で遂に維持することが出來なくなつたのだ。

「その頃の四千圓は、現在の四万圓にも優るもので、大した打擊を受けました」

と、氏は今、ニヤリニヤリ、他人事ででもあつた樣なノホホン的に、何の屈托もなさそうに語られるのであつたが、單に保證だほれ、とよくいふが、多くは法律上止むを得ず之れに應ずるのが常であるが、渡邊氏の場合は、そうではなかつたのだ。自己を犠牲にして、進んで他を救濟されたもので、ここに氏の人格の躍如たるものが窺知される。斯うした人と成りの氏に對する信頼と崇敬を擔ふ所以は、當然過ぎる當然であろう。

これについて、大正十二年頃、既に簡易な金融機關として庶民金庫創設の議は一決したが、當時組合長に選ばれた渡邊氏が應じなかつた爲め、他に適當な候補者なく、遂に立消えになつてゐたといふ。これには幾多のエピソートもあるが、餘白がないので茲に省略するが、又もつて氏の人望を知るに足る。其の後、七ヶ年を經過した昭和五年七月、年來の希望は達せられ、遂に宇部庶民金庫の實現を見た。そして初期以來、昭和十二年二月迄、渡邊氏は組合長として、よく其の職責に善處し、多大の成績を殘した功勞者であることは、筆者が今更述べるまでもない衆知の事實である。其他、公共方面にも、先きの組長を二期、後ち、本年二月迄、四期に渉り區長として、直接に間接によく自治の圓滿を助けて任務を全ふした、げに稀に見る溫厚篤實の陰徳家である。

宇部商工會議所議員　木村彊市氏

その年も襲ひ來る冬の前兆として、毎朝のやうに、白い霜が降る晩秋の頃であつた。

場所は宇部新川東區本町三丁目の邊り。と或る青果問屋の店先きをセツセと掃除する、いたいけな少年があつた。掃除が濟むと、軈〔や〕がて、冷たい野菜や果物の整理に取りかかるのである。時たま往來の通學兒童に眼を注ぐのであつたが、それでも何の屈託もなさそうに、唱歌を口ずさみながら元氣よく働くのであつた。この少年こそ、現在、宇部商工會議所議員で、市内屈指の青果問屋業として知られた木村彊市氏が、三十年前に於ける實社會に躍り出た第一歩の奮闘の姿なのであつた。

氏は明治三十一年、縣下大島郡安下庄町の農家、久太郎氏の長男として生れた。幼少の頃より才気煥発だつたと、いまだに傳はる評判である。當時、友人の多くが上級に進學するにつけ、氏も亦そうした憧れはないでもなかつたのであるが、その燃ゆる希望を抑へ、敢然として年齒僅か十二歳、時は明治四十二年、猪本商店に奉公したものである。それからの氏は文字通り刻苦奮闘、實に十七年間の活動振りは感嘆といふ言葉では物足りない。寧ろ涙ぐましい忍苦の幾ページかが綴られてゐるのである。その頃から氏の商才的手腕は遺憾なく認められたもので、所謂、「梅檀は二葉にして芳ばし」と、いふ結論に到達する理である。

斯うした商業道の生きた學問を體驗したことが、今日、氏が大成を築き上げた素因を爲すものである。蓋し、その面目の躍如たるものが窺知されるのだ。

獨立して、現在の問屋業經營に着手したのが大正十五年、最〔も〕うそろそろ、有ゆる青果も出初めようといふ初夏の頃であつた。

爾來、氏の健實なる營業振りは、多大なる内外の信頼を得、縣下は云ふまでもなく、九州或は遠く朝

鮮、滿洲、又は愛媛、廣島は常得意として、京阪、東北、海を越へて北海道に渉りて商權を擴張してゐるが、何れも氏に對する取引上における情勢は、他の意表外に出づるものがある。それは氏が利己主義を考へず、宇部市の發展に資する一助として、宇部商人の面目を維持しなければならぬ、といふ私心なき誠意の現れであるのだ。氏はかうした實際的努力家なのである。

其他、氏に學ぶべきことは孝と和である。氏も二十一歳といへば、世の青年と等しく享樂時代である。にも拘らず悲しい哉、兩親を失ひ、茲に白面の青年も兄親として、七人の弟妹を養育しなければならぬといふ重大な責任を負擔し、實にいたましい運命に遭遇したのである。當時、氏も人間である。一時は悲嘆の涙を禁じ得なかつたのであるが、然し今、自ら弱氣を吐いてはいけない。兄親としての責任を遂行することが、亡き親に孝なる所以であると、翻然と自ら鞭打つて、和やかに憂ひなからしめたといふ事實は、凡人の容易になし能はざるところであるが、氏にして初めて爲し得たことは、實に氏の人格を如實に物語つてゐる。隨つて所謂、世の酢いも甘いも噛み別けた苦勞人である。故に氏の凡ての行爲には真實性が溢れてゐる。氏の一言には信頼の念が渦巻く。此の責任と奉仕の信條を唯一の指針として終始する。その態度は、眞に敬服の外はない。

先きには商工會代議員に選ばれ、昭和十年、商工會議所議員に當選以來、現在に至つてゐる。其他、報德會幹事等々公共任務を帯び、何れも、その職責に精進してゐる未だ四十二歳の男盛り。氏の將來は期して待つべきものが多々ある。「めつた」に笑顔を見せぬ無口ではあるが、資性頗る溫厚。然も理智に秀でた圓滿振りには、痛たく上下の人望ある所以で、宇部市の發展を策する上にも、是非なくてはならぬ人物である(この稿昭和十四年三月)。

藤本庄之進氏

宇部市内屈指の米雜穀及び砂糖、小麥粉等々の卸小賣店として市内外に、その名を知られてゐる藤本商店は、東區本町一丁目の堂々たる老舗がそれである。明治二十九年の春、日清戰争終局の直後に開店して以來、現在に至る實に四十一年間を經過したもので、宇部市内商人としての草分けとも稱すべき最古の人物である。この四昔にも及ぶ永年の間に於ける氏の努力奮闘が、今日の大成を爲したことは今更茲に並べるまでもないが、一面には氏が誠意をもつて顧客本位に終始し、健實なる、その營業の宜しきを得たからである。蓋し市内業界の第一人者として市内外から信頼さるると同時に、その盛名を謳はるるも亦むべなるかな。

藤本氏は明治二年十月、當時、厚狭郡宇部村、故萬吉氏の長男として新川に生れた。長じて兵役に服し、その義務を了へた。後ち、日清及び日露の役に出征し、その間、君國の爲めに幾多生死を賭して帝國軍人の任務を遂行したもので、これに關する多くのエピソードもあるが、紙面に限りがあるので省略する。

是れより先きに、氏は若くして海運業に志したことは確かに、「先見の明があつた」と云はねばならぬ。當時の宇部新川は、農村を控へた一漁村に過ぎなかつたので、海上に於ける運輸交通便等は顧みられなかつたものであるが、氏は獨り、其の不便を痛感すると同時に、その將來性を期して敢然として、昔で云ふ舟乘り業に志したものである

當時は、補助機關船等の有る筈はなかつたので、所謂、「船は帆任せ、帆は風任せ、風が無ければ、一丈五尺の櫓が歪〔ゆがむ〕る」と、歌はるる業者にとつて辛らい時代であつた。そうした時代に、氏は宇部、下關間の海上運輸業に從事したものである。下關市の古るい問屋筋の人々から、

「現在は大阪商船を初め、其他、幾多の海上運輸の便もあるが、今から五十年前、宇部、下關間の海上における運輸業者は宇部の藤本さんが初めです」

と、かつて筆者に〔※1〕聞かされたことは、未だ記憶に新たものがある。

氏には斯うした實に涙ぐましい海上生活の二十ヶ年が續けられた。その間、終始一貫、奉仕觀念のもとに孜々として文字通り刻苦奮勵の結晶は報ひられて、茲に獨立開業したのが、前述の如く明治二十九年の春だつた。

「何といつても宇部の市街地では一番古るい人間ですよ。七十一歳の私が新川で生れたのですから、西區としては、僅か漁船のタデ草を商ふ人が一戸に、外に一戸、合計二戸。東區に數戸。それは忽ち三十戸計りになりましたが、それは私が物心ついての記憶ですから云云」

と、自ら述懐されるのであつたが、眞に氏は現在、市街地八萬餘人口の最古參者である。それほど氏は表面に現はれない椽の下の力持的に、直接開接に、今日の大宇部市を形成するに至らしめた功勞は多大なものである。就中、市街地、戸數漸く五百に達した頃の自治の苦心談は思ひ半ばに過ぐるものがある。氏は尚ほ言葉をついで、

「然し宇部市の今日を築き上た素因は何といつても共同義會と達聽會とが市民を宜く指導鞭撻したことが、預かつてゐることを忘れてはなりませぬ」

と、氏は飽迄宇部の傳統的美風たる共同一致を提唱されるのであつた。この氏にして、今日の成果を得たことは宜べなる哉……。

氏は過去に於いて消防小頭として十五年間、その職責を全ふした他に、組長、或は納税組長として又は最初の東區評議員等々の公共任務にありて自治の助長に資すること多年。資性頗る溫厚篤實にして、然かも一片俠氣の人。常に陰德を施して求めず、そこに氏の人格の躍如たるものが窺知される、眞に商業界稀に見る人物である。

因みに、長男猛氏は山口高商出身後、家業を手傳つてゐたが、折柄の病ひの爲め、悲しい哉、未だ花を開かずして二十六歳を一期として早世せられたことは返す返すも痛惜の至りである。然し、長女よし乃女史夫妻が、後繼者として現在營業に從事して居られるので、それがせめてもの慰安であろう。ほかに室積女子師範出身で、暫く教職に在つた三女勝子女史（現在、氏の舍弟、鐵工業、宇部商工會議所議員、藤本稻次郎氏の養女）の健在等々が、力強く氏の餘生を慰めてゐる。

［※1］原文は「筆者と」だが、文脈的に「筆者に」と改めた。

近谷淺吉氏

銘酒「三吉正宗」の特約店として宇部業界の老舗である近谷氏は、傍ら昭和十年より市内西區上町三丁目の新築で、旅館兼料理業を經營してゐるが、氏は更に賛高の俳號をもつて、市内は云ふまでもなく縣下における素人素義界のオーソリチーとして有名である。

氏は明治十二年、香川縣高松市の舊るい商家、儀平氏の二男に生れた。長ずるに及び、兄弟初め親戚や知己の中に、會社務めや官吏の人々が多かつたので、氏も亦、漫然と農商務省地方屬といふ勤務に服したのが、實社會に踏み出た第一歩であつた。

「本省の辭令を受けた地方屬といふので、其の當時田舍では可成優遇されたものです。だが私には、そうした職業は性に合はなかつた……」

と、自ら述懐されるのであつたが……同僚や親戚の人々から、頻りに留任を迫られたものを遂に意を決して商界入りを志したものである。

氏は明治四十三年、未だ宇部新川時代に移住し當時、三炭町に酒類商兼麺類製造業を開始した。爾來三十有餘年間、謂ゆる刻苦奮鬪、その堅實なる營業振りは痛く市内外の信頼するところとなり、日一日と隆昌を極め、遂に今日の大を作り上げた程の努力家である。

さればこそ、斯うした氏の存在は認められて、先きに宇部市の輿論機關である達聰會議員に選ばれ、組長制時代には組長の任務に當り、區長制が制定されるや、初期以來二期に渉つて區長に就任。或は倍審員に任命され、其他、宇部商工會代議員、宇部庶民金庫評定員は初期以來、現在に至る。斯の如き數多の公共任務に就いても、尠なからぬ功績を示してゐる。就中、區長時代には、未だ人知れぬ陰徳を施した事實があるが、

「そんなことを書かれてはいけませぬ。却つて私を辱恥するやうなものだ……」

と、堅く筆止めをされたので、氏の意志を尊重して省略するが、ここらが實に氏の面目を遺憾なく發揮してゐる。

今や功成り名遂げて、齡ひ正に古稀に達せんとしてはゐるが、その旺盛なる意氣は未だ壯者に劣らぬ撥剌たるものがある。これらは何れも大きな聲を發することが生理學上、健康に影響されたものらしい。

素人素義の開催といへば、縣下はおろか九州から朝鮮、或は廣島、京阪地方までも、その遠近を厭はず氏の顏を出さないことのないまでの熱心振り。隨つて趣味とはいへ、もはや素人の域を脱し玄人ハダシ、といふ師匠格？ である。

資性は溫厚。容易に笑顏を見せることのない無口ではあるが、實に圓滿で情義にも亦厚く、然かもお世辭でなく實際家として宇部屈指の人物である。

因みに氏は日露戰爭に出征傷痍軍人として、今尚待遇を受く旭日章勳八等。其他、氏は國勢調査員を初め、數多の公共任務遂行の功勞により、村長及び縣知事より感謝狀下附の數々がある。

宇部商工會議所議員

金子作助氏

十月といへば、最［も］う肌寒風に紅葉は散る。ドンより曇る大空に渡る雁啼く秋の夕暮れだつた。宇部新川の東端、岬の町に辿り着いた一人の少年があつた。小さなカバンを提げ、額から兩頰に流れかうた汗の沁み跡、着衣から足元にまみれた埃といひ、そうして如何にも疲勞し切つた、その恰好は一見して長途の歩行を續けたものであることが察せらるるのであつた。然し少年は、何の屈托もなさうに、「ああ……遂々宇部に着いたのだ……」と、ニコニして獨り言をつぶやきながら、思い出した樣に、懷ろから金入れを出して見た。少年の頰も一瞬さつと苦痛に蒼く攣つたやうに見えたが、鋭い眼の奥に一抹の希望の光りを失つてはゐなかつた。やがて、とある安宿の門を股［また］げた。それにしても故郷を離れた少年の心には、哀愁一段と深きものが感ぜられたであろう。

この少年こそ、現在、宇部商工會議所議員であり、東區柳町三丁目において、精米業を主とし、其他雜穀商を經營してゐる金子作助氏が、二十一年前、年齡僅か十六歳にして商業に志し、鄕關を辭して、社會の荒波の中に乘り出して宇部に這入つた第一歩の姿なのであつた。

金子は明治三十六年二月、阿武郡萩町の名門、故、吉藏氏の二男として呱々の聲を擧げた。是より先き、氏の祖父母は舊藩時代に藩主、故、毛利公自らの媒酌によりて結婚したもので、隨つて當時、臣下としても亦、故公の寵愛一方ならぬものがあつたのだ。一面には又、故、高杉晋作の門弟中の筆頭でもあつた氏の作助の二字は、藩主より命名された祖父の名を襲名したものである。氏の家は、故、父吉藏氏に至りて商業を營んでゐたが、世に謂ふ武士の商賣で貸倒れ、或は保證倒れ……等々の爲め、遂に失敗した。然も氏が七歳の時、兩親を失ひ、相次いで兄も此の世を去り、三つ違ひの姉一人と弟妹が取り殘されたといふ實に悲痛な運命に遭遇したのである。

かうした裡にも、漸く尋常小學校を卒へるや、萩商業學校の入學試験にパスして悦び勇んでゐたが、それは一朝の夢だつた。縁者の意に随つて、その進學の慾望を押へ、土地の商家に奉公したのが十三歳の時だつた。

然し、争はれぬものは血統である。性來勝氣な氏は、小供心にも同じ商賣するなら、生れ故郷で恥？を晒すより、天秤棒かついでも、他の土地で働いて見よう、そうして獨立……と、燃ゆる希望に鞭打たれ、茲に飄然と意を決し、昔でいへば武者修業を志し、所謂、武士は食ねど高楊枝式に、僅か九十錢を懐にして晝夜兼行、徒歩にのみよつて宇部に移住したのが大正六年であつた。

宇部市民となつて六年間は、沖ノ山製材所を初め、轉々として有ゆる世の辛酸を體驗した。最後に氏の眞剣な働き振りと、その人と成りを認められて、桂桃一氏の知遇を受くるに至り、夜學を勵まされ其他、何くれとなく多大の同情を得た。そうして炭鑛の事務員に推薦されたが、その厚意を辭して、現在の精米業に着手したのが大正十一年、二十二歳の春だつた。凡人の多くが切那主義で然も外面を装ふ……爲めに炭鑛の事務員にでもなると、無上の出世と心得てゐる當世であるが、飽迄、初志の目的に向つて邁進するといふところに、氏の面目の躍如たるものが窺知される。

「何の縁りもない私を、親にも優つた面倒を見、種々と指導して下さつた桂さんは、私にとつて唯一の恩人です。私の今日あるは全く桂さんのお陰です……」

と、氏は思ひ出深い感謝の表情で、自ら述懐されるのであつたが、成程、桂氏に負ふところも尠なくなかつたであろう。と同時に、氏の努力の賜ものであることは云ふまでもない。然るに氏は他力を談じて、自力を論じないところに、その人格の崇高なるものがあるのだ。

爾來、十數有餘年間、終始一貫、奉仕を店是となし、懸命の努力と精進が續けられ〔※1〕、その健實なる營業振りは期せずして内外の信頼をあつめ、日一日と隆昌を招來して、遂に今日、業界屈指の大成を築き擧げたことは、蓋し立志傳中の尤なるものでがなあろう。さればこそ昭和十三年三月、宇部商工會議所議員に選ばれたことも亦宜なるかな。

氏は更に多年、營養素〔※2〕の研究中だつたが、先年、遂に粉末大豆の簡易食料化に成功し、四名の匿名組織をもつて、福岡縣戸畑市にて東洋食料會社の名の下に生産中だつたが、都合により解散して、目下、改めて日本食料株式會社を創立中である。いまだ、三十七歳といへば、氏の前途には幾多の秋春がある。今や若き實業家として、その存在を認められてゐるが、眞〔まこ〕と、宇部市の商業發展を期する爲にも是非缺ぐべからざる人物である。

〔※1〕文脈上、「ら」を補った。
〔※2〕「栄養素」のことであろう。

村上一心鐵工所　所主　村上富太郎氏

鐵饑飢の前哨期にありて、業者間にも漸く經營難の聲を洩らし初めた。時は昭和九年の春、市内西區上町五丁目に、突如として鐵工業を創始したのが村上富太郎氏である。しかも、これといふ有力な後援者があつた理けでもなく、裸一貫的に自力を頼んで、この難事業に着手した村上氏の勇敢さには人々の驚異とするものがあつた。

氏は明治二十二年三月、福岡縣京都郡行橋町の商家、文平氏の長男に生れた。その少年時代は、俊敏な才幹などとは、あまりに縁が遠かつた。いまだに町に傳はる噂さでは、「だんまり屋ではあつたが、負けぬ氣の強よい少年」といふ他に、何物もないやうである。

氏は父の商業を嫌って附近の鐵工所に小僧として弟子入りしたのが今日を爲すに至つた素因でもある。軈〔やが〕て一人前の職工となつてから大阪に旅し、ここでミツチリ腕を研いて製罐技術を修得し、今度は一躍して大連に渡り、彼地に在ること三年にして内地に還り、門司に足を留めてゐた。この間、凡そ十ヶ年、放浪的に巡業の生活過程を經て、世の辛酸を體驗したことは偶然ではあつたであろうが、今日氏にとつては眞に得難い、そうして尊い生學であつたのだ。自力を頼む強い信念の持主たる所以も、亦うなづかれる理だ。

大正十二年、製罐士として宇部鐵工所に入る。當時の宇部鐵工所専務、牧三平次氏の追憶談に、

「製罐士として宇部鐵工所中、村上の右に出る者はない。技術が巧みで、然かも三人前位の仕事を平氣で仕上げる云云」

と、かつての日の記憶が、筆者には未だ新たなるものがある。

氏は宇部鐵工所に在ること一ヶ年餘にして辭し、再び巡業の旅に出で、獨立する迄、苦節二十年間を何の屈托もなくノホホン式に過ごして來た。その間には、實に禮を厚うして、是非……と歡迎してくれる人も尠くはなかつたのであるが、氏は、そうした場合にでも、いつも、

「ご厚意は有難いが、少々事情がありますから……」

と何の未練もなく斷るのであつた。成程、氏ほどの手腕家が、そうしたことは餘りにも香しからぬことであるかも知れぬが、又一面、いかにも氏らしい面目を發揮したものだともいへよう。

少年時代からの強い勝氣な氏は、何を今に見よ……といふ、希望と熱意を深く藏して、機會の到來を待つてゐたのが即ち昭和九年時期としては、餘りぱつとしなかつたが、そこに常人の及ばざる氏の強い信念があつたのだ。

さればこそ、氏は開業より現在に至るまで、時には晝夜兼行で、身には從業服、地下足袋を穿いて、職

工とも主人とも見分のつかぬ油垢の附着した服装で、職工と共に自ら勞働に従事するので、部下の職工から敬慕されることは勿論、世間の人望と信頼を招來し、事業は日一日と發展し、遂に今日では市内業界一方の棟梁として村上一心鐵工所の名を成さしめたことは、蓋し立志傳中の人といふ結論に到達する理だ。

短軀肥滿、いつも微笑に似た風貌、豪膽でむつつり屋だが、人物は實に圓滿で然も性來の俠氣に富み、人から頼れて横に頭を振らない。隨つて責任感念の旺盛なることは、特に事業上に現れてゐる。現在第百二十四區の納税組長の任にあり。因に常子夫人の内助の功、空しからざることを附記して筆を擱〔お〕かう。

宇部興行界之古豪　**島本助一氏**

芝居や映畫等の興行が娯樂であることに異論はないが、複雜せる社會組織の中に活躍せる現在の人々に、また明日の新らしき活力素を興えてゐるとすれば、ただ單に娯樂と云ふだけでは物足りない。それは人間が切實に要求する生活の一部に屬する、缺ぐべからざるものであるからである。

試みに一例を擧げて見る。古來、農村と都會を問はず、年中行事の一として擧行されてゐた盆踊りが、先年一時禁止された。その理由は、風紀を紊す憂ありと、いふのであつたが、その當時の、特に農村における青年男女達には、哀愁に似た一抹寂寥の感を禁じ得ないものがあつたのだ。ところが時恰も農村疲弊の聲が高調されて、議會に於ても主として是等農村問題が論議されるやうになつた。そうして、その對策として、先づ、都會に憧れた青年男女の離村を防止することによつて、幾分かでも農村更生の目的は達せれよう。それには何か、娯樂を興へなければならぬ……といふ理由のもとに、近年盆踊りは解禁された。寧〔むし〕ろ奬勵されてゐる傾向にあることは云ふまでもない娯樂は、人間生活上に缺ぐべからざる一種のホルモンを注入するものである〔※1〕ことを如實に物語つてゐるものである。かうした意味からいつて、茲に興行の良否と盛衰とが、その土地の發展に一大影響を及ぼすことを等閑視せられないといふ結論が生ずる譯だ。

それほど重要性を帯びてゐる娯樂である以上は、これが興行者の責任も亦、決して輕からずといはねばならぬ。

かうした娯樂機關として、宇部市最古の劇場、新川座を經營する島本助一氏は、明治十五年六月、宇部市藤山區居能の商家、故、梶四郎氏の長男として呱々の聲をあげた。父は土地切つての顔利きであつた。「幼少の頃は極く内氣で柔順な少年だつた」と、未だ古老の間に噂さされてゐるが、長するに及び、「瓜の蔓には、茄子は生らぬ」と、世の諺にもれず、父の血を受けた性來の俠氣は、人に頼まれたら横に頭の振れない性分で、若くして、はやくも父に劣らぬ人望を一身に鐘めたものである。明治四十二年、新川座が落成されるや、二、三の人々によつて經營されてゐたが、何れも經營難の爲め永續はしなかつた。其間、僅々三ヶ年を出でなかつた。時は明治四十五年、舍弟中村氏と共に、新川座を經營することになつた。時に齡三十三歳。氏の性格には恰好のハマリ役だつたに相違ない。

其後、興行は舎弟中村氏に一任し、自らは顧問格で中茶屋を經營してゐたが、昭和十一年、中村氏の引退により、再び仝劇場を經營して現在に至つてゐるが、氏が興行界に身を投じてより前後約三十年間、其間、宇部市の興行界も幾變轉、映畫舘の増設、劇場の新設等々と絶えざる逐鹿は試みられて、其の混戰の狀態は、謂ゆる群雄割據？　の觀がある。が、氏は固い責任と奉仕といふ此の信條のもとに、眞に娯樂機關としての使命に終始一貫してゐる。その健實なる興行手腕は、宇部市内に於ける業界の第一人者として敬服の外はない。

中村氏が業界を引退して、島本氏が再び後を引受けたに就いては、眞に學ぶべき挿話がある。中村氏が、興行界を引退する決心をすると、「單に、興行は儲かるもの、木戸を開けさへすれば觀客は押し寄せて來るものだ……」と、素人考への人々が新川座の興行權を把握しようと、種々逐鹿的に交渉が繰り返されたものであるが、結局、算盤は合つても金足らずで、儲かるやうで儲からぬのが興行だ……といふことが初めて俯におちたので、流石の人々も興行の難事業であることに目が覚めて、兩氏に對して感嘆久しうしたものだ。

「私も永年興業界にあつて苦勞しましたので、今更、興業經營が希望でもありませんでしたが、然し新川座の經營を引受ける人がないとすれば、私としては、利害を考へては居られませぬでした。中村も亦、兄さんより他に經營する人はゐないから……と、いふものですから、それでは、といふので、尠なくとも市の發展に資する爲め、ご奉公の積りで引受けた譯ですが、然し事變下における統制時代に入つて、興行物一般の社會性とか、教化性といふものが強化されて、それが當局計りでなく、業者一般もそれに協力して行かなければならぬ。少なくとも、その出發は極めて自肅自戒の精神をもつて、藝術的慰安の中に教訓なり、或は國策なり、時局を織り込ませた物でなければならぬので……興行者も普大抵〔※2〕の勞苦ではありませぬ……」

と、かつて自ら述懐されたが、氏は前賣券發賣に際しても、その入場券持參者より觀覧税を徴集することに細心の注意と努力を拂つてゐる。

「一錢でも市の財政を考へなければ、なりませぬから」

こうした押へ難き私利を押へ、奉仕と責任観念の強い行爲こそ、業界稀に見る氏の人格の躍如たるものが窺知される譯だ。

資性、眞に溫厚篤實、お世辭嫌ひで黙々として多くを語らないが、常に微笑を浮べて人に接し、其の一片の談話にも信頼の念が渦巻く實に圓滿なる人物である。

〔※1〕文脈上、原文にはない「あ」を補足した。
〔※2〕正しくは「並大抵」カ。

合名会社杉村工業所　代表者　**杉村茂氏**

宇部市、寺の前小學校の校庭。とある櫻の樹に靠〔もた〕れて、その日も亦、鬱勃たる進學熱に浮され、上級の學校へ入學の夢を描いてゐた一人の少年があつた。

「そうだ、何〔ど〕うしても工業學校へ進まふ。そうしてウンと勉強するんだ」

少年は今にも、ワアツ……と叫びたいやうな衝動に驅り立てられながら歸途についた。が、ふと氣づいて見ると、

「いけない……自分は自分だけの身體ではない、一家を支へて、先づ生活の爲めに戰ふべき責任がある」と、急轉直下、憧れの夢は一時に消え去つてしまつた。

「仕方がない、叩き大工から修養しやう……」

深かい吐息がもれてくると、少年の眼には涙が光つてゐた。この少年こそ、現在、宇部市内において土木建築請負業界屈指の大家として謳はれてゐる杉村茂氏が、三十年前、小學校を卒へた頃の懐かしい思ひ出の姿なのである。

杉村氏は明治二十七年五月、厚狹郡船木町の大工、市助氏の長男として生れた。その幼少の頃より、頗る「利巧な子供だつた……」と、未だに傳はる町の評判である。

明治三十八年、氏が十二歳の時、父、市助氏に伴はれて宇部新川に移住し、そうして直ちに宇部小學校の高等科に編入された。

その當時の父、市助氏は昔でいふ、所謂、一大工といふ微弱な存在だつたので、氏は通學の餘暇を利用して小あきないをなし、僅かながらも家計の手助けをしたといふ。「家貧しうして孝子出づ」と、いはれてゐるが、眞と氏には斯うした學ぶべき尊いエピソードがある。

氏は十六歳の時、工業學校入學を志したが、家庭の事情は、これを許さなかつたので、高等小學校の業を卒へるや、悲壯な決意を抱いて父を師匠に、大工の修業に從事した。然しそれにしても、氏の建築家たらんとする熱烈なる希望は已み難く……當時、氏の胸底を去來したものは何？　それは、

「學校出の技術家に負けるものか……實地の體驗を積んで、必つと建築家に成つて見せる……」

と、心に誓つたのである。

性來利巧な氏は、それからといふものは日夜を別たず必死の努力をもつて、文字通り血の泌むやうな苦闘が續けられた。所謂、苦心慘憺の幾ページかが綴られてある。

「濱田三左衛門さんから、多大な御指導を受けまして……まあ、今日建築業者の仲間入りが出來た譯です……」

と、かつて氏は自ら述懐しながら、謙讓に似た表情で深かい感慨に耽けるのであつた。

一つの修業を積むといふことは、何にしても生優しいものではないが、氏の場合は一層の烈しさと、辛酸を嘗めたものである。さればこそ、僅々六年間の精進は、よく報ひられて、はやくも二十三歳にして一人前の建築業者として業界に君臨したことは當然の成果である。

それから間もなく、故、渡邊翁の別荘建築を完成したのが初陣であつた。

「齢は若いが、中々立派な仕事をする男だ……」と、故、渡邊翁から賞讃されたのも其の當時で、まこと氏の面目の躍如たるものがあつたのだ。然し、これで、小成に安んじてゐたら、氏も亦、一個の大工さん組のボチボチの程度だつたであろうが、「梅檀は二葉にして芳ばしい……」の諺にもれず、幼少の頃より、既に、建築事業の重要性を感じてゐたので、爾來、氏は奉仕といふ固い信念のもとに、多年の體驗は學校出の技術家も及ばぬ頭腦を働かせて、設計見積りから外交まで、鮮やかにやつてのけた非凡の手腕は實に感服の外はない。さればこそ、そうした眞剣な性格と健實なる營業振りは遺憾なく認められ、市内外に渉りて益々信頼さるるに至り、随つて、その業績も亦、日に増し隆盛を招來して、遂に今日の如く、業界屈指の大家として自他共に許す彼の大成を築き擧げたことは、蓋し立志傳中の尤なるものといふ結論に到達する譯だ。

何れの時代を顧みても、建築技術が都市の發展に多大な貢献をしてゐることは、過去の歴史が最も雄辨に物語つてゐるが、この意味からいつても、宇部市の發展に資した氏の功勞や決して輕るからず、といはねばならぬ。

資性は眞に溫良で、「訪者不拒、去者不追」主義で、いつもニコーツと微笑を浮べながら人に接する時、追〔さす〕がに苦勞人であることが肯かれる。齢、四十六といへば、氏の前途はまことに遼々たるもので、業界の進展を期する爲めにも、缺ぐべからざる人物である。

因みに、大正十年以降における氏が完成した市内外の建築事業の主なるものを列記して見よう。

宇部市廳舍。沖ノ山炭鑛公會堂。宇部紡績株式會社工場増築。沖ノ山小學校舍。宇部小學校舍。宇部郵便局廳舍。市營住宅新築。神原小學校舍。東見初炭鑛社宅。山口高等商業學校講堂及合併教室其他。同校外人教師官舍。宇部セメント株式會社事務所其他。村田信夫氏住宅。室積女子師範學校増築。山口高商本舘改築。沖ノ山同仁病院本館外三舍新築。廣

島地方專賣局下松鹽倉庫。三原呉服店新築。新川元右衛門氏住宅。東見初炭鑛講堂。沖ノ山炭鑛事務所。山口高商寄宿舎其他。宇部倶樂部。工業倶樂部。藤本盤雄氏住宅。渡邊敏雄氏住宅。藤山村西之宮八幡宮。宇部セメント發電所。山口縣購賣販賣組合聯合會山口農業倉庫。沖ノ山炭鑛大阪出張所。國吉省三氏住宅。宇部窒素發電所。同ベンゾール室建築。宇部鐵工所製罐工場外十二件。宇部局電話事務室。沖ノ山同仁病院新築(洋式)。宇部曹達工業第一發電所。宇部市民舘〔※1〕。村田美夫〔※2〕氏住宅。宇部鐵工所鑄造工場其他。同平爐及煙突其他。東見初炭鑛株式會社本事務所。小野田電話中繼所其他。石川實藏氏住宅。小郡電話中繼所官舍。小野田同。宇部銀行本店建築中。宇部曹達第二發電所増築等々である(この稿昭和十四年五月四日)。

〔※1〕渡邊翁記念会館のこと。
〔※2〕「村田義夫」の誤りヵ。福原家臣の村田増太郎の長男・村田義夫の和風家屋が、最近まで東琴芝二丁目一一一八にあったが、今は崩されてない。

宇部商事信託合資會社　代表社員　**金藤滋氏**

金藤氏は明治二十九年、嚴父春吉氏の長男として呱々の聲をあげた。小學校を卒へた以外に學歷は持たぬが、世に謂ふ積年の獨學は天性の秀才に鞭打つて有ゆる方面に渉るその薀蓄〔うんちく〕は、實に驚くべきものがある。就中、法理に關する該博〔がいはく〕な識見は、專門家をして瞠着たらしむる事實が過去に於いて幾多のエピソートとして殘つて居る。

試みに氏の書齊を覗いて見ると、先づ第一に眼につくのが財政經濟に關するもの。第二が法規法律の全書。それから會社會計法規に關するもの。製造工業に關するもの。其他、文學書類(これは頭の疲れた時に見る位だと仰言やる)普通學？としては歴史、地理、等々、その藏する書籍の豐富なることに、更に一驚するのであつた。

私は、かつて市内西區上町二丁目の堂々たる二階建の住宅を訪ねた。

八疊に六疊、長四疊をブツ通しに開け放された中間の六疊に座を進められた。床には大幅で、岩魚の筆になる墨繪の山水がかけられてゐた。それから故渡邊翁の書「忍」の一字が壁間に飾られてあつた。

長四疊の太い廣い机上に電話のベルが連りに鳴る。

「ご多忙中を……」と、いふと、

「この頃、家内が福岡の大學病院に入院してゐるので……力と頼む女手はなし……全く忙しい……」

と、家庭の圓滿振りを一クサリ。恰も其時だつた。十七、八の青年が仕伺した。見てゐると、金四千九百五十一圓也を渡して、「宇部銀行だよ」とおつしやつた。そうして曰く、

「六圓也の金儲けをするのに五千圓といふ金を働かさにやならぬ。金儲けも中々容易ではありませぬ」

と感慨深かそうに、

「然し私は彼の渡邊さんの〈忍〉と書かれた一字を日夜忘れた事はありませぬ、世の中は萬事忍ぶ事によつて最後の勝利は得られる」

と自信に滿ちた表情で、

「私は幼年の頃より、忍ぶ事を唯一の光明として生きて來た。小學校時代に學校から歸つて、鰯賣りをさせられたことは、今に深い思ひ出である。それも兄弟が多かつたので、長兄としての義務と心得てゐた……」

と、遠い過去の追憶に耽けるのであつたが、氏の面には、いつか彼の朗らかさは失せてゐた。氏は宇部市民となつて三十三年間を經過した。其間、幾多苦難の曲折を經て、彼の總明と鋭智はよく今日の境地を作り上げた。眞とに立志傳中の尤なるものである。

「大男、總身に智恵がまわりかね……」といふことがあるが、金藤氏の場合は反對に、智恵が彼の巨軀に滿ち滿ちてゐるのだ。兵役の義務を了へるや、若くして獨立し、時給も大正七、八年の好況時代、前田喜代助氏頭取の松原炭鑛の整理事務を完成した事が、氏に対する社會的信頼と、その手腕の凡ならざることを認識されたものである。其後、藤井友吉氏經營の大留炭坑のその鮮かなる整理振りには、當事者をして感歎せしめたもの。爾來、氏の手腕と信頼は益々加はり、隨つて株式賣買及び仲介業界の雄として自他共に許す境地を開拓するやうになつた。

現在、各種會社、組合の創立合併、或は解散整理を初め、合計事務の整理調査、計算書類の作製、又は商品の委託賣買取引仲介、動不動産有價證券の賣買仲介等、其他一般信託代辯業を經營なしつつある。齡未だ四十三歳といへば、今が男盛りでもあり、働き盛りで、前途には尚ほ多くの春秋がある。

東見初炭鑛株式會社　組長　**古林喜七氏**

「事業といふことに、多少でも關心をもつて居たら、此頃は案外成功？　してゐたか知れませぬが、何しろ若い時から勞働といふことにのみ……從事してゐたので御覧の通りです……然し十八の頃から六十六の今日迄、四十八年間、炭鑛の仕事をしてゐますので、鑛業といふもの〔※1〕が、どんなものか位ひは心得て居ます」

古林氏は斯ういつて、深い溜息を吐いた。

「炭鑛の株でも持てば今がいい機會だが、といふ時節に何邊も出會したもんですが……運がなかつたといふものでせう……」

そういつて又深い感慨に耽けるのであつた。

古林さんは明治六年、上宇部大小路に生る。十八歳の時、初めて松濱炭坑の採炭夫になつたのが炭鑛界の初陣である。後ち、その當時、草江の藏重氏外二、三の有志によつて經營された常藤炭坑に入り、專ら石炭の車馬運搬を業としたが、この常藤炭坑は當時頗る經營難に落ち入り、一日の出炭量も二百箱を出

でない不振の状態であつたが、偶々、故渡邊翁の買収によりて、一躍、十四日目から一日千箱以上といふ十倍の出炭成績を見たが……、

「全く人氣といふものは偉いものです……私共その時株でも持つてゐたら莫大な儲けをしたもんだが……」

と古林さんは、自ら述懐されるのであつた。

「然し、そうなると、もう馬車で運搬したのではとてもラチがあかない。といふので、遽々エンドレース……に依つて……全く運搬業の私共の仕事は上つたりになりましたよハ……」

と、屈托のなさそうな笑顔で尚ほも、

「その後、神原炭坑、宮沖炭坑等を轉々し、最後に某炭坑を共同出資によつて經營したのが、そもそも失敗でした。當時、田地その他のものをなくして新川へ出なければならぬ様になりました。それから改めて東見初の炭鑛へ稼ぎに出初めたのです……」

大正二年、東見初炭鑛に採炭夫として入る。素より農業の傍らであつたことは云ふまでもない。實直にして精勵……は酬ひられて、遂ひに納屋頭(今の組長)に擧げられたもの[※2]。

「その頃の納屋頭は隨分亂暴者が多かつたので、中々苦勞しました。此の頃の稼働者諸士の素質とは丸で比較になりませぬ。まあ、お蔭様で東見初に二十五年間務めをさして貰つて居ります」

と、又も笑顔を見せる。それにしても彼の豊頬圓満な面には、どことなく暗らい勞苦に似たものが窺はれた。それは若かりし日の、如何に多くの曲折を經たかを物語るものであろう。現在は東見初東門入口附近に、立派〔りっぱ〕やかなる呉服店を經營の傍ら、自らは組長として大東見初炭鑛の組長中の古參として、一昨年、市議改選に當りて古林氏の立候補を推められたのであつたが、老いた身を理由に辭して、藤田勝人氏を出馬させ、見事當選させたほどの人物である。

資性、温厚にして篤實。炭鑛の一組長とは思はれぬ彼の體軀と風姿は、一見堂々たる實業家の風がある。氏は子寶に恵まれたのであるが、長子、満夫氏は工業を出でて青島の電氣會社にあつたが、惜しい哉早世した。次男、克己氏は除隊後、今、東見初の事務所に勤務して居る。三男、三成氏は、沖ノ山炭坑にあり、令嬢は家庭にありて、呉服業の母を助け、一家頗る圓満である。

〔※1〕文脈上、「の」を補足した。
〔※2〕原文は「遂ひに納屋頭に擧げられたのも〔今の組長〕」だが、文脈から、「遂ひに納屋頭〔今の組長〕に擧げられたもの」に修正。

松谷菊一郎氏

宇部市藤山區の長老
宇部市藤山區藤曲

白砂青松の緑ケ濱を遠目に見て、此處、藤山村居能は遠淺乍らも當時、此地方第一の良港であつた。その頃、毛利藩から防長兩國の廻船頭取及び他國船舶取締りを命ぜられ、ペルリ浦賀へ來舶の際は、沿岸警備の爲め、武器輸送の大役を果した松谷辰右衛門と言ふ人があつた。

所有船舶三十隻餘。その航路は遠く北海道から北越、朝鮮、琉球に及び、中國第一の廻船問屋と稱されて居た。御維新前後である。

潤達〔かったつ〕であつた祖父辰右衛門氏の血を享けて、明治七年十月十四日、菊一郎氏は誕生された。宇部に石炭がなかつたら、藤山の方が兄であつたのであるが、石炭のお蔭で宇部市へ合併されたと同時に、市會議員となつて、例へれば、お嫁さんの附添のかたちであるが、宇部市政へ參與された最終の村長としての責任もあつた譯である。縁嫁先との折合を完全にする爲め、人に知れない氣苦勞をせられたが、併し氏の努力は立派に報ひられて、爾後極めて圓満である。

村時代の氏は、郷土人の信望を一身に集めて居た人格者である。議員、農會長、漁業組合長、村長等の總ての公職を一通り務め上げ、地方自治體の權威者と言はれて居た氏が、在職中は何時も平和であつた事を以つて見ても、分明なる通りであるが、又古老達も、その事をよく話されるのを聞く。誠實溫厚の人として、郷人から慕はれるのも、氏の徳の然らしめる所である。

新川渉氏

支那事變に關聯し、先に滿蒙國境の大砂漠彼のノモンハンに於て、大規模に展開された有名な大激戰も、我が皇軍將兵の果敢なる奮闘により、ソ聯をして抗戰士氣を喪失せしめ、遂に和を乞はしむるに至つたことは、近代我が聖戰史上、萬丈の錦を飾るものである。

是より先、支那事變勃發直後、即ち昭和十三年十月、勇躍應召の征途に上り、偶々ノモンハンの激戰に參加し、幾多殊勳をたててゐたが、不幸にして負傷……去る昭和十五年十二月、除隊となり……現に歸勇士の一人として、宇部市内眞締川畔の自邸に靜養なしつゝあるのが、陸軍中尉、新川渉氏である。

氏は明治三十六年一月十九日、市内東區本町の故、元右衛門氏の次男に生れた。その幼少の頃より頗る勝氣な少年だつたと、未だ土地の古老に傳はる評判である。長じて周陽中學(現今の防府中學の前身)に學び、更に進んで東上し、早稲田大學商科に入り大正十四年四月、業を卒へて歸郷し、昭和三年宇部紡績株式會社出納課長に就任した。

斯くして雌伏……六ヶ年その與へられた自己の職務に精進すると共に、一面には社會學をも研究した。それは實業家の具備せなければならぬ最も重要なるものの一つとして、他日に備へるためであつたのだ。されば思想問題にせよ、或は勞資問題についても、造詣

のある事は云ふまでもない。就中、各種？　階級に對する場合、深い理解と認識を有し、縦ひ一稼働者と雖も好く之等と引見して、其意見を聴く雅量のあるところに、氏の人格の閃きが如實に現れてゐる故に巷間――氏は親分？　肌の人だ……といふ印象を與へてゐるのも亦宜なるかなである。

氏はそれほど勤勉家であり、又實際家である。當時既に氏の前途は多く矚目さるゝものがあつたが、會社の將來と亡父の遺訓の爲め、昭和九年、退社した。爾來暫時……趣味の園藝、魚釣に閑日月を送つてゐたが、偶々山口縣土木建築請負業協會が創立さるるに當りて、懇請默し難く、之れが副會長、並に仝宇部支部長に就任し、無意無策？　をもつて業界の建全なる進展に寄與してゐた折柄、支那事變に當面して應召されたものである。

昔から國亂れて忠臣現れ、家貧しうして孝子出づと云はれてゐるが、成程人間は凡て其の環境によつて支配されるものである。これを處世上に見る時、物質的に恵まれてゐるものは、多く現狀維持を欲する。之れに反して、物質的に恵まれない「貧しき者」〔※1〕は、兎角現狀打破？　を希望する。現狀維持は停滞であつて、其停滞は腐敗を意味する。現狀打破は改革である。其改革は光明を意味する。この事實は過去の歴史が雄辯に物語つてゐる。

新川渉氏は敍上〔じょじょう〕前者の家庭に生れたものであるが――それにも拘らず、氏の理念は後者に屬するもので、所謂る民衆的であり、進取的であるところに氏の識見の閃きが窺はれる。この通念の現れとして、時に人々の意表外に出づることがないとはいへぬ。そうした場合に、多くの凡庸は耳目を猗だてて奇異の感を抱くのであるが、それは誤まれるも甚だしい皮想の觀察であつて、氏の信念の那邊にあるかを知らざるものといふ誹を免れぬ。そこでかうした氏の性格は、一體何に基因したのであるか。それは爭はれぬ血統であるといふ事實に鑑みて、茲に新川家について少しペンを進めて見よう。

抑〔そもそ〕も氏の家は古く、先祖代々酒造を業とし、今は亡き父元右衛門氏の代に廢業したものである。然し酒造業の始祖は判然しないが、古老の傳ふるところと記録に徴すれば、今より九代前の祖、作兵衛氏であつたらしい。そして奇〔めず〕らしくも、同名の作兵衛氏が六人「六代」續いて、其當時、人呼んで代作酒場としてゐたものである。元來新川家の本據は琴芝であつたが、其頃の運輸は海上による外な狀態であったので、各地に輸送する爲の便宜上、慶應二年、七代目、即ち氏の七代作兵衛、本名祖父竹藏氏が川に臨んだ現在の地に、酒倉を建築したのが初まりで、後ち住居として移轉したもので、東西新川市街地の開祖なのである。それにつけても氏の庭園に仙檀の大木があるが、之も亦、當時琴芝から移植したもので、市街地最古の園樹といふ譯になるので、今日氏にとりては、由緒ある紀念樹の一つであるのだ。

次に氏の父、元右衛門氏は、村會に郡會に市會に議員として、多年自治の向上進展に、或は地方産業開発の爲め多大の貢献をなし、今日の大宇部を建設した功勞者の一人で、然も學德備の人格者であつたことは周知の事實であるが、これらは一つに竹藏氏の先見に負ふところが尠くなかつたのである。

元來、竹藏氏は町人でありながら、文に秀で、信義を重んずること厚く、現在子方多く現存す。加之に、常に世の變遷を想察して、臨機應變その鮮かなる出處進退――は當世眞に稀に見る人傑であつたのだ。それは當時德川末期に在りては、未だ封建の舊皮を脱せず、依然として士、農、工、商の差別の著るしきものがあつた。随つて學を修むるものは多く武士階級に限られてゐた。之れに反して、町人階級の父兄の無自覺が原因でもあつたのであろうが、之等子弟の多くは文盲に甘んじてゐたものである。この時に當り、國内情勢は勤王、佐幕の二派に別れ、有ゆる葛藤を生じて、全く混沌たる雰圍氣の中に、その長男元右衛門氏をして、明治の初年、武士階級の子弟と伍し、山口、博多、大分等々の儒門に於て、有ゆる文墨の道に精進せしめたことが明らかに立證してゐる。蓋し大勢の推移に順應したその烱眼の尤なるものであつたといふ結論に到達する。

斯の如く傑出した祖父竹藏氏の血が、多分にその脈管を流れてゐる渉氏が、世情に通じて民衆的であり、任俠の人であり、熱血的進取の人であることに何も異とするところはない筈で、當然過ぎる當然である。

筆者は去る春酣〔はるたけなわ〕の或る日の朝、眞締川畔に氏の邸宅を訪ねた時であつた。世間話から、時局談に移ると聊〔いささ〕か緊張して、次のやうに語つた。

「滿洲事變以來の國際情勢は、世代の轉換が世界史の規摸で行はれてゐることを物語り、支那事變は實にこの世界新秩序建設の除幕戰となった三國同盟は、日本民族の東亞に於る指導的地位を確認した。同時に強く其蹶起を要調した。本立ちて道生ず、自ら正しくして、他を正し得る……日本人は、この精神で進まねばならぬ。今回、日ソの中立條約は多年の宿望が達成されて慶賀の至りである……翼賛運動についても、これに挺身するものは、世界史轉換の過程で新らしい歴史の擔ひ手として高く任じ、強く進まねばならぬ。矯激に趨らずに舊弊に囚はれず、國體の尊嚴を守つて時代の新向動を指導すべく有ゆる方面から知識を求めて、益々皇運の扶翼に精進すべきだ。正しき理念と正しき機構のもとに――政治、經濟、文化生活に徹底せる改革と、力強い即ち協心戮力して初めて高度國防國家は建設される……古への日本男子は、「大君のにこそ死なめ」と謳つてゐる。大君に殉ずることをもつて男子一代の本懐と心得て、少しも誇るといふ氣持はなく、ただ君國に一命を献け得ることを神に謝するといふ風があつた。〈およそ皇土に育まれて忠をいたし、命を捨つるは人臣の道なり必ずこれを身の高名と思ふべきにあらず〉と。これは北畠親房の神皇正統記の一節であるが、忠死をもつて人臣の道とし、極めて當然のことを喝破した親房にして、初めて吾が國體の精華を體得したものといへるので……君この精神だね、この非常時局に處して、一億國民がこの心持ちにならなければならぬ」

と、こう語り了つた氏の眼頭には、熱いものを宿してゐた。

筆者は氏の左半面に殘る負傷の痕を見て思ひ合せるとき、斯の烈々たる氏の護國信念の赤誠に對して、感服といふ言葉では物足らぬ一種崇敬なるものを感ずると同時に、現代未だ軽佻浮薄の徒輩が、跳梁跋扈の跡を斷ない痛憤の折柄、所謂る起死回生の念を新たにするものであつた、

因みに氏は資性溫厚にして圓滿、よく識り、よく語り、一度接して城壁を設けず。恰も春風駘蕩の思ひあらしむ。齢ひ未だ三十九才といへば、前途に尚ほ多くの春秋がある。

現在は山口縣土建業協會宇部支部長、並に宇部市第九〇ノ二區報德町内會顧問の任務に在りて、除〔おもむ〕ろに靜養なしつゝ、自己將來の動向に耽てゐるが、その健康の許す限り、期待すべきものが多々ある(この稿昭和十六年四月十七日)。

〔※1〕原文は〈「貧しき者」もの〉となっていたが、文意から「もの」を省略した。

前宇部商工會議所理事　西村秀兵衛氏

北支盧溝橋において皇軍に對する不法發砲に端を發し、遂に興亞の義戰を除儀なくされたものが日支事變である。その直後であつた。吾が宇部新川驛頭に威風堂々たる陸軍騎兵大尉の姿が現れた。驛頭に待構へた數多の人々から感謝と祝辭を浴びせられてゐるので、もとより知遇のある筆者も「おめでとう」と、つい口をすべらすと、

「お目出たうではないよ。生命を捨てに征くのだ……何御苦勞様か？　そんならいいが」

と、元氣よく萬歳の聲に送られて出征したのが昭和十二年七月三十日だつた。それから北、中、南支と轉戰又轉戰すること二ヶ年間、幾多武勲をたてて、昭和十三年八月、一先づ除隊歸還勇士として、一異彩を放つてゐるのが、誰あろう吾が宇部商工會議所前理事、西村秀兵衛氏である。

氏は明治十八年壹月七日、宇部市琴芝の舊家藤部助右衛門氏の四男として生れた(後西村家に入る)。その幼少の頃より、才氣煥發をもつて知られてゐた。長じて山口中學校を卒へるや、陸軍士官學校に入る。學校の成績は優秀にして既に覇氣縱横の長州魂で、軍人には典型的人物として認められてゐた。

明治四十年、同校を卒業して廣島騎兵第五聯隊附に任命された。精勤な半面に標悍な士官として、三ヶ年の後、陸軍騎兵學校を經て、東京砲兵工廠に轉勤。其の間、幾多の逸話もあるが、それは省略する。更に軍馬補充部に轉じ、大山支部高級部員として活躍したことは有名である。

抑も氏は青年將校時代から、常に部内の強硬派に屬してゐた。強硬派とはいひながら、軍人としては柔軟性のある人との應待ぶり、然もきかぬ氣はもとより、多分にその全體に漂つてゐるが、どことなく頼もしく感せられるので、當時、青年將校敬仰の的であつた。それは一つには山口出身の軍人には山縣、桂、兒玉、寺内、田中といふ大先輩があるといふことも理由づけられてゐた。そこで氏の將來を想定するものがぼつぼつ出て來た。「陸軍は防長……に限る」と、いふ聲と、これに反撥する、「西村大尉は山口の出身だ―」といふ聲とが、いつも錯綜しつゝ、氏の名は次第に部内に喧傳された。されば上司からも氏の將來を大に囑目されてゐたが、偶々洲駐剳を命ぜられ二ヶ年を棒に振つた。茲にその宿志たる陸大入學の期を失した譯である。そこで氏は考へた。どうせ男一匹、地方で御奉公するも國のために變りはない。且つ養子の身で老母に心配をかけるより官を辭して、忠孝一如の境地に奮闘することに決心した。時に氏は三十六才の壯年で、部内にも氏の光輝ある將來を惜まれつつ、大正九年九月、未來の將星、西村秀兵衛氏は歸郷した。そうして陸軍大尉の制服をかなぐり捨て、故渡邊翁の信任を得、その懇望により宇部鑛業組合理事の地位についたのが大正九年十月だつた。實に思ひ切つた轉向ぶりであつたのだ。

氏はその頃、はつきりと自分の生涯に一線を畫して、實業家としての發程を闡明〔せんめい〕したのである。

宇部礦業組合は主として石炭の販賣、材料購入、勞働條件及び賃金、採掘上の技術等の事項に亙り、一致協同の歩調のもとに、業界の發展向上に資する目的をもつて、明治三十年に創立されたものである。氏は軍隊生活の足を洗つて、斯うした複雜多岐の鑛業界に就任以來十五ヶ年間、文字通り終始一貫私心なく、勞資の協調は云はずもがな、諸般の事務を鮮かに處理して、遺憾なくその手腕を發揮したものである。其の當時、今は亡き東見初の社長藤本翁が、

「西村君のスタートは軍人だつた……にも拘らず畑違ひの商賣人になつても、中々抜け目のない重寶な男だ」

と、筆者に語られたものだが、軍人だつた半面、實に素晴らしい「智能」は、その頃から片鱗をあらはしてゐた當時、事業家の最も頭痛とするものは、勞働組合であつた。勞働組合といへば、先づ頭にピンとくるものは例のストライキで、大正十年の三菱神戸造船所、同年の神戸川崎造船所、十三年の住友別子銅山、十五年の濱松日本樂器、昭和二年の野田醤油等は、その重なるものであつた。

吾が宇部市に於ても大正十一年の四月西沖ノ山炭坑の十人長、西村某氏〔※1〕の提唱によつて勞働組合が創立され、沖ノ山、東見初其他大小炭鑛の稼働

者會員忽ち數千に達したので、宇部の事業家にとつては一大危機に當面した觀があつた。況や、これが顧問格には、今、近衛内閣の新體制〔※2〕に即し、準備會委員に選ばれた故、麻生久氏を初め、九州八幡の淺原健三一派の謂ゆる労働陣営闘士の後援で、演説會を開催すること數次に及び、その餘力は既に沖ノ山炭坑の罷業……に波及せんとしたものである。これは宇部財界人にとつては、大正八年の米騒動に次ぐ恐怖であつた。中には萬一を氣遣ひ、それに備ふるべく軍隊の力を乞ふては……とさへいふものもあったが、逌〔さす〕が軍人西村氏は、もつての外だと計り、これを一蹴し、その非を糾弾し、極力これが對策に努めて幸ひ事を未然に防止したことは、眞に敬服の外はない其時〔※3〕のことだった。現若松商工會議所會頭藤井伊藏、現直方商工會議所會頭野上辰之助の兩氏は、西村氏と共に、これが折衝に當つたものであるが、今、過去を回想するとき、轉た感慨無量を禁じ得ぬものがある。去る日、小倉市に旅行した時、偶然にも若松商議會頭藤井氏に逢ったとき、

「西村氏とは鑛業組合に居られる時から知つてゐる。今又、商工會議所にゐられるそうだが、氏は稀に見る豪膽なる手腕家だ……どうぞよろしく」

と筆者に語られたのであつたが、又もつて氏の面目の躍如たるものが窺はれる。

今や新政治體制は、日本の劃期的再出發として、擧國一致。この新たなる裝いの中に第一歩を踏み出してゐる。宇部市に於ても、當局と協力し、これが指導力として市民生活に最も深い關係を持つ商工會議所理事、西村秀兵衛氏の邸宅を訪ねたのは、過る十月の半ば、或る日曜日の朝だつた。齢に不似合な前額のピカピカ光つて艶のいいところから、眉毛、眼の窪んだあたりが、どこか末次海軍大將のそれに似てゐて頼もしく感ぜられる。

「十五年ぶりに御奉公が出來て何より嬉しく思ふ」

と、冒頭に居を正して、出征中、皇軍の美談や苦心談、或は支那軍の侮り難いこと等、一クサリ語った後、

「出征二ケ年間に何等誇るべきことを成し得なかつたことを返す返すも遺憾に思ふ……せめて戰死でもしたといふのだつたら……」

と、深い感慨に耽けるので、

「〈死するばかりが忠ではない〉と、昔から云ふではありませぬか」

といへば、

「それも一理ないとはいへぬ——これからは銃後の國民として、その使命に精進することにしよう……」

と、態〔わざ〕とらしい微笑を見せるので、筆者は新政治體制に關する氏の所見を促した。

「公益一第主義などといふから、私益第二主義の方に重點を移して、闇に隠れようとする不屈者が出て來る。公益優先などといふから、一應は公益を考へて、次に私益を計つてもよいやうに聞える。これでは公益がカムフラアヂに使はれる。ほんとうは公益一貫といふべきであろう。公益の外に、私益のあるべきではない。公益と私益とは、太陽の光と熱である。天日戻れば熱を失ひ、熱を慕へば白光の下に立つ。國家を離れて個人はあり得ない。全體と個人とは圓の外輪と内輪である。一にして分つべからざるものである。兩者がピツタリ寄り添ふてゐるから、一つの國家になる。表と裏とが緊張の調和を失へば、國民生活はでこぼこになる。でこぼこの隙を狙ふて外敵が侵入する。經濟統制は人生から自由競争を奪つて、懶〔なま〕け者をつくるといふ説がある。大間違ひである。金錢の利得以外に張合ふものがないと思ふから、そんなことといふのである。如何なる統制も國家の爲めに働く競争を抑へることはできない。人生には利慾以外に廣大なる世界がある。一死君國に捧ぐる前線の兵士を見よ、何人の歌であつたか？ 〈ひとたびは天皇陛下萬歳と叫びしが、母よとよびて息絶えにけり〉 君ここに忠と孝とを一貫する公私一如の境地がある」

と、大政翼賛會の地方支部長にして見たいやうなお説を聞かされたのであつた。成程、新體制は氏の説破したやうに、在來の自由主義、個人主義的觀念を抹殺して、公に奉ぜんとする全體的國家意識の宣揚である。眞〔まこ〕と、かうした抱負經倫を藏する氏が理事として就任してゐることは、市民の商工會議所に對する明るい期待の一つだともいへよう。

因に氏は大正十年より昭和四年迄、帝國在郷軍人會宇部市聯合分會長として、之が指導啓發に尠なからぬ功績を擧げてゐる。公共方面では琴芝部落總代、常盤池整理組合副組合長、常盤耕地整理組合副頭取、共同義會評議員達聰會副會長等々の重要任務にあり、尚私的には自燃灰肥料會社を經營なしつつある。資性謹嚴にして豪膽然も仁俠に富む。相對して慇懃上下に氣受けのよいのも亦むべなるかな。

〔※1〕西村庄太郎のこと。『民主文学』（昭和四三年一〇月号）で花田克己が「坑夫の夏―宇部炭鉱の米騒動―」と題して、「一九二四年、米騒動から六年目、第二沖の山炭鉱で機械夫西村庄太郎を中心に、宇部労働組合が結成された。一千名を組織。沖の山炭鉱の首切反対闘争、宇部自動車会社や西沖製材所のストライキをやった」と記している。

〔※2〕昭和一五（一九四〇）年の第二次近衛文麿内閣における新体制運動のこと。

〔※3〕原文は「敬服の外はない、その其時」となっているが、文意から、「敬服の外はない其時」と改めた。

合資会社長田組

代表社員 長田武治氏

宇部市内最古の土木、石材請負業者として多年其の人格と共に、故渡邊翁の知遇を享け、幾多公共に貢献した兄林太郎氏の歿後、昭和十四年、その組織を合資会社に改め、茲に長田組の新陣容は整備された。爾來、かつて業界の古豪とは謂はれた令兄林太

郎氏に劣らぬ業界一方の棟梁として、ことごとに縦横の手腕を揮ひ、今日に至つてゐるのが長田武治氏である。

氏は明治二十九年二月、山口縣吉敷郡秋穂村の舊家、幸四郎氏の三男に生れた。その幼少の頃より、「才智に丈け、頗る俊敏な少年だつた」と、未だ土地に傳はる評判である。長じて土地の小學校を卒へるや笈〔おい〕を負ひ、東上して學界の權威、工學博士進經太氏（毛利家譜代の儒臣、進氏の孫）〔※1〕の門に足を留めたのが十六才の春であつた。氏はここに學僕として傍ら、中學科程の修業に精進すると共に、更に進氏に師事して工學即ち土木建築學をも修めた。

新くして後ち、氏は進家と親戚關係にある松岡氏〔※2〕の門に轉じた。それは當時、松岡氏は外交官として各国を轉々してゐたので、留守居の役目を務めるためであつたのだ。

「はなやかな外交官生活を……思ひ、又は名士の出入を見るにつけ、その頃の私は最大級？ の空想に耽つたものですが、それは今日回顧すれば、一片の幻影に過ぎませんでした……でも今日、私の處世上において、縱ひ間接だつたとはいふものの、松岡さんから受けた薫陶が大いに役立つてゐることを密かに感謝して居ります」

と、氏はかつて自ら述懐するのであつたが、成程そうした環境に在つた氏が、未來の光明に如何に血を沸き立たせたことであろうことは想像に難くない。斯くするうちに、氏は家事の都合上、一先づ歸郷した。

元來氏の家は古くより土木及び石材業を經營してゐるので、當時、兄林太郎氏は父と共に斯業に従事して、就中、石材に至りては縣下は云ふまでもなく廣島、岡山、北九州にまでその商圏を掌握してゐた折柄のことゝて、父兄の切なる請ひに應じて、急角度の轉向を行い、敢然斯界に君臨したものである。請負業者としての氏は、その手腕、その畫策は全く他追随を容さざるところで、敢て名利に走らず、常に至誠健實を旨とし、謂所る商人道を一直線に終始したことは、眞に敬服に値ひするものがあつた。

當時、業界にあつては數多業者の對立が、自ら激烈なる競争を生み、その餘弊が幾多憂ふべき事態を派生するに至るので、この醜い現實を見せつけられた氏は、黙視するに忍びず、起つて汎く業者の共存同榮の爲めに努力したものである。

今日、山口縣土木建築請負業協會が結成され、新體制の下に統制を強化されてゐる事實に鑑み、夙やくも氏の斯した擧措は眞に先見の明ありと謂ぶべく、その達觀的識見に至りては、今更感嘆措く能はざるものがある。

筆者は當時、屢々氏の請負業に關する抱負を聞いたものである。

「昔の請負業といへば一種の山師的事業として多く顧みられなかつたもので、随つて、これに従事する業者に對して局外者は兎角敬遠主義であつた。その理由として種々と缺點もあつたことであらうが、今日はそうではない他の有ゆる實業と異らない立派な事業としての重要性を帶びてゐる。だから、これに従事するものも舊弊を脱して、所謂る紳士的態度のもとに至誠一貫奉仕の觀念をもつて善處しなければならぬと、これは私がかつて在京中に師事した進博士より特に訓誡された言葉である」

と、語つたものである。

是より先き、令兄林太郎氏が生前において、故渡邊翁の知遇を厚くしてゐた。その蔭に令弟武治氏のあつたことを見逃す譯にはいかぬ。氏の現在の境遇が果して多年盡した努力に酬ひられてゐるか否か……それは今茲に論ぜんとするものではないが、永い請負業生活は全く名利を外に終始して、些の不平もなく又何等求むるところもなく、十年一日の如く孜々として自己の職務に鞅掌してゐるのは、畢意この奉仕といふ信條を忠實に遵奉したもので、眞に敬服の外はない。今日、氏に對する沖ノ山炭鑛の信任も蓋し偶然ではないのだ。

因みに氏は昭和九年、山口縣方面委員に任命されて現在に至つてゐる。その他、第十區報徳町内會教化部長の任務にある。資性溫厚にして、仁俠に富み、一度接して墻壁を設けず。好く語るところに圓滿なる人格の閃きが如實に現れてゐる故に、一般の氣受けのよいのも亦むべなるかなである。

〔※1〕長州藩士・進十六の長男・進経太〔しんけいた〕は、欧米に留学して造船学、機械工学を学んだ。明治二一年に帰国して石川島造船所に入り、取締役兼技師長に就任。同三四年に顧問となり、四四年まで造船業に関する技術及び経営に尽力した。

〔※2〕松岡洋右のこと。松岡の妻・龍が進経太の長女（『人事興信録　第一四版　上』の「進緯介」の箇所より）。

鑄工業界の白眉　**竹内貞之氏**

宇部地方に於ける鐵工業界の古豪として、夙にその名聲を謳はれてゐる竹内貞之氏は、明治十六年二月十一日、大島郡沖浦村字出井の農家故庄吉氏の長男に生れた。

人間は何事も運命だといつてしまへば、それまでであるが、氏は不幸にも四才にして父を失い、母の手一つによつて育てられたものである。無心の愛し子を抱へた母の歎きは如何ばかりか、實に想像に剩あるものがあつたのだ。それから十年間、云ひ知れぬ血と涙で綴られた幾頁かの物語が潜んでゐる。

氏は十五、六才の頃まで、郷里で農業や船乗業に從事してゐたが、十六才の秋、土地の鍛冶職の家に弟子入した。爾來、與へられた職務に懸命の努力を續けて居たが、再び不幸なる運命に遭遇したのである。それは當主人の病魔におかされた爲め、仕事の出來なくなつた事である。氏に取りては折角、今一息と云ふ所で、其の希望は一頓挫した。然し決して落膽するものではなかつた。由來、大島郡人は先天的に海外勇飛の精神が旺盛である。そこには、「出稼ぎ」といふケチな根性ではない。海外移民は一個の男性的事業としてゐるもので、失敗の餘端を海外に送らんとするものではないところに、他と異なるものがある。この見地より海外移民の先驅をなしたのは大島郡人である。小西和氏の「移民論」に、

「海外に向つての移民は、周防大島を以て產出の淵源と見てよい。山口縣が盛んに海外移民を出す所以は、實に大島あるが爲め、是等の人は布哇、北南米に渡つて農工商に從事する。これは正に邦國の意を強ふする云云」

といふ一節がある。まこと大島郡の人は、米國を初め南洋に、或は滿洲、朝鮮と所謂興亞共榮圈內の至るところに雄飛して、何れも成功してゐるのである。かうした環境に育つた氏は、敢然と海外渡航を志したものであるが、性來、孝心の深かい氏は、母親一人殘して遠く異境に旅立つことは[※1]、到低堪へ得られないことであつた。そこで鄉里に近い炭鑛町として知られてゐた當時の宇部新川を選んだ氏は、出發に當り、母と共に氏神、長尾八幡宮に參詣して、成功と健康とを祈り、母と當分の別れを告げたのが十八才の時であつた。

斯して明治三十三年の春、宇部新川に移住し、後藤鐵工所に月給四圓也で就職した。當時、物價が安かつたとは云へ、其の四圓を節約して幾らかづつ鄉里にある母に送金したと云ふ事は、如何に孝心の厚かつたかを如實に物語つて居る。田舍の鍛冶職から炭鑛地に變つた氏は、工作上非常に苦心した。

「早く此の職に熟練して母の生活を助けねばならぬ義務がある」

氏の心中にはこうした思ひの外、何物も無かつた。文字通り、日夜寢食を忘れ、その職に精進したものである……眞に「刻苦奮闘」といふ言葉は、その頃の氏の日常に最もよくあてはまるものがあつたのだ。

そうした不撓不屈の努力はやがて報ひられて、遂に一人前の職人として、世にたつことが出來るやうになつた。ところが好事魔多しといふたとへにもれず、茲に又氏は三度悲境の運命に翻弄されなければならぬ事情に直面したのである。それは主人である後藤氏の失敗？ が原因となつて、事業を中止しなければならなくなつたことであつた。然しこれは不幸にはちがいないが、氏にとつては一つのチンスだつたともいへる。多年の間、夢にも忘れたことのない彼岸に達する機會をつかんだ氏は、敢然意を決して、明治三十六年獨立し、茲に竹内鐵工所の產聲をあげ、雄々しくも鐵工業界にデビューしたのである。時に氏は年僅か二十才であつた。斯くして當時の松濱炭鑛の仕事を引受けることになつた。それは氏の今日の成果を基礎づけた素因ともいへるのである。

爾來、氏は誠實をモツトーとし、幾多の困苦と缺乏に堪へ、その職域に邁進したことは實に感嘆といふ言葉ではもの足らぬものがあつたのだ。氏が一日分の食量を五合と定め、之を三度に食する爲めには三ツに仕切つて、その旺盛なる食慾を抑制したといふのは、その頃であつたのだ。これらによつて見ても、氏の克己心が常人の及ばざる如何に強固であつたといふことが窺れる。

斯の如く氏の眞面目な態度に一般の信頼を得たことは當然である。隨つて、事業も日に增し繁榮に赴き、明治三十八年には西區本町一丁目に住宅を兼ねた職場を建築するに至つた。その頃、「夜の鍛冶屋」といふことで有名であつた。それは氏が日中を得意先に注文取りに費やすので、自然仕事は主に夜業をしなければならぬのであつたから、誰れいふとなく、夜鍛冶や夜鍛冶といふ評判が高くなつたものである。氏はそれほどの奮闘家だつたのだ。

これより先き、氏は獨立すると同時に、鄉里に在つた母を迎へた。それは氏が鄉里を旅立つ時、

「お母さん必つと呼び寄せます……」

と、誓つた氏は、母の側に仕へることが歡喜であり目的であつたのだ。ここに於て氏は、一先づ安心した。そして愈々これから……といふ時、恰ど日露戰役に直面した。兵籍にあつた氏は、豫て覺悟をしてゐたので茲に悲壯なる決意をもつて、母に對する後顧の憂ひのないやうに家事萬端を整理して、勇壯應召の壯途に發つたものである。蓋し忠孝兩全の人といふ結論に到達する。武運目出度く無事歸還した氏は、再び松濱炭鑛の仕事を命ぜられた。當時の頭取であつた故渡邊翁の厚い知遇を得て、益々誠實と努力をつづけたものである。然し當時は鑛業があるのみで、現今の如く有ゆる工業會社といふものは絕無だつたので、不景氣に直面した場合は、悲痛な逆境に處し所謂破綻や浮沈も數回體驗したものである。或は仕事の、「途切れる」時には、自ら藥や石鹼の行商等をして少しも撓「くじけ」なく奮闘した。然し一旦鑛業の景氣が盛んになり、隨つて氏の仕事も繁忙な時は格別で、他の想像も及ばないこともあつた。これについて一つのエピソードがある。それはかうした大多忙の折柄、氏は祖先の法要日に當面した時のこと、

「法要を營む爲め、一日休業すれば、請負つた物品の納期が遅れる。それでは炭鑛の事業に支障を來す憂ひがある」

と、いふので、氏は例年十月十五日の祭日を利用して法要を營むべく、その門徒である松月院[※2]主故道重上人に、其の意を傳へた。ところが上人は殊の外快諾され、そうした氏の責任感の厚さを賞讃されたと共に、爾後、隨所に布教の際、教材として說教されたものである。これが機緣となつて、後ち正月院布教所が阿彌陀寺に代るとき、當時、芝增上寺管長に就任されてゐた上人より懇命をうけ、現在に至るまで同寺の惣代の一人として盡瘁してゐるが、是れを見ても氏の責任觀念の如何に厚いものがあつたかといふことが窺はれる。其後は萬事順調に進み、漸く成功圈內に入つたのである。西本町四丁目に住宅を建築

し、更に工場の横張其他諸般の施設を整備すると共に、職工數十名を要するに至つた。氏は時局に目覺め、毎月工場に於て報徳食を開催し、高野大祐氏を幹事とし、野村神官〔※3〕を講師として、職工の精神修養に努めたものである。故に氏の工場に務める若い徒弟諸子が徴兵檢査の場合、何れも成績が優良なることを賞讃せられてゐるのであるが、それは一つに氏等夫妻が督勵して青年訓練所に通學せしめた賜であつて、當局及び所屬の村長より、雇傭者たる氏の理解ある指導宜しきを得た爲めであると、幾度となく謝辭を受けて居るのである。ここにも亦氏の人格の閃きが如實に現れて居る。其後ボール製作に必要なる仲鐵業を起すに至り、その目覺しい活躍振は他の追從を許さず、遂に宇部業界一方の覇者として、自他共に許す地位に達したものである。

昭和二年、多年その研究を續けてゐたセメント原料粉碎用のボール工作に、理想的成功を遂げ、斯界に尠からぬ貢獻をなしてゐる。元來このボールなるものは、初めは多く海外より輸入してゐたものを、後年住友、其他二、三の會社に製作せられてゐたのである。そこで地方の個人經營の鐵工業に從事してゐる竹内氏の工作品に對しては、一顧も與へられなかつたものである。寧ろ嘲笑に似た心持でむかへられてゐたのである。そこで確固たる自信を有する氏は、俵田明氏に、自己の研究によりて工作したボールの試練的使用を歎願した。俵田氏は、竹内氏の熱心なるに動かされて、宇部セメントに對しての實驗を慫慂されたのであつた。北海道、室蘭製鋼所に於て分析の結果、優秀なる事が發見せられたので、當局の權威者も一驚されたと云ふ事實がある。

爾來、氏の工作品は全国的、否、海外にまで高評を博したものである。その當時の滿洲方面の治安は頗る危險狀態にあつたにも拘らず、氏は身に傷害保險を附して進出なし、英、獨の同業者に對抗して、販路の擴張に成功したことは、氏の工作品が如何に優秀なるかといふことを、雄辯に物語るものであると共に、氏の面目の躍如たるものが窺はれる。

氏はかうした事業にのみ歿頭しては居なかつた。宇部に移住して四十二年、其間に組長、達聽會議員、區會議員、區長として又庶民金庫の理事として間接に自治の向上進展に寄與し、かくれたる幾多美談を殘して居るが、誇り顏を一つするでもなく、只信念に生きると云ふ純情の人である。

「私の今日あることは、全くこの母性愛の力によつたものと信じて居ります」

と、氏はかういつて、過去の追想に耽けるのであつたが、眼頭には熱いものを宿してゐた。この尊い母性愛に報ひ得たところに氏に學ぶべきものが多々ある。

人間の立志を讀むとき、「徒手空拳」といふ最大級の形容詞があるが、眞に裸一貫より身を起し、鐵工界の第一人者たる營冠を勝得た氏の場合に、最もよくいひ得らるるのである。昭和十二年三月、氏は深く感ずるところありて、自己所有工場の一切を宇部鐵工所に讓渡して業界を引退し、現在は護國神社の參道の新居に閑日月を送つて居る。

資性温厚、純朴にして然も仁俠に富む人に接して城壁を設けず、常に微笑をもつて語るところは、所謂る世の酸いも甘いもかみわけた圓滿なること氏の如きは、實に稀に見る人物である。

因みに氏が今日の大成を築くに至つた其の蔭には、賢婦人として夙に聞えのあるスエノ夫人の尠なからぬ内助の功があづかつて、力あつたことを附記して筆を措かう。

〔※1〕原文は「こはと」だが、文意から、「ことは」に訂正。
〔※2〕原文は「正月院」だが、「松月院」に訂正した。
〔※3〕琴崎八幡宮宮司（大正一四年一二月～昭和三七年一〇月）の野村清臣のこと。

小嶋炭鑛 頭取 **庄忠人氏**

綠橋々畔、眞締川の邊り、河に面した閑靜な中にある二階建の住宅が氏の邸宅である。この住宅に、つい先年までは新聞人や政界人の訪問が多い。遉〔さす〕がに防長の玄關番だ……とまで、異名を取つただけに、當の主も是等の應接に日夜寸暇もなく〔※1〕、時には奥座敷より洩るる談笑の聲は、道行く人の耳を敲だたしむることもあつた。この政界の古豪先代晋太郎氏の歿後は、一時ヒツソリ閑として、出入りの人々の面にも憂愁に似た曇りを帶びて居たが、それも暫し—その後間もなく、この住宅に和やかな春は訪れて、忠人氏の名は父に劣らぬ寔〔まこと〕に颯爽たるものがある。即ち實業家としての氏の將來を想定するものがボツボツ出て來た。

「氏に一つ炭鑛をやらしては如何だ……」

と、いふ聲と、これに反撥する、

「いや彼の人は父の後者として政界に出す方がよかろふ」

と、いふ馨とが、いつも錯綜しつつ、氏の名は次第に世上に喧傳されはじめた。もうかうなると綠橋の畔の氏の住宅を訪ねるものは、再び新聞記者や鑛業家の人々が繁なり、時には京阪地方に於ける實業界の大物が會見を求めるといふこととなつた。そのうち宇部地方に大小幾多炭の誕生するに及んで、種々と下馬評にのぼつたものである。斯くするうち小島炭鑛の創立に先だつて、その重要な役割を引受けた。この時代は判つきりと、自分の生涯に一線を畫して、實業家としての己れの發程を闡明したものである。

「俺は鑛業を志すんだ……」

と、高らかに叫んだ。それでもまだ、準備時代には其の方向がそれほど判つきりとはしなかつたが、愈々創立を見るに至り、頭取に就任した時、氏の將來の動向が明確に規定されたのである。

それは實に威風堂々たる登場振りであつた。恰も舞臺の筋がクライマツクスに達したとき、はでやかに花道に現れた座頭役者の如く太い輪廓を看取せずにはゐられなかつた。

氏は明治三十二年二月二十一日、上宇部の舊家、故、晋太郎の長男に生れた。その幼少の頃は才氣衆に秀で、然も頗る腕白だつたと、未だ土地に傳はる評判である。長じて山口中學校を卒へ、早稲田大學に入り、採鑛冶金科にゐたが、後ち政治科に轉じた。同校を卒へるや歸郷して、宇部セメント製造株式會社に入り、後ち辭して、暫く閑日月を送つてゐたが、再び沖ノ山炭鑛株式會社に入る。この間、いつも待機の姿勢を堅持して、雌伏多年に及んでゐたが、昭和十四年、小島炭鑛の創立と同時に頭取に就任して現在に至つてゐる。こうした電撃的業界進出の道程と、その熾盛〔じしょう〕なる氣骨と手腕を考察するとき、遉〔さす〕がに血統の争はれぬ事實を見逃すわけにはいかぬ。

庄氏は遠く、今より四百餘年昔、福原家の臣、庄十郎左衛門俊政より初まる(大宇部より〔※2〕)當時、石州江ノ川の戦ひに忠死を遂げたものである。後年幅原大夫が宇部に移るに及び、その昔の忠臣、庄十郎左衛門俊政を偲び、これが再興を念とし、その子孫を物色して庄氏を再興させられたものが、現在の庄家である。で、初代が十郎左衛門俊正(政を正にかゐてある)、二代が市郎兵衛俊信、三代が俊輔、四代が晋太郎氏で、現在忠人氏は五代である(然し初代の十郎左衛門以前が何代か續いてゐる筈であるが不明)。斯うした初代、二代は、福原家普代の忠臣であり、三代は學者であつたと同時に、宇部村長として自治の上に貢献したもの。四代の故、晋太郎氏は、實業家といふより寧ろ爲政者として名聲を博したことは周知の事實で、特に金銭に執着せぬ親分肌の熱血漢で、彼の豪放磊落だつたことは、所謂る武士道氣質の典型である。

かうした血を受けた忠人氏の性格は、過去においても幾多のエピソートがある。これらは事業方面に於ても遺憾なく發揮されてゐる。彼の覇氣滿々物事に動ぜぬ負けず魂の半面には、多分の俠氣を藏してゐる。先に創業半ばにして一時暗礁? に打つかつて、關係者一同は杞憂の眉をよせたやうだつたが、氏は獨り何等意に介せず、急らず騒がずに、その難局を打開して、遂に今日の成果をかち得たことは、一つに私心なき誠意の賜であると共に、氏の面目躍如たるものが如實に現はれてゐる。現在、小島炭鑛は羨望に似た驚異をもつて業界視聴の中心に座してゐる。「伏すこと久しければ飛ぶこと早し」といはれてゐるが、氏の場合に最もよく當て適る。今や少壮實業家として、その將來を矚目さるるに至つたことも、亦故あるかなである。

〔※1〕原文にない「な」を補足した。
〔※2〕「大宇部」とは、渡邊翁記念文化協会により昭和一二年五月一〇日に創刊された月刊文化誌『大宇部』のこと(『渡辺翁記念文化協会沿革史 ―創立五十年記念―』)。

日名續太郎氏

明治三十七年、福岡縣久留米電燈株式會社の電氣工事施設の請負業者として、國内に於ける業者の先驅をなし、爾來、中國、九州一圓に渉りてその技翼を伸べ、遺憾なく手腕を發揮し、現在斯界の權威として汎くその名を知られてゐるのが、日名續太郎氏である。

氏は明治十六年の春、岡山縣川上郡成羽村の農家、故仲三郎氏の三男に生れた。幼少の頃より俊敏の聞えあり、長ずる〔※1〕に及んで、才智衆に秀で又一面頗る勝氣な少年だつたと、未だ土地に傳はる評判である。「蛇は寸にして人を呑む」といふ諺〔※2〕にもれず、氏は僅か十一才にして郷里を出でて大阪に足を止めた。其間十ケ年、有ゆる辛酸を體驗して、明治三十七年、門司市に在る兄のもとを訪づれたのが漸く二十一才の時であつた。是より先き、長兄は夙〔はや〕くより門司市において電燈電氣工事施設請負業を經營してゐたもので、氏はそこで初めて電氣工事施設に多大の興味を感ずると共に、その事業の前途有望なることを自覺した。玆において氏は兄を助けて、自己の職務に日夜を別たず努力奮闘したもので、其の當時の眞劍振りは到底筆紙につくされない幾多の物語りがある。斯くして漸く氏は、一角の請負業者として獨立の基礎を作り得たものである。

元來、電氣工事の施設は會社直屬に成されてゐたもので、随つて他に請負業者なるものはなかつたのである。この多年の習慣制を破つて、電氣工事施設の請負業を試みたのは全國でも氏が最初の旗揚げであつた。その當時は初心者に對す、こうした事業は甚だ危懼の思ひを抱かれてゐたものであつたが、氏の熱心と、多年の體驗による技術とは見事に之等の憂ひを一掃し、其の手腕のほどは當事者をして感嘆せしめたものである。と同時に、氏の名は忽ち喧傳されるやうになつて、後年大阪の雜賀氏と並び稱せられるやうになつたものである。

今試みに氏が完成した重なるものをあぐれば、久留米電燈、博多電燈、大村電燈、小倉電燈、日本窒素肥料の電燈電氣、馬關電燈、長府電燈、小野田電燈、岡山縣小島電燈等々を初め、過去に於ける第一次歐洲戰直後、青島電燈及び全部の基礎工事を完成してゐる。之等によつて見ても、氏の誠實と手腕の非凡なることが立證されてゐる。

大正八年九月、宇部市に移住し、當時の宇部電燈株式會社電氣工事を完成し、後年山口縣々營に改るると同時に、その指定請負人の命を受くるに至つたことは宜なるかな。爾來、其の使命に精進したものである。

氏は斯うした電業に貢献したばかりではなく、他の事業方面に關聯して、宇部市の發展助長につくしたことも亦尠くない。即ち昭和九年、瀬戸氏を社長として宇部元山汽船を發起組織して關門、阪神間の運輸交通の便を開いたのも氏の力のあづかつてゐることは云ふまでもない。後ち、昭和十三年五月、元山商會と合併し、同商會の資本金二十万圓より五十万圓に増資し名も、元山運輸汽船株式會社と稱するに至つたのも、その頃であつたのだ。これについて一つのエピソードがある。

元來、宇部の事業家の多くは鑛業にかけては他の追従をゆるさぬ、識見と手腕の誇るべきものがあるが、他の海上運輸事業方面には、頗る危懼の念をもつてゐたものである。ところが博識、多才である日名氏が、元山汽船を經營して好成績をあげてゐるので、これを見た元山商會の幹部諸氏が、海上運輸業が儲かるものなら船を造つてはどうか？と。それが動機となり、常務松重善兵衛氏の要求に基づき、日名氏は三百噸級二隻を作つて提供したのである。案の通り、想像外の好成績を得たので、今度は元山商會直屬の造船に着手し、着々とその著るしい業績を示すやうになつた。ここに元山汽船對元山商會との間に一悶着が惹起したが、日名氏は宇部市のモットーとする共存同榮を主張して、遂に圓滿なる解決を見るに至つたのであるが、又もつて氏の人格が窺はれる。

氏は更に一つのブロツク……山宇金融組合を經營してゐる。それは宇部市の商人對倉庫業が目的であつた。然し其當時は諸々と事情の爲め實現するには至らなかつたが、他面、其頃、群小炭鑛及び鑛區起業の要求に應じて、これが金融に善處し、鑛業開發のために貢獻したことは尠ない。其他、有ゆる産業方面に投資してゐる資金は、現在實に五十万圓に及んでゐるが、これらは一つに宇部地方發展に資するといふ氏の誠意の現はれであるのだ。

氏は其他、宇部達聽會議員として、或は組長、區長に、又は方面委員等の公共事務に就任しても、よくその使命を全うし、陰れたる美談の數々を殘してゐる。

昭和十四年、感ずるところありて電業界を引退し、現在は藤山區平原の丘、閑靜な新居に悠々自適の日月を送つてゐる。資性温厚にして謹嚴、然かもその中に俠氣も藏し、人に接するに常に微笑をもつてし、いやしくも爭ふことなく眞に圓滿なる人物である。

〔※1〕原文は「長ずるふ」だが、文脈上「ふ」を削除。
〔※2〕原文は「とい諺」だが、文脈に従い「ふ」を加え、「といふ諺」とした。

吉柳鐵工所　所主　石田義治氏

宇部の代表的事業と云へば、先づ何といつても鑛業に指を屈せねばならぬ。過去三十年間に於ける苦闘の結晶は、鑛工都として國内的視聴の中心に坐した大宇部市を建設したのも、一つに鑛業の力であつた事は、餘りにも顯著な事實である。然し翻つて、斯の鑛業と絶對的不可分關係にあつて、重要な役目を務めた鑛山用機器製作業者、即ち鐵工業者の功績を見逃す譯にはいかぬ今日の如く、非常時局に當面して、特に業者の重要性が痛感せらるるのであるが、現在、宇部市内において、宇部鐵工所を除く、個人經營にかゝる數多業者間に斷然その頭角を現はし、所謂る業界に代表的業者として君臨してゐるのが、吉柳鐵工所の名において知られてゐる多額納税者、石田義治氏である。

氏は明治三十二年五月、山口縣都濃郡大津島の農家、三治郎氏の長男として生れた。その幼少の頃より、聰明な少年だつたと土地に傳はる評判である。

明治四十年、氏が八才の頃、父と共に宇部に移住したもので、後ち、宇部小學校に入つた。在學中の成績も常に良好で、就中、手工が得意……だつたとは、かつて同僚某氏の述懐であつたが、小學校を卒へた氏は、更に工業學校へ進學の希望止みがたきものがあつたが、當時家事の都合で、それは容れられなかつた。氏は斯うした向學の心を制へて、茲に鐵工業に志し、所謂る豆戰士として實社會の波濤の中に驀進〔ばくしん〕の第一歩を印したのが、漸く十六才の春であつた。然し人間は何が幸福になるか判らない。若し氏が工業學校を卒業し、一技術者としてサラリーマン生活をしてゐたのだつたら、案外今日、彼の宇部屈指の吉柳鐵工所々主、多額納税者としての石田氏は生れなかつたかも知れぬ。されば天才的職能通念は氏をして逸くも業界に出發せしめたことが、今日の素因を爲したもので、栴檀は二葉にして香ばし……といふ、蓋し立志傳中の尤なるものといふ結論に到達する譯だ。

斯くして十六才の少年石田氏は、先づ大阪に旅だつた。そうして或鐵工所に弟子の形式で入所した。性來勝氣の氏は、如何なる困苦をものともせず、數多の先輩に伍して技術の修得に精進すると共に、一面には他日に備へる經營の方法等をも研究したものである。

今日、氏の經營振りが人々の意表に出づるもののあることは、此の間の消息を雄辯に物語つてゐる。氏はここで三年間の後、福岡縣下の業界に轉じ、再び努力數年の後、更に轉じて宇部鐵工所に入社したものである。其頃の氏は、既に鑄造に關する限り、熟練工として權威の圏内にあつた。其當時、宇部鐵工所理事であつた牧三平次氏が、曾て筆者に曰へらく、

「宇部鐵工所内で拔群の職工が二人居た。それは製罐の村上と、鑄造の石田……で共に學歷はないが、技術上並びに能率の觀點から云つても、確かに双璧だつた……」

と、語られたことは未だ記憶に新たなるものがある。宜なる哉、天禀の技才に一段と磨きをかけた氏の洗練された手腕は、他にその匹儔を見ないとまで云はれたもので、其の面目の躍如たるものが如實に現はれてゐたのである。

是より先き、當時氏の義兄、吉柳氏は宇部市内に在りて鐵工業を經營してゐたものであるが、悲しい哉、創業三ヶ年にして儚くも早世した……昨日の悦

びは今日悲しみの奈落へ……吉柳一家にとりて、主人の死は非常な打撃であつたと同時に、義兄の死は石田氏にとりても悲しみと共に、多大の衝動を受けたことは云ふまでもないが、その悲しみは軈〔やが〕て大きな力となり、熱となり、意を決して茲に義兄の遺業を繼承すべく獨立したのが大正十二年、氏が二十四才の時であつた。

爾來十九ケ年、その間、幾多の浮沈曲折、實に涙ぐましい物語りがあるが、それは省略するが、この當時こそ、眞に氏の手腕を試練する絶好の機會に遭遇したともいへよう。然しながら今日の業界より見れば、諸施設の整はざること隔世の感ある。常時に於て、一面には利己的萬能主義時代……で、そうした激烈なる競爭渦中に處して文字通り日夜寢食の暇もなく奮闘努力、有ゆる辛酸の裡に善處したことは全く驚異に値するもので、氏の誠意と手腕は、此の間に於て遺憾なく發揮されたものである。

就中、氏に學ぶべきことは、傭者と被傭者との關係である。

「元來、使用者と被使者との間に於ける衝突など謂ふ事は、上に立つ者が、人を使用してゐると考へるから、時に不滿を感じて自然衝突を招來するのであるから、自分自らが使はれる心持ちで、一同と苦樂を共にして働けば、和氣靄々の裡に能率も増進する。要するに工場を一つの大家庭と思はなければならぬ。これは事業を經營する者の心がく可き、重要な點であると思ふ」

とは、氏が曾て筆者に自ら述懐するのであつたが、眞に至言である。この信念あつてこそ、氏は今日の大成を捷ち得た所以である。今や宇部業界の雄として、自他共に許す彼の縱横の畫策、無盡の秘計、さながら神出鬼歿の觀がある。未だ齡四十三といへば、多くの春秋がある。從つて業界の爲め將來氏の手腕に俟つものは決して尠くない。個人としての氏は圓滿明徹、然も謙讓に富む、又一面には社交の才あり、輕快洒脱應對頗る妙を得て誇らず、傲らず、人に接して上下の隔てなく、眞に親しみ易い、當世稀に見る人物である。

因みに氏は昭和八年以來、宇部消防組、後ち警防團を改稱せらるに至りて、現在班長の任にあり、然も警防機器の故障、或は毀損等の場合には何時も職業柄とはいへ、自己の工場に於て、無料修理をしたものである。それは一面には職掌上自己の保管圈内にあるものに對する責任觀念の現はれに他ならぬので、如何に其の公共心の強旺なるものが窺はれる。

小野田炭鑛　鑛外課長　**島田與一氏**

豪膽〔ごうたん〕と仁俠とをもつて知られてゐる島田與一氏は、明治二十一年五月、宇部市字小串の農家、故松之助氏の長男として生れた。その幼少の頃は、頗る溫順な少年だつたと、未だに土地の古老に傳はる評判である。長じて小學校に入るに及び、その學術は常に優等の成績で、受持の先生も氏の將來に對して屬目されてゐたものである。

小學校を卒へた氏は、山口縣立農學校の獸醫科へ進學の希望であつた〔※1〕が、それも家事の都合でその志を得なかつた事は、返す返すも遺憾事であつた。然し氏は決して落膽はしなかつた。爾來、專心家業に從事する傍ら、中學講義錄や馬匹に關する講義錄によつて、獨學に精進したものである。氏が今日、馬匹に關する限り、他の追從を容さぬ深い造詣ある所以である。明治四十二年、適齡に達し、徵兵檢査に首尾よく合格。臺灣在營中も常に拔群の成績をもつてし、下士勤務を拜命して除隊となつたものである。除隊後に於る氏の心境と性格は一變した。それは軍隊生活によつて訓育された武士精神であつた。即ち正邪の理念を眞向に、邪に對しては如何なる權門、富貴といへども呵責なく、勇敢なることは過去において、幾多の事實がそれを明白に實證してゐる。要するに標悍にして剛毅な男性的本能を遺憾なく發揮するといふ、所謂る氣つぷが良くて、情にもろい仁俠の人と謳はれるやうになつた。

斯くして大正四年、沖ノ山炭鑛々内より揚るボタ、排出運搬業に從事する指定請負人となつたものであるが、それが今日、氏の大成を爲した素因でもある。爾來二十五ケ年間、沖ノ山を初め、宇部セメント、或は宇部窒素等々の馬力運搬業を一手に納めて業界に重きをなしてゐたものである。

當時、これ等に從事する雇庸人員百數十名を擁してゐた。恰も其頃は勞働問題が云々された時代であつたので、炭鑛を初め、他の會社等にはこれが對策に腐心し、且又頭痛の種であつた。勿論、賃金の値上げ……或は待遇改善等々の要求と種々難關に遭遇したものであつたが、島田氏の方には、そうした不平や不滿の聲は少しもなかつたものである。それは氏が夙に勞資協調といふことを專ら念とし、稼働者に對する生活の安定に意を注いで善處してゐたからである。それと同時に、一つは雇傭者としての得意顏するでもなく、氏は自ら卷脚絆に地下足袋を穿いて、稼働者と共に現場に働いたもので、此の一事だけは常人の到底眞似の出來ないところであつて、隨つて稼働者を感服せしめたものである。蓋し勞資の協調を眞劍に實行した先驅者ともいへる譯である。

氏に學ぶべきことは、そうした自己の使用人に對するばかりではない。頃は大正十三年の秋であつた當時、宇部鐵工所附屬の長門工業學校の向ひ側に在る氏の住宅を筆者が訪づれた時だつた。五十才餘りの見すぼらしい一人の男が茶の間の入口で、酒肴の馳走を受けてゐた。その如何にも美味そうに貪り食ふ有樣は尋常ではなく、恰も餓えてゐたものが糧を得た歡喜の滿喫に似たものがあつたが、やがてその當人が裏口から外に姿を消したので、「今の彼れは何人です？」と、筆者がたづねた。すると、

「彼は上町の某といふ人で生活が苦るしい上に、身

體も弱いので、酒は飲みたし錢はなし……といふ氣の毒な人でね。つい、ふとしたことから彼して私の家に來て、一日一度だけ飲食さして居るが、未だ未だあんな人が私の家へは澤山來るよ。そして時々小使錢もやらねばならぬしね」

　と、氏は當り前だ……といふ面持ちで高らかに笑ふので、「大變ですねー」と、いへば、

「彼いふ人々を絶望的に落入らしめると悪いことをするもんだよ。つまり社會悪を派生するやうになる……だから大したことでもないし、縦ひ一杯の酒、一椀の飯を與へて、彼の人達に感謝の氣持が生ずるとすれば、斯な大きな收穫はないと思つてゐる。まあ小さい社會奉仕の一つだと、そんなつもりで同情してるまでだよ」

　と、氏は恵まれない人の爲めに、爲さねばならぬ倫理化を説くのであつたが、又もつて氏の人と成りが窺はれる。

　其他、氏には未だ多くのかくれたる美談があるが、それは省略する。資性豪膽にして磊落然も仁俠に富む。一度頼まるれば横にカブリを振れぬ親分肌で、血もあり涙ある、まことに現代稀に見る人物である。

［※1］原文にはない「た」を補足。

吉松乙吉氏

　宇部市西區上町二丁目、俗に小串通りの交叉點に櫻羊羹を主として、カステーラ其他の高級生菓子製造販賣を業とする菓舗がある。これが櫻羊羹の名に於て、夙に市内外に名聲を博してゐる吉松商店である。同商店は今より約二十八年前、現在の經營主吉松乙吉氏の創業にかゝる。氏は弱冠の頃より、身を菓業界に投じ、特に羊羹製造をもつて生涯の事業となし、研究努力を重ねること多年。鋭意技術の改良と品質の向上を計り、其の永久性と香味の卓越せることは、實に無雙と稱せられ、今や市内は勿論、縣下にまで其聲價を博するに至り、宇部の土産品といへば、先づ同店の櫻羊羹が筆頭に數えらるるに至つた事は宣なるかな。

　氏は明治十九年二月、佐賀縣東松浦郡相知村の農家、故伊助氏の長男に生れた。幼少の頃より農家に生れながら商業に志し、土地の菓舗に奉公し、専ら羊羹の製造に精進したものである。これより先き、佐賀の名は明治維新當時から多くの偉人を輩出して有名である。例の佐賀の亂で知られてゐる江藤新平幕下の中堅どころが、百姓、町人出身だつたといふ風變りな土地である。随つて、佐賀には多血多涙の人物が多いといふ譯にもなる。大正時代に於て、實業界に嶄然頭角を現はし、海運界に雄飛し斯界に貢獻し、大成功を持ち得た業界の傑物、福田慶四郎を初め、幾多の人物が輩出してゐる。

　吉松氏が菓業に志したのも、斯うした四圍の環境に刺戟されたことはいふまでもない。それから十ヶ年間といふものは終始一貫、羊羹の製造に専念したことは、文字通り寢食を忘れて一日の如く歳月は流れた。「十年一日の如く」といふ言葉は、實に氏の爲に作られたといへよう。其の精勤振りは、感嘆に値ひするものがあつたのだ。

　斯くして成果を得た。茲に一人前の、然も抜群の菓子製造技術者としての資格を獲得した。偶［たまたま］徴兵適齢に達し、首尾よく甲種合格歩兵として、入營三ヶ年の義務を完ふし、除隊後郷里に在りて、菓子製造業に從事しながら、世の形勢をながめてゐたが、當時、氏は經濟界に於ける好景氣の歴史が常に戰亂の後を享けて、周期が繰り返されて居る事を見て、この好機に大飛躍を試むべく斷然意を決して、先住の知人をたよりて宇部に移住したのが二十九才の時、即ち大正三年二月十一日といふ佳き日であつた。大正三年といへば、前の歐洲大戰突發第二年目であつた。氏は知人に謀つて、羊羹の製造販賣業を開始するに至つた。其間、幾多の困難に遭遇したが、就中大正五六年の大不況に當面し、多大の痛手を蒙つたものであるが、これは氏にとりては、一つの試金石であつた。當時、氏の眞劍なる其活動振りに、人々の同情するところとなり、氏の爲めに二百圓懸けの頼母子講が成立した……これによつて氏は再出發を試むべく畫策した。果せるかな氏の明晰な頭脳と、綿密なる計畫的敏腕と併せて、強固な意志とは如何なる困難をも意に介せず、只管將來の自信に向つて邁進し、然も時流をよく達觀して、穩健なる遺口により、益々その根抵を培ひつゝ、愈々その翼を伸した結果、業績は益々隆運に赴いた。當時、我國の經濟界は異數の大活況を呈したが、一朝恐慌の風吹き荒むや、槿花一日の榮に過ぎないものが相當に多かつた。其餘りにも放膽［ほうたん］にして、堅實味を缺げる商略に禍されたのである。然るに獨り之と選を異にし、異數の發展を遂げ、大正十一年、縣下德山市に支店を開設し、今や櫻羊羹の名は業界の王座を占むるに至らしめたことは、洵［まこと］に立志傳中の一人で、又宇部業界の功勞者として過る昭和八年、宇部菓子組合長に推選され、現在に至つてゐることはむべなるかな。

　尚ほ氏の今日の成功は、創業以來終始一貫、誠實を旨とし、信用を重んじた賜で、過去三十年の足跡たるや、その人格と共に我等の大いに學ぶべきものが多々ある。

　資性頗る溫厚にして、然かも仁俠に富む。常に微笑を浮べて人に接し、喜怒哀樂を色に現はさず、區内の世話も我がことのやうに好くするので、一般上下に氣受けのよいのも亦故あるかな。趣味の釣魚は素人の域を脱した強の者である。

宇部市笹山三隅區々長　三隅康吉氏

「去る七月、近衛内閣が成立すると共に、豫て近衛公を中心に考究されてゐた新體制が、實現の機運

になつたが、これを承けて株式市場は組閣直後から七月末にかけて低落した。それは新體制と共に、株式市場はどうなるか、株價はどんな影響を受けるかといふ漠然たる不安に襲はれたからであるが、しかし其時は、相場はさう深くは下げず一旦落着いたが、新體制は準備委員會が開かれ、其組織の骨子が立案されたり、又これに伴ふ經濟部門の再編成の問題なども具體的に論議されるようになると、再び落潮に轉じた。九月に入つて更に急調になり、九月三月頃にはその中心である新東株が昭和六年以來の安値に落ち、その後も引續いて下げてゐる。しかも七月以來のこの落潮は、全く新東株が中心で、他の諸株はこれに追從してゐるのみである。殊に市場の賣買に至つては更に新東株中心で、殆んどこれ一本に大量の賣思惑が殺到してゐるのである。最も相場の暴落するやうな時には、誰しも持株を賣りたくなるので、買ひ向ふ人が少く賣らうとしても、賣買が出合はないことが多い。その時には、思惑の集中する株なら何時でも出合がつくから、身代りに投機株賣るのが定石である。それで投機株には一層思惑が集ることになるのである。これが最近の株式市場の概況である」

とは、去る九月の半ば過ぎ、市内笹山の田甫風景の中にある三隅氏の邸宅を訪ねた時、筆者が株はなぜ暴落したのか？　といふ質問に對する氏の答辯であつたのだ。

氏は更に、株式の取引には投資の方の取引と、投機の爲の取引との二種あること等、さすが株界のエキスパートらしい談話を試みるのであつた。

氏は明治十七年五月、宇部市東笹山の農家、故泰藏氏の次男に生れた。その幼少の頃より、勝氣な天性で農家に生れながら商業に志し、はやくも獨立した。

是れより先、明治三十七年、徴兵適齡に達し首尾よく合格した。偶々日露戰役に際會して出征して、幾多の武勲をたてたものである。

除隊後、市内西區相生町に移り、建築及材木商を初めたのが二十三才の秋であつた。爾來、若冠にしての業界に伍し、懸命の努力をもつて經營してゐたが、こと豫期に反して失敗の悲運に轉落した。然し性來の勝氣は捲土重來を期して、株界に突入したことは急角度の轉向であつた。當時、株界同人は異口同音に、「三隅さんは株屋になつたさうな……」と、嘲けりに似た噂を宣傳するのであつた。これに對して氏は介意するところなく、今に見よ……と健氣にも有る研究に精進しつつ、株屋共通の臭味を一蹴して、素人の三隅氏は玄人同人の芽域にグングン斬り込んで行つたことは、蔽〔おお〕ふべくもない事實だ。隨つて、氏に對する世人の信頼をあつめたことはいふまでもない。斯くして氏の名は世上に喧傳されはじめた。もうかうなると株關係の人ばかりでなく、一般事業界の人々が氏に會見を求めるといふこととなつた。

そのうち機は熟して、鑛山熱が到來した。茲において氏も亦、所謂國策線に沿うて銅山其他の事業を經營し、何れも處期の目的を達成して、凱歌を奏するに至つたことは、一つに終始一貫、氏の至誠の賜である。

昭和十二年、第二見初炭礦を創業して、經營三ヶ年好成績を擧げて目下終業してゐるが、そうした事情で市街部相生町より生れ、故鄉の笹山に居を移し、現在、當事の稼働殘存者三十六戸を行政上便宜の爲め、三隅區と命名され、氏はその區長として報德會から衛生、組納其他一切の任務に服してゐる外、第六十九區長として多年現在未だ副區長の任にある。

資性溫厚、相對して親切丁寧、然も陰德の美談は數ふるに遑なく、その仁俠のほどは敬服のほかない。

今や個人主義を抹殺しなければならぬ新體制下にありて、公益一貫主義に終始する氏に對して、多くの期待と感謝を惜しむではならぬ。

藤竹鐵工所主

藤竹萬助氏

明治四十五年の春であつた。當時、大阪商船會社の所有船三原丸は、今しも大島郡久賀町の波戸場を抜錨して、下關へ向つて出船せんとする直前であつた。小さな柳行李を抱へて、額の汗を拭きもあへず、波戸場の方へ小走りに急ぐ十三、四才の少年があつた。軈〔やが〕て、その少年は三原丸の客となつて三等室の一隅に座を占めた。それから九時間の後、三原丸は、當時の宇部新川に投錨した。少年は再び行李を携へて上陸し、そうして健氣にもイソイソとして、とある街の方へ姿を消したのであつたが、この少年こそ誰あらう。現在宇部鐵工業界の少壯、その人格と共に堅實なる營業振りとに於て、汎く其の名を知られてゐる藤竹萬助氏が、三十年前、宇部に志して鄉里を出發した當時の懐かしい思ひ出の姿なのであつた。

氏は明治三十年五月、山口縣大島郡久賀町の商家、故留吉氏の長男に生れた。その幼少の頃より頗る利口で、然も天性の勝氣は氏の將來に多くの期待をかけられてゐたが、小學校へ入るに及んで、父は商業上の蹉跌から家運は遽〔にわ〕かに傾き初めて、施す術もなく、遂にはからざる逆境に轉落したことは、運命とはいへ、まことに滲ましい極みであつたのだ。こうしたことが氏の初〔うぶ〕な心を刺戟したことはいふまでもない。小學校を卒へるや、氏は翻然意を決して、家運の挽回を期して、單身宇部に移住したものである。氏が一個の柳行李を携へて商船會社の三原丸に乘りこんだのも、その頃であつたのだ。

斯くして當時の松濱炭鑛に入り、鍛冶工として一ヶ年間の後、沖ノ山炭鑛に轉じ、機械部に入り精勵十ヶ年。その間、文字通りに日夜の奮闘努力は茲に報ひられて、工作職工としての榮冠を獲得した。その頃、最も難工事とされてゐた同鑛の機械据付に、幾多苦心慘憺を經て、見事に完成した。其の手腕は當時監督の任にあつた松永勝藏氏をして感嘆久しらせしめたといふエピソートがある。

後年、沖ノ山炭鑛より精勵並に勤續表彰を受領したことは、述上の消息を最も雄辯に物語つてゐると共に、氏の面目の躍如たるものがあったのだ。

斯くして大正六年六月、極く小規模の鐵工業を獨立經營するに至つた。

「開業當時の資本金は三十六圓でした……」

と、氏はかつて自ら述懐するのであつたが、蓋し栴檀は二葉にして香ばし、といふ結論に到達する。この負けず魂が、よく氏の大成を招來した所以であろう。

開業當時、所謂る家庭工業の域を脱しなかつたが、爾來その堅實なる營業振りに、各方面に於ける需要者の信頼を得ると共に、日に増し著るしき業績を見るに至り、玆においてその様式を改め、工場工業に一躍したものである。

偶々昭和四年、財界の不況に當面し、放膽にして堅實味を缺げる商略に禍されて、少からぬ痛手を受けた者が相當に多かつたが、然るに獨り之れと選を異にし、その難關を見事に突破して、歩一歩と隆昌に向ひ、今日の發展を見るに至りしは、氏の堅實と自重と鋭敏なる先見の明の然らしむるところで、今や宇部業界の異彩として、其の將來を屬目されてゐる。更に吾人が氏に就いて學ぶべきことは兄弟の友愛である。それは氏が兄親として、四人の弟妹を養育した計りでなく、何れも中等教育を卒へさしてゐることは、常人の當低眞似得ざるところである。就中、九大法科出身の某博士に嫁いだ令妹は、その尤なるもので眞に敬服のほかない。

氏は資性溫厚にして仁俠に富み、人に頼まれたら横に顏りの振れぬ性分で、随つて人の世話をよくするので上下の氣受けもよく、過る昭和十三年、第百十八區々長に就任し、昨十五年、新體制に改むるや、報徳町内會長に再選されて、現在に至つてゐる眞に圓滿なる人物である。

宇部市營青果市場長　串田澄氏

昭和元年五月頃から昭和十五年六月頃まで、其間いつも市會が開かれる毎に議場の一角から、議案を讀あげる一書記があつた。その規律正しい朗讀振りと、語調の明晰なることとは議員を初め傍聴者に多大の好感を與へたものである。時は昭和九年度、最終の議場においてであつた。例の議事錄を讀み終ると、某議員より、

「只今朗讀された條文は意味が不徹底……も少し明細にしてほしい……それについては庶務課長の出席を乞ふ—云々」

と質問をした時であつた。件の書記は面に微笑をうかべながら起立した、と思ふと、

「この議事錄は私が作成したものでありまして、これ以上詳細に明記する餘地もない、又必要もないと信じます。随つて課長の出席も理由がない譯となります」

と鮮やかに答辯したので、某議員も二の句が出なかつた逸話がある。

「男は少さいが、中々味なことをやる」

と、新聞記者方面に人氣を博したのも其頃であつたが、その書記こそ誰あろう、現宇部市營青果市場長串田澄氏であつたのだ。

氏は明治二十年十二月十二日、山口縣玖珂郡神代村字串の農家、故庄太郎氏の二男に生れた。「幼少の頃より俊才だった」と、未だに土地に傳はる評判である。小學校を卒へるや、中學に志し山口町黒城塾〔※1〕に入りしも、家庭の事情に依り中途退學の止むなきに至り、居村神代村役場に書記として奉職したものである。然し向學の志押へがたく、悶々の日を過ごす中にも、獨學に精進なしつゝ三ヶ年の後ち、村役場書を辭して上京、當時の農商務省農事試驗場に勤務することゝなつた。それは學業に至便な東都に就職するといふことは、多年の願望であつたので、氏にとりては其の目的の第一歩に達した譯であったのだ。

この農事試驗場に在つては、専ら肥料の分析に任じてゐた傍ら、夜學に懸命の努力をしたものである。後ち海軍省經理部に奉職したので、氏の前途には眞に輝かしいものが横つてゐたのであつたが、切なる父の意にしたがい歸鄉の止むなきに至つたことは、返す返すも遺憾事であつたのだ。斯くして明治四十二年、郷土玖珂郡農會に奉職したが、當時氏の體驗が賫らす其の識見と手腕に對し、時の硲郡農會長〔※2〕及郡長をして感嘆せしめたといふエピソードもある。更に全四十四年、佐波郡役所に轉じ學務課に勤務し後、學務主任として専ら教育に關し尠からぬ功績を擧げ、大正三年、感ずるところあり、急角度の轉向をなして臺灣の警察界に入つたものである。

此の間十ヶ年における涙ぐましい幾ページがあるが、それは省略する。斯くて大正十四年一月、宇部市役所に奉職、庶務課勤務を拝命し、國吉(亮)〔※3〕、林〔※4〕、紀藤〔※5〕、國吉(信)〔※6〕、紀藤〔※7〕、伊藤〔※8〕と十五年六月まで五代の市長に仕へ、就中前國吉市長の信任厚く、されば仝市長公事に關する出張の場合には、その随行員として氏は専任の觀があつたことは、氏の識見手腕はもとより、私心なき人格の然らしむるところで、特に私心なき精勤振りは他の範とするに足るものがある。

先に西田助役の引退により、後任人物に誰を据ゑる？　といふ問題に、少々物議騷然たる觀があつたが、藤田庶務課長が助役を受諾するに及んで、今度は庶務課長の後任問題について一時惱みがあつたとき、當り障りのない串田氏なら圓滿に納まるが……と云つた放送が頻りに行はれてゐたが、氏はそれほど市役所内でも人氣を集めてゐた。有ゆる官廳や會社内でも同じこと、誰々は甲某派だ……誰は乙某派だといふ様に、一種の勢力競ひに似たものゝあることは、爭はれぬ事實であるが、串田氏に限つて、そうした利己的の追随といふ野心の持合せがなかつた。所謂る終始一貫、誠心誠意與へられた自己の職務に精進す

るといふのが、氏の身上である。

「私は青年時代から職業を轉々しました。それは何れも家庭の事情でね—然しそれが爲めに、世の中といふものを知りました。これが私にとつて大きな目に見えぬ収穫であります」

と、かつて自ら述懐するのであつたが、成程、世の酢いも甘いも嘗めつくした人間味の豊かな敬仰の人物である。然も強硬の持合せもないではないが、柔軟性にも亦富んでゐる人との應待ぶり、眞に親切丁寧の極致といへよう。昭和十五年六月、宇部市營青果市場長に就任したことは、多年の精勤からいへば當然過ぎる榮達であろう。「現在の宇部」の地位から、その將來を考へるとき、農產陣營一方の雄として、期待すべきものが多い。

〔※1〕原文は「里城塾」だが、大正一四年刊『山口縣教育史下巻』の「第十六節　各種学校」に「里城塾」はなく、代わりに敷郡山口今道の「黒城私塾」が確認できたので、本稿ではこれに比定して修正した。

〔※2〕硲俊聡（はざましゅんそう）のこと。

〔※3〕国吉亮之輔（大正一一年三月〜同一五年三月・初代市長在任）のこと。

〔※4〕林仙輔（大正一五年四月〜昭和三年六月・二代市長在任）のこと。

〔※5〕紀藤閑之介（昭和三年七月〜同四年四月・三代市長在任）のこと。

〔※6〕国吉信義（昭和四年四月〜同一〇年一二月・四代市長在任）のこと。

〔※7〕紀藤閑之介（昭和一〇年一二月〜同一三年七月・六代市長在任）のこと。

〔※8〕伊藤勘助（昭和一三年七月〜同二一年一月・七代市長在任）のこと。

上杉藤高氏

頃は明治二十八年十月の末、ところは宇部新川。荒涼たる白砂青松の境なれば見渡す限りの景色ものさびしく、冬枯れ野邊を吹き荒む風蕭々として、衣裾にあたり落葉は辿る徑を埋めて、踏む足ごとに、かさこそと音する中を踽々然〔くくぜん〕として歩む。やがて眞締川の邊りに佇み、遙か周防灘を眺めて其日も亦、向學の熱に浮かされ、進學の夢を描いてゐる一人の少年があつた。

「どうしても上級の學校へ進まう。そしてウンと勉強するんだ……」

と、少年は云ひ知れぬ衝動に驅り立てられながら、再び元の徑へ引返すのであつたが……フト我れに返つて見ると、

「自分は一家の長男に生れたんだ。一錢でも多く稼いで父を助け家の再興を計らなければならぬ責任がある」

……と、憧れの夢は一瞬に消え去つてしまつた。

「仕方がない。之れも運命といふものだ」

少年の眼にはいつか熱い涙が流れてゐた。この少年こそ、今山口縣方面委員を拝命して十六ヶ年、老松町を控へてゐる土地柄だけに、その間、幾多の秘めたる美談と治蹟を擧げ、最近宇部市第七十區報德町内會々長に就任した上杉藤高氏が、今より四十五年前、父に伴はれて宇部に轉住した當時の思ひ出の姿である。

氏は明治十四年一月、神戸市の商家、故治助氏の長男に生れた。その幼少の頃より才氣衆に秀でた勝氣な少年で、その將來を嘱目されてゐたものであるが、氏が小學校を卒へる頃、父は商賣上の手違ひから失敗し、遂に再起のほども覺束なくなつたので、性來執着心のない恬淡たる治助氏は意を決し、一家を擧げて、宇部に移住したものである。それが明治二十八年の秋だつた。時に藤高氏は年齒僅か十五才の少年で、眞締川の邊りに立つて、鬱勃たる向學の熱に浮かされたのは其の當時であつたのだ。

これより先き、氏の父治助氏は性來仁俠の士で、郷里にあつても相當の顔利きであつたが、人間はその昔韓信が股を潜つたといふのと同じ意味において、餘儀ない運命に支配せられなければならぬ。治助氏も亦宇部に移住して、當時の潟炭鑛の知人廣瀬某のもとに身を寄せて一先づ落ついたが、それにしても諺に「食客三杯目にはソツト出し」といふ苦汁を體驗したものである。斯くして廣瀬某の書記の役目を務めてゐたが、偶々廣瀬某は他に轉を餘儀なくされたので、治助氏はその後者として納屋頭となつたものである。その頃から業界にあつては、氏の手腕の凡庸ならざるものを認められ、隨つて治助氏の名は先輩を凌ぐものがあつたのだ。

現在の炭鑛稼働者は他と遜色なく、その素質は改善されてゐるが、當時の炭鑛稼働者は極めて亂暴者が多く、これが統制には何れの當事者も頭痛とするところであつたが、獨り治助氏は其の豪膽と智謀をもつてよく之れを統制し、一度氏の叱咤するや、逍〔さす〕が狼の如き彼等も縮みあがつたといふエピソートもあるが、當時にあつては、この稼働者取締りについては相當多くの悩みがあつたので、治助氏は之れが指導と且連絡を計る目的のもとに、自ら主唱して宇部附近の各鑛納屋頭組合を結成した。然して同會長に推されて、爾來稼働者の指導とその改善に精進したので、茲に初めて炭鑛の治安維持が確立された。其功顯著なるものとして、各炭鑛を初め、特に時の山口知事より賞狀を下賜されたものである。後ち宇部警察署より炭坑夫取締りを命ぜられたことは、全く治助氏の献身的努力の賜で、その面目の躍如たるものがあつたのだ。然し其の陰には藤高氏の涙ぐましい助力のあつたことを忘れてはならない。藤高氏も父に劣らぬ熱血の士であることは、今更云ふまでもない周知の事實である。氏は當時炭鑛の一事務員として、其の與へられた職務に忠勤を勵むでゐたが、明治四十一年、父治助氏が炭鑛界を引退し、老松遊廓を設立するに及んで、藤高氏も亦その職を辭し、父を助

けて斯業界に急轉向を敢行したものであるが、然しこれには理由があつた。それは土地繁榮の一翼として、理想的の歡樂境樹立完成が目的であつたのだ。眞に氏らしい面目を發揮したもので、爾來同業者と相携へて營利を外に、之れが實現に努力した。その結果は幾年ならずして、老松を中心に東西を連絡する一大市街は形成された。これらはもとより組合員の共同一致の努力が招來したことは云ふまでもないが、一つに上杉氏の畫策指導の宜しきを得たからである。されば大正四年、三業組合長に推されて、昭和三年に至るその間、業者の統制に遺憾なく善處して、尠なからぬ功績をのこしてゐる。

氏はかうした業界方面ばかりでなく、一部ではあるが山口縣下における獵友組織の始祖である。それは常局の取締上便宜の爲めにも且又相互の親睦を期する……といふ目的のもとに、今は亡き藤本太一氏と共に相謀り、大正九年二月、宇部警察署管内で初めて獵友會を組織した（當時會員百名）。その開會式當日、氏の乞ひを諾して、毛利公が出席され、祝辭を述べられたといふ逸話もある。初代、故藤本太一氏の後を受けて會長に推されたことも、亦故あるかなである。これが動機となつて、縣下の各警察署管内に獵友會の誕生を見るに至つた。茲に於て氏は更に、山口縣聯合友會の結成を縣當局へ建策したところが、恰ど常局においても既にその腹案のあることを示されて、「それでは上杉一肌脱いでくれるか」と時の保安課長の言葉に氏は萬事OK……忽ち各地方の組合長に檄を飛ばして召集の急を告げ……茲に山口縣獵友會なるものが組織されたのである。

氏は其後、大正十四年、市會議員の改選に當り、立候補に準備中の時だつた。常時は未だ普通選法でなく、制限選擧法時代のことで、特に宇部市に於ては達總會の豫選した定員の候補者以外に立候補するものは無く、よし又立候補しても當選の可能性も無かつたものである。それほど選擧に關する限り達總會は絶對の權威であつたものだが、そうした中に上杉氏立候補す、といふ飛報が達總會選擧本部に達したものである。ところが本部では、上杉氏ともあるものが達總會を無視する、そんな筈はないと、種々探りを入れて見ると事實らしい。これを放つておいては、達總會が豫選した候補者が落選するといふので、幹部連中は周章狼狽〔しゅうしょうろうばい〕して、時の元老格の某氏に泣きを入れ、某元老から吉原其他二、三の人を介して、遂に上杉氏の立候補を斷念させたといふエピソードがある。氏は政治的にもそれほどの潜勢力があつたのだ。今はそうした事實も爐邊〔ろへん〕の閑話に過ぎないけれど、其當時の氏は眞に氏らしい面目の躍如たるものがあつたのだ。

先年、公娼廢止の聲が巷に溢れ、既に當時の中央議會に於ても之れが論議されたものだが、恰どその頃筆者は新聞記者として、老松町に氏の寓居を訪れた時だつた。四方山の話のついでに其の感想を聞いた。

「この問題は政府においても多年の懸案らしい—で今直ちに鐵槌？　を下すわけにもゆくまい。社會政策の立場から見れば、公娼の存在が現在の社制度の缺陥—經濟的に獨身を除儀なくされてゐるものの性の調節をしてゐるとなれば、これも又考慮すべき點であるから……」

と、口を閉ぢ、深かい感慨に耽けるので、筆者が、

「徒らに法の力をもつて撲滅しようとせず、現在の社會制度をも顧みて、最少限度の警察力を最も有効に運用して効果ををさめたい」

と、お被仰る〔※1〕のですか？　といつたら、

「その通りです、この問題は永遠の懸案でせう……ハツ！ハツ！ハツ！」

と、氏はこの時大きくうなづいて、白い齒を見せたものだが、その後いくばくもなく廢業して、爾來趣味の釣魚に閑日月を送つてゐたが、この度、新體制下における報德町内會長に就任したことは、まことに恰好の適り役であろう。

〔※1〕原文は「お被る」だが、文脈上「お被仰る」と比定し、「仰」を補足、「おおせられる」の意味とした。

土木建築請負業　嵐織一氏

今日の興隆宇部市を建設した母胎は黒ダイヤ即ち石炭である。その石炭が彈丸となつて、有ゆる工業の勃興進展の賜であることは、今更、喋々するまでもないが、それと同時に半面には土建業者の尠からぬ貢献を見逃すわけにはいかぬ。この見地において、大正九年五月以來、宇部市内において土木、建築請負を業とし、其人格と共に、健實第一主義をモットとして業界に君臨してゐるのが嵐織一氏である。

氏は明治二十六年四月、山口縣佐波郡防府市三田尻の商家、茂吉氏の三男に生れた。幼少の頃より柔順な少年だつたと、土地に傳はる評判である。長じて小學校に入るに及び、常に優秀なる成績は、兩親をして氏の將來に多くの期待をもつてゐたものであるが、好事魔多しといふ世の諺にもれず、この喜びの希望は一朝にして夢と化し奈落の底へ……といふ運命に立至つたことは返す返すも遺憾事であつたのだ。

抑も氏の家は先祖代々問屋業を經營して、その土地屈指の老舗であつたが、偶々父茂吉氏の代に至りて、所謂る他人の保證受けが原因となり、遂に失敗の悲運に遭遇したものである。それは氏が未だ小學校に通學してゐる頃の出來事であつたので、氏は小供心にも多大のショツクを受け、且又失望したことは云ふまでもない。かうした不遇と悲歎のうちに小學校を卒へた氏は、同僚の多くの人々が何れも中等學校へ進學するのを見るにつけ、聞くにつけても如何に焦心の切なるものがあつたか知れない。然し氏は當時自分の向學の志を抑へて諦めなければならぬ境遇にあることを自覺し、漸く土地の補習學校に入學して一縷の慾望を滿たしたのである。

斯くして補習科を卒へた氏は、未だ燃るが如き向

學の志を抑へがたく意を決して、九州福岡に出て福岡建築學校の夜學部に入學し、晝は某土建請負業者に師事して實務に従ひ、所謂る苦學力行に精進すること多年……遂にその夜學部を卒へ、茲に一廉の土建業者としての資格を捷［か］ち得たものである。然しその間における幾多辛苦の涙ぐましい物語りがあるが、それは省略する。蓋し立志傳中の人といふ結論に到達する譯けである。かくて大正九年の春、宇部市に移住し、西區助田町海岸通り一丁目に居を定め、今日に至る二十四ヶ年、十年を一昔といへば、二昔と半ばを經過してゐる。この間において、氏が設計完成したるものは紀念舘、藤崎病院、山口縣電氣局宇部出張所社宅等々を初め、其他、大小枚擧に遑なきものがある。就中、東見初炭鑛、沖ノ山炭鑛の如く十數年來、社宅其他の建築に當り、文字通り献身的に奉仕したことは、今日氏に對する厚き信任と聲望のある所以である。

氏はかうした自己の營業にのみ没頭してゐるものではない。即ち昭和二年、第一二七區々長に就任して、仝十五年に至る十三ヶ年間、宇部市の自治行政機關の一翼として遺憾なくその任務を完ふした。更に昭和四年、山口縣方面委員を任命され、爾來社會事業の一翼として、其の職務に精進なしつゝ現在に至つてゐる。其他、第一二七ノ三區報徳町内會教化部長、鵜ノ島警防團庶務會計、山口縣救護委員、宇部市青年學校々外指導員、山口縣産業奉仕委員等々、幾多の公共任務にありて、何れも著しい成績を示してゐることは、眞に敬服に値ひするものがある。更に個人としての氏は、過去において世の辛慘を體驗しただけあつて、自己の部下、即ち被傭者に對する深い同情と理解があるので、その職域における所謂勞資の關係が頗る圓滿であることは、稱々もすれば未だ勞資間に圓滿を缺き［※1］、憂ふべき問題の跡を絶たない今日において、氏について學ぶべき最も重要なる教訓であると同時に、そこに氏の人格の閃きが窺はれるのである。

因みに氏は資性溫厚にして謹嚴、然かも任俠に富み、滅多に笑顔は見せぬが、興が至れば城壁を設けずよく語り、一度頼まれたら、横に頭の振れぬ性分で、何彼と世話をよくするので、随て充分損をすることもあるが、そんなことは一向無頓着であるところに、氏の面目の躍如たるものか現はれてゐる。齢未だ四十九歳といへば、今正に働き盛りで、氏の前途には期待すべきものが多くある。

［※1］原文は「缺ぎ」だが、文意より「缺き」に訂正した。

沖ノ山炭鑛株式會社　倉庫係長　伊勢逸雄氏

大正十一年の春であつた。沖ノ山倉庫の最下部に、抗木整理人として私が初めてお目見得をした時である。事務員らしい白面の一青年は、私を抗木置場の海岸に案内する途すがら、

「君も今日から沖ノ山炭鑛の一員になつたのだ。だからお互いに一丸となつて沖ノ山興隆のために奮鬪してくれ……」

と、語つた。これはその青年の肺腑をついて出た言葉で、それからといふものは、青年はいつも先頭に立つて指導し、鞭撻してくれたことは未だ記憶に新たなるものがある。私は間もなく四圍の事情で他に轉職したが、それから星うつり年かはり二十年を經過したが、當時の白面の一青年こそ、現在沖ノ山炭鑛株式會社の用度課に屬する倉庫係長、伊勢逸雄氏なのであつた。私は顧みて、人間味のある伊勢氏の豊かな人格と、合理的な智性を思ひ出したのである。

氏は明治三十四年五月、宇部市大字小串下條の舊農家、故瀨戸萬之介氏の三男に生れた。後ち伊勢家に入つたものである。

その幼少の頃より、「無口でも然も頗る柔順な、一面には才智の萌芽を現はした少年だつた」と土地の古老に傳はる評判である。長じて小學校に入るや、常にその優秀なる成績は同僚間に畏敬されてゐたものである。大正四年三月、小學校の業を卒へるや、仝年五月、沖ノ山炭鏡に入り監量係に任ぜられたのが、氏の實社會人としての第一歩であつたのだ。

抑も氏の生家は祖父の代より沖ノ山炭鑛社長、即ち渡邊家に所謂る、「お出入り……」として現在に及んでゐるが、そうした關係上、故渡邊翁自らの口添へで、氏は沖ノ山炭鑛へ就職したのであつた。それほど氏の責任は自重を要した譯である。後年、渡邉翁の仲介により、伊勢家に入婿したことは、氏に對する翁の知遇が如何に深厚なものであつたかを最も雄辯に物語つてゐる。

氏は監量の任に在ること一ヶ年にして、倉庫係に轉任した。それは眞に異數の拔擢であつたのだ。蓋し氏の人となりと、その手腕の凡ならざる所以である。茲に氏に學ぶべきことは、他に對する溫情である。殊に部下に對する場合は、常に慈悲の同情をもつて接するところに豊かな人格の閃きが窺はれる。この事實は過去において幾多もあるが、紙面に限りがあるので省略するが、彼の大沖ノ山炭鑛の盛衰に影響する經濟的事務を處理する用度課の一翼たる倉庫の任務は云ふまでもない。重要にして廣汎、然も複雜多岐を極めてゐるが、用度課長松本氏を輔佐して、これを鮮やかに處斷し、毎々に遺憾なくその手腕を發揮してゐるそこに、氏の合理的な智性の人といふ結論が生ずる。就中、氏は己れを持すること飽迄も謙讓をもつて、苟も一稼働者と雖も賤むことなく、況や長上、同僚においておやである。

「伊勢さんは、倉庫係長といふ地位にありながら、昔の監量時代と變らぬ親しみのある人だ……」

とは、某老鑛夫の言葉であつたが、宜なるかな。又もつて氏の人格の躍如たるものが窺はれる。嘗て筆者が藤曲の邸宅を訪ねた時、床の正面に、事過其分則喪其身、と書れた掛抽が眼についた。これは昭和八年一月、故渡邊翁が在世中、氏の爲めに送られたもの

であるが、氏はその際、

「私は、この明文句を私の座右銘として遵奉して居ります。それは私にとりては翁御在世中幾度となく聞かされた御教訓でありました」

と、氏は眼の邊りに熱いものを見せて語るのであつた。

十年一日の如くといふが、氏は沖ノ山炭鑛に入社以來、實に二十六ヶ年間、十年を一昔とすれば二昔半—其間、文字通り一日の如く孜々として終始一貫、只管沖ノ山鑛興隆のため、將又一面には鑛業報國の理念のもとに與へられたる自己の職務に精進しつゝあることは、畢竟、翁の教訓を遵奉して、翁在世中の知遇に答へんとするに外ならぬのである。

氏は資性頗る温厚にして謹嚴、然かも同情心に富み、その裡に仁俠を藏し、人に接して城壁を設けず。その巧まない辭令は何人にも信頼と悦服の念ひを起さずにはおかない、眞に稀れに見る人物である。

沖ノ山炭鑛株式会社保安係　松谷心白氏

大正八年二月の半ば過ぎ、春とはいへ未だ名ばかりの寒むさは痛く身に沁みて、毎朝のやうに粉雪が降つてゐた。沖ノ山炭鑛新鑛の貯炭場附近—とある棧橋の上にも、厚い粉雪が積んで居た。この雪を掃除する紅顏な青年があつた。時々邊りの粉雪を撫でる颯々たる潮風、ちーんと鼻が痛くなる、この大氣がぞくぞくと骨を刺す。それでも青年は何の屈託もなく、暁に近い薄暗い中で掃除が濟むと、今度はそこら「エンドレス」の要所々々に油を注ぐ。時々兩手の指先を合はして、口の邊りに近く寄せ、「ホーツ」と太い息を吐きかけるのであつたが、希望に滿ちた渾身の雄姿、雪を浴びて立つ青年の顔に朝日が映えて來る。それは青年にとつて繰り返す感激の黎明であつたのだ。やがて晝勤の當番が來ると事務を交代して、青年はイソイソと棧橋を降りて行く……この青年こそ、現在沖ノ山炭鑛株式會社、保安係の古參者で、その精勤振りは他の模範人物として、當事者より深く信頼されてゐる松谷心白氏が、今より二十三ヶ年前小學校を卒へて同社の監量係、「俗にカンバと稱するもの」に就任した。所謂實社會に第一歩を踏み出した當時をふり返れば、眼頭の熱くなる懐かしい思ひ出の姿である。

氏は明治三十四年六月、島の農家、故源次郎氏の長男として呱々の聲をあげた。幼少の頃より柔順で、然かも俊敏な少年だつたと古老に傅はる評判である。長じて小學校に入り、在學中常に學術優秀をもつて受持の先生より、既に氏の將來を囑目されてゐたものである。されば氏も亦、小學校を卒へるや中學校に志したものであつたが、當時多くの家庭にお定りの文句である、「農家の長男は農業を繼がなければならぬ」といふ理由のもとに、氏の希望は許されなかつた。性來孝心の厚い氏は、その燃ゆるが如き向學心を抑へて、茲に沖ノ山炭鑛に入社し、職員の多くが一度は必ず體驗しなければならぬ一つの試金石としての關門である監量係に就任したのが大正八年二月であつた。

當番夜勤で暁き近い吹雪の中で、棧橋の炭車道の雪を掃除したのは其の頃であつたのだ。斯くして與へられた自己の職務に精進すること八ヶ年の後、その懸命の努力は酬ひられて、昭和二年、保安係に昇進して現在に至つてゐるが、この間、正に二十三ヶ年。十年一昔といへば二昔有半。文字通り、一日の如く私心なく同社の隆昌の爲めに營々として、その使命に遺憾なく精進したものであるが、それにつけても氏には社中同人より「とと」（親のことをいふ意味）といふユーモアな綽名において有名である。

それは元來、氏の祖父並に父は、古くより故渡邊翁の信頼を得て、常に出入をしてゐたものである。随つて氏も亦幼少の頃より渡邊家に出入をしてゐたので、氏が後年沖ノ山炭鑛に入社し、或る日の事、偶々渡邊が現場を巡視中、フト目にとまつたが、幼な顔に見覺えのある氏であつたので、「渡邊翁があんたは誰れかいのー」と聞かれたので、氏は、「松谷の倅であります」と答へた時、渡邊が、「そうか、そうか。トトは達者かや」といはれたことより、誰れ云ふとなく氏に對して、「トト」と呼ばれるやうになつたといふエピソートもある。爾來氏も亦、父と同様に翁の知遇を受けたことはいふまでもない。

「二十三年間と一口にいつて了へば何でもない様ですが、充分永いもんです。それに坑内事務は危險率も多いので、中々心痛があります……が、私の様な無學なものでも先輩の御指導と一つには、稼働者諸君の努力とによつて、今日迄大過なく務め居ります。かつて渡邊翁が在世中、〈何事でもそうであるが、金儲けといふ心持があつては成功するものではない、又そこには發展も見られない。一つに社會奉仕といふ精神で働かねばならぬ、特に坑内作業に從事するものは、この心持が肝要である〉と諭されたものですが、全く渡邊翁の偉いところが茲にあつたと思はれますので、私共もサラリーマン根性を超越して、一層の鑛業報國と申しませうか……職域を守つて臣道實踐に邁進しなければなりませぬ」

と、それは去る歳末の或る公休日の朝、西區鵜ノ島町の小高い所にある氏の住宅を訪ねた筆者に、氏は熱情に溢れた面持ちで、かう語るのであつた。又もつて氏の風格が窺はれる。

氏は更らに、間接ではあるが宇部市の自治政の上にも少なからぬ貢献がある。即ち、第一二四區の報徳會幹事として多年區長を補佐して善處し、昭和十五年區長に就任して、其の使命を完ふした。昭和十六年、報徳町内會に改まるに及び、現在第一二四區の副會長として圓滿なる自治の向上に遺憾なくその手腕を揮つてゐるので、區民より齊しく渴望されてゐるのも亦故あるかなである。

因みに、資性頗る温厚にして情宜に厚く、然もその中に仁俠を藏し、人に接して上下を設けず。相對して常に春風駘蕩の思ひあらしむ。眞に稀に見る人物である。

山陽鑛泉合資會社　社長　**藤井壽人氏**

動もすると、利己の爲めには友情さへも賣り易い實業界に在つて、終始一貫、實際の兄弟も及ばぬ眞情の發露、その典型？　は、先づ國吉信義氏と藤井壽人氏の右に出るものはあるまい。所謂る肝膽相照するといふことは、兩氏の場合において、最も適切な言葉であろう。

普通ならば、藤井氏ほどの人物は、他の方面に活路を開拓することも容易であつたかも知れない。其間氏は好條件をもつて迎へられたことも一再ではなかつたが、何時もその厚意を謝絶したものである。されば國吉氏は藤井氏をみること愛妻の如く、藤井氏も亦、貞女として糟糠三十年、一鑛泉會社の社長に甘んじて、現在に至つてゐることは一體どうしたことだろう。これには種々と錯綜した感嘆すべき逸話の數々があるが、之れは省略する。

元來山陽鑛泉合資會社は、明治四十五年に創立されたもので、國吉氏はその大部分を投資してゐるのであるが、畑違ひの事業であり、又他の事業關係多忙の爲め、藤井氏に一切合切を一任したものである。それは藤井氏の人物力量を知る國吉氏の態度であつた。又「人生意氣に感ず」と、藤井氏は自己の利害を顧みず、國吉氏の爲めなら……と勇敢忠實の態度を示すもので、道學者流にいへば、眞に偉大なる藤井氏の存在といはねばならぬ。國吉、藤井兩氏の親密振りは如上のやうであるが、要約すれば國家的觀念の深甚なる點で相扶け相寄り、一意邦家の爲め、地方產業開發に盡さんとする熱意の象徵であると云はねばならぬ。藤井氏は明治八年十二月、藤山區居能の舊家、故眞壽雄氏の長男として生れた。幼少の頃より才氣喚發長するに及んで學を好み、小學校を卒へるや山口市の當時の岡村塾に入る。同時に先覺に師事して漢學詩文の指導をも受けた。

元來藤井家の祖先は阿川藩に随身してゐたものであるが、明治維新の達成と同時に、廃藩置縣の改政に、父眞壽雄氏の代に至つて一商人に轉向の止むなきに至つたものである。然し昔から、「武家崩れの商賣……」と云つて、斯うした未經驗者の商賣に成功する人は僅少で、多くは失敗の悲道に遭遇したものであるが、先代眞壽雄氏もお多分にもれず、武家商賣の苦患を味つたことは云ふまでもない。

「父の歿後に残つたものは借金だつた……」

と、かつて壽人氏は自ら述懐するのであつた。爾來專ら農業に從事し、傍ら明治三十二年、藤山村役場書記を拝命し、同四十五年に至る十數年間、所謂る農村治政に精進したもので、その頃の氏は一村役場の書記には惜しい人物だつたと、未だ古老に傳はる評判である。それは當時の農村政策に對する抱負經倫の豊富なるものがあつたといふのである。眞に氏らしい面目の躍如たるものがあつたのだ。其後一身上の都合により村役場を辭して、實業界に轉向したものであるが、村會議員として十二年間、村民の期待に應へて、その選良振りを遺憾なく發揮したもので、未だ藤山區民はその徳を讃へてゐる。

西風を眞正面に受けた居能の田甫「たんぼ」風景の中に、咲き亂れたコスモスの庭園を配した氏の邸宅を訪づれたのは、大正十五年の秋半ばであつた。人も知る歴とした家柄に生れた、いはば貴族的存在だが、見るからに野人然、村夫子然として只管に地方自治の爲めに働いてゐた。特に當時、この家を訪ねて驚いたのは、氏の極めて素朴な生活振りだつた。幾多の書籍が虫に喰ひはぐくまれた本箱に詰め込まれてあつた事等々……、

「農家は、その本來の立場に還つて、土にもぐれ、自ら耕して獲たるものを以て食糧とし、自ら綿、麻を紡いで衣類とし、自ら葺ける屋根の下に眠れ……」

都市と農村との拮抗顯著となつた折柄、氏は自給自足經濟といふ日本農業本來の姿にかへることをもつて、農村の武器たらしむること首唱したものであつた。然しこの傾向に徴するときは、言葉をかくていへば農本主義に墜する惧れがないとはいへぬが、氏の場合は、都市を遠ざかつた純農村の反省を促す意味に於いて談ぜられたことを附記して置く。だが現下の日本にあつて、この建前は更に一段の止揚を必要とする。高度國防國家の血肉たるべき食糧政策として、また國土計畫の軸として、農村對策を確認しなければならぬ現在、新體制の重要なる役割を務むるところの農業政策に關聯して、氏は十數年前、我が農村對策を念とせられたことは、蓋し先見の明りといふ所以であると共に、其の卓見には敬服に値するものがある。

氏は明治三十五年頃から區長として現在に至つてゐる。其間、幾多かくれたる美談もあるが省略する。其他、國勢調査委員として三回に及ぶ。特に村市合併に關職し、幾多の難問題が惹起したが、委員として圓滿なる解決に努力したものである。今や新體制の高調せらるる折柄、その基調をなすところの地方自治界には、是非缺ぐべからざる人物である。

淺里登作氏

宇部市西區上町六丁目に平屋建ではあるが、間口は相當に長い老舗がある。店には金庫を主として貯米器、電氣器具、空氣銃、額椽から小鳥捕獲用のカスミ等々が陳列されてある。これが宇部近郷近在はおろか、山口縣下に汎く知られてゐる義士金庫店で、この經營主が淺里登作氏なのである。

氏は明治十一年八月、大分速見郡大神村の農家、故宮藏さんの長男として生れた。農家とはいへ武家崩れの父は、土地でも相當の顏役で上下の信頼を一身にあつめてゐた。特に政治方面に興味をもつて、これ

等に關聯して多くの挿話があるが、それは省略する。

元來、大分縣下には古くから學者や政治家が輩出してゐる。即ち中津の白石塾、大分の昌平塾、龍門塾を初め、鶴川の泉倫塾、其他、大同小異の私塾は數ふるに遑なき程である。是れらは何れも前者に屬するもの、後者にあつては元内務大臣望月圭介、同文部大臣松田源治を初め、幾多の名士を出したことは周知の事實である。そうした土地柄とでもいふのであろうか、往年、二大政黨對立時代における政爭の激越だつたことは、全國でも第一位と云はれた群馬縣に次ぐものの定評があつた。大分縣人はそれほど信念に生きる熱の人と云ふ譯になる。新うした環境に育くまれた登作氏は、幼にして夙に鋭敏の譽れあり、長じて大阪に出で父と異り商業に志したものである。所謂る年季奉公といふ昔流の丁稚奉公なのであつた。有ゆる機械器具、金庫製作其他の工作店、文字通り刻苦精勵十三ヶ年間の努力は報ひられて、遂に番頭さんにまで漕ぎつけたものである。

氏が現在得意として誇る金庫の開扉を研究修得したのは、その頃であつた。これについて、先年某有志の息子さんが濫費するといふ理由のもとに、その父が萬一を慮ひ、里氏に對して、

「謹啓、息子が拙宅の金庫開扉を貴殿に御依頼申候共、決して御取りあげ無之様、豫め御通知、申上置候」

と、内容證明を發したといふ挿話がある。氏はそれほど、たとへ鍵はなくとも、金庫の開扉に獨特の神秘的妙技をもつてゐることは、近縣に比類なき權威だともいへよう。後更に宇部市に移住したのが大正二年二月の中旬であつた。爾來、數年間は一般不況のドン底に喘いでゐたことは周知の事實であるが、氏はこの間に處して金庫店を營む傍ら、有ゆる炭坑組合に關係して、其持株も尠なくはなかつたので、その打撃は相當大きなものであつた。この不景氣に祟られて、二ツちも三ツちも首もまはらぬ始末となり、夜逃げ同様、宇部から姿を消した人も数多あつたが、氏は獨り飽迄再起を頑張つて、遂に處期の目的を達したものである。氏が「巴まんぢゆ」を燒き賣りして僅かに生活してゐたといふのは其頃である。

「眞鑄製のまんぢう燒型を工作したのは儂が元祖だよ……」

と、かつて自ら述懐するのであつたが、ここらが「信念と熱」に生きる大分縣人の特有牲であらう。

宇部に移住して今日に至る二十八ヶ年間……よく「一日の如」といふが、この言葉は氏の場合に最もよく當てはまる。現在、西新川驛通りから西の榮橋間は六區に分轄されてゐるが、當時は白砂青松のあいだに僅か三十六戸に過ぎなかつた。この廣範圍に渉る組長でもあり、又衞生組長他一切合切の復雜なる任務を引受けて鮮やかに處理して遺憾なからしめたものである。されば故渡邊からその手腕を認められると共に、厚き信任を得たことは蓋し至誠天に通ずといふ結論に到達する。爾來更に一增の努力をもつて第百二十三區々長に新任し、十ヶ年間間接的に自治の発達向上に精進をつづけたものである。

是より先、氏は市内消防施設の不備を援助する目的のもとに、故渡邊翁の後援を得、昭和四年、私設消防給水隊を組織し、自ら主班となつて寄與したことも亦尠なくない。渡邊亡き後は、その維持費も自ら支辨してゐたものだが、昭和十五年二月、鵜ノ島斑警防團に讓渡した。

氏は先きに田中大將が首相時代、その後、援會山口支部の委員として活躍したといふエピソートもあるが、これ又政治大分の人物たる面目の躍如たるものである。因みに、長男重幸氏は父に優る熱の人、然かも政治通で、その識見抱負と雄辨は既に定評がある。

原田市太郎氏

宇部市に在住四十年間、營々として椽の下の力持に甘んじ、今日の大宇部建設のために炒からぬ貢獻をなした一人に原田市太郎氏がある。

氏は明治九年、岡山縣和氣郡伊邊町の農家に生れた。長じて土地の中學校に入つたが、今一年といふところで中途退學したことは返す返すも遺憾事であつたのだ。爾來農業に從事する傍ら、勉學に精進してゐたが、當時偶々土地の町會に軋轢を惹起、それがため行政の運營も一時中絶狀態を招來したものである。この時であつた、氏は十八歳にして町役場收入役に選任されたものである。これは我國において市町村制發布以來今日に至るまで、十八歳にして收入役に就任したことは、氏をもつて嚆矢となす。後ち、有給助役條令の發布さるゝに及び、二十三歳にして助役に就任したものであるが、その間、若冠といへども氏の斡旋努力により遂に圓滿解決したといふエピソートもある。

斯くして、町會も一先づ圓滿に納まつたので、かねてよりの希望であつた鑛業を目的として、宇部に移住したのが明治三十六年の暮であつた。然して厚狹郡厚南村において長澤炭坑を獨りで經營してゐたが、偶々當時の經濟界不況のドン底にありて、遂に失敗の悲運に遭遇しなければならぬ逆境に落ちた。然し、捲土重來を期して氏がもち賣りの行商をした、といふのは、其の頃であつたのだ。其の後、同坑は笠井氏が經營することになつてゐたが、この氏の努力と熱心は、笠井氏に感銘を與へ懇請されて、同坑の支配人格に就任した。後ち、故藤本閑作氏が經營するに至るまで數年間女房役として努力してゐたが、例の東見初炭鑛非常の突發に當面し、閑作翁の懇請により、茲に初めて東見初炭鑛に入社したものである。爾來三十年間一日の如く、同社の發展の爲め、その職務に精進したもので、氏に對する翁の信頼は益々加はつてトントン拍子の順調裡に今日の地位を成したものである。茲に特筆すべきことは大正十四年、第二期の市會議員の改選に當り、首尾よく當選したことであ

る。當時の市會、縣會、衆議院議員と各選擧母體は宇部の輿論機關として絶對的權威をもつた達總會であつた。この達聽議員（當時百餘名）の推薦によつて議員の定員が決せられてゐたので、この推薦に漏れたものは、從ひ立候補しても當選は期せられない。否な立候補するものは無かつた時代である。故に、この推薦は頗る愼重を極め、眞に人物本位であつたものである。そうした機關によつて原田氏が推薦されたといふことは、如何に氏の人格は勿論、その高き識見と非凡の手腕を包藏してゐるかといふ事が窺はれる。市會議員としての氏は、文字通り市民の公供たる使命を忘るゝことなく、常に是々非々主義をモットーとし、市民の幅利増進に邁進した。それは往年、郷里にあつて助役として行政事務に曉通してゐたことが強みでもあつたのだが、何れにしても當時の宇部市會においての第一人者であつた。

更に氏は、先年第五十二區々長として、遺憾なくその任務を果したもので、未だに區民はその徳を讃へてゐる。因みに氏は資性頗る溫厚、篤實にして謙譲に富む、人に接して上下のへだてなく、常に笑顔をもつて好く語る圓滿なる人物である。

宇部市會議員　**中村友一氏**

宇部市東區錦橋通り三丁目の市場で食料品店を經營する氏は、店にゐる時でも、亦途中で會つた時でも、氏に會ふ度毎に、何時も愛驕たつぷりのニコニコ顏で、「ヤア、ご奮闘ですね……」を連發して不氣嫌らしい顏をついぞ見たことのないほど心地よい明朗漢だとも云へよう。矢張商賣人だなア！　とほとほと感心させられる。

「私共が市會議員なぞと、ちと僣越か……と思へますが、然し宇部市民としての抱負も、理想もあります……で、これを實行しようと云ふ場合には、直接市會に席が無いと不便が多いので……云云」

と、社會施設の急務や、その他道路や水道問題について一クサリの談話を聞かされた時、「矢張り市民の代表者たる資格はあるわい」と思つた。

先年、普選第一次の市議戰に惜敗した苦い體驗が、昨秋の改選に立候補して見事に當選し、宇部市會議員といふ公職を一つ負つたわけだ。中村氏は同志の田村定一氏の如く演壇に立つて、「諸君！　諸君！　」といふ雄辯學？　にかけては、到底田村氏の敵ではないけれども、その雄辯擧？　が市政の一切でないところに、中村氏の活躍する獨特の舞臺があるといふもの、中村氏として愈々「實行」の境地へのぼらした〔※1〕のがそれである。

實行といふ言葉は語弊があるならば、「通」といふ言葉にかへてもよい。そうして曰く、黨臭味？　に餘りに染め切らない。商人畑から出來上つてゐるから、そこが氏獨特の天地である。

秋風烈日と言ふか、兎に角、人に一種はげしい情熱を感じさせる強い性格の持主である。社會大衆黨に籍をおき、正義の爲めに何處までも闘ふと言ふ意志に燃へて、市政界に乘り出したのである。

氏の烈々たる意氣は新市議勢揃ひの日に、席問題で先つその第一矢をはなつて居る。此人やるなアと思はせたが、果してキビキビした動作で、市會のあるたびに、その存在を現はして來た。市會にとつては第一年生であり乍ら、仲々何〔ど〕うして古強者にも一歩を譲らせる位いの勢いで堂々とやつて居る。正をとつては理路整然、一糸亂れざる論陣を張つてゆく立場と言ふものゝ自由もあるが、氏の居措進退には一種の痛快味を感じさせる。

氏はあふれるほどの情熱を持つた人であるから、敵慨心は大變強いが、反面非常に涙もろい處がある。だから弱者に對しては、あたかも別人の如き感を抱かしめる。よく人の世話をする、此親切が、此人情味が、氏の今日をあらしめたものと言つてよいであらう。又、氏の一貫してよい處は尊大ぶらない處にある。その態度は下に優しく、上にへつらはず、出所進退何時も光風清月何のわだかまりも持たない。そして公私ともに、その生活は定軌を逸しない。非常時日本國民として誠に力強き存在であると同時に、將來多大の興味をもつて見られて居る。

〔※1〕原文は「境地に、へのぼらした」となっているが、文意より、「境地へのぼらした」に改めた。

〈原本の奥付〉

昭和十七年六月三十日印刷
昭和十七年七月 七 日發行　【非賣品】

山口縣宇部市西區鵜ノ島町一、二四八番地
著作者　高村宗治郎〔※〕
山口縣宇部市西區鵜ノ島町一、二四八番地
編輯者　高村宗治郎〔※〕
發行者　前　同
山口縣山口市湯田一、六四八番地
印刷者　伊賀崎重男
山口縣山口市湯田一、六四八番地
印刷所　山口刑務所

〔※〕「自序」では「高村宗次郎」。本書ではこれを採用した。

〈注釈等で用いた参考文献〉

山田亀之介（編）『宇部戦前史　一九三一年以後』宇部郷土文化会、昭和五〇年

渡辺翁記念文化協会（編）『復刻　宇部先輩列伝』宇部地方史研究会、一九九一年

内尾直二（編）『第十三版　人事興信録　上』人事興信所、昭和一六年（第一三版）

『岦和91号』東岐波郷土誌研究会、平成三年

『あじすの記憶』（阿知須町制施行65周年記念誌）山口県阿知須町、平成一七年

日本民主主義文学同盟（編）『民主文学』（昭和四三年一〇月号）新日本出版社

『山口縣教育史　下巻』山口縣教育會、大正一四年

『渡辺翁記念文化協会沿革史　―創立五十年記念―』財団法人渡辺翁記念文化協会、平成二一年

カバーデザイン　UBE出版

表紙
『現代宇部人物素描』の表紙

裏表紙
『現代宇部人物素描』の裏表紙
絵葉書『宇部名勝』
（宇部市全景其ノ壹〔常盤通り〕）

目次扉
絵葉書『宇部名勝』
（宇部市全景其ノ壹〔常盤通り〕）

『現代宇部人物素描』復刻出版プロジェクト

《会　　長》　堀　雅昭（作家、UBE出版代表）

《相 談 役》　渡邊裕志（渡辺翁記念文化協会理事）
《特別顧問》　紀藤正樹（弁護士）
《実行委員》　河崎　運（宇部市議会議員）
　　　　　　　唐津正一（宇部市議会議員）
《広報部長》　内田多栄（宇部明るい社会づくり運動協議会）
《ITアドバイザー》　齊藤寛和（山口県よろず支援拠点）

復刻版◉「あとがき」

一冊の本の翻刻を試みたのは、今回が初めてである。

原本を一枚一枚デジカメで撮影した画像を活字化した。手間取ったのは旧漢字や旧仮名の翻刻で、これに半年を費やした。

それにしても地方の無名の新聞記者・高村宗次郎の出版に向き合う情熱を、翻刻作業を続けるなかで強く意識したのである。

序文の書かれた昭和一六年五月は大東亜戦争勃発前とはいえ、内閣直属の情報局が「言論統制」を始めていた時期である。

それは本州西端の産炭地でも同じだった。

自由に発表できる媒体がなくなったことで、戦時下を生きた人々の息づかいを残すため、高村は自ら出版に踏み切ったのでは、あるまいか。編集作業を続けるうちに、当時の高村の心情を推察できるようになった。

奇しくも令和五年の現在、出版不況が深刻化し、地方の書店の閉店の連鎖として社会問題化し、紙の本の文化は細る一方である。並行して弱小版元も、多く廃業に追い込まれている。

時代は異なるが、言論文化の衰退は似ているのではないか。その意味では、本書は無名の活字崇敬者だった高村の意志まで、復元した資料になるのかもしれない。

同時に、そんな時代だからこそ、一人でも多くの人に、活字文化の価値と意味を理解して戴きたい気もしている。

活字は文化そのものである。

堀　雅昭

復刻版『現代宇部人物素描』
—戦時下産炭地の開拓者141名の記録—

著者　高村宗次郎
復刻編集　堀雅昭
2023年8月5日　第1版第1刷発行
発行所　UBE出版

〒755-0802
山口県宇部市北条1丁目5－20
TEL　090-8067-9676
印刷・製本　UBE出版印刷部

『現代宇部人物素描』の復刻出版にご協力してくださった企業・団体・個人様（順不同）

リンク総合法律事務所

Link Law Office

LINK LAW OFFICE Kito and Partners since2001

所長 弁護士 ◉ 紀藤正樹

〒102－0083
千代田区麹町4丁目7番地麹町
パークサイドビル3階
TEL 03－3515－6681
FAX 03－3515－6682

明るい 未来を見つめる

コンクリート補修・耐震補強で郷土の保全に奉仕する

UBE 三菱セメント特約店 TOTO 特約店
法面保護資材 交通安全施設資材
公園遊具販売施工

株式會社 東谷（ひがしや）

〒755－0009 山口県宇部市東見初町１番 36 号
TEL 0836－21－1138 FAX 0836－32－5126

新光産業株式会社

代表取締役社長 古谷博司

SHiNKO
Challenge & Innovation

本社：山口県宇部市厚南中央二丁目 1-14
TEL 0836(45)1111 FAX 0836(45)2535

総合フィットネスクラブ

SSS
スポーツプラザ宇部
宇部スイミングスクール

代表取締役社長 新造 剛

宇部市明神町3丁目1番1号（フジグラン宇部併設）
TEL0836-37-0537・FAX0836-33-2828

機能訓練専門 デイサービス
きたえる～む

西宇部 TEL0836-38-8180
上宇部 TEL0836-39-8699

1905年 内田金物店で創業し，鐵を通じて
地域に満足してもらうサービスを提供します

内田鋼機株式会社

代表取締役社長 河音 篤昌

〒755-0027 宇部市港町1丁目8番27号
電 話 0836-21-0161 FAX 0836-31-7922
URL http://www.uchidakouki.com
mail info@uchidakouki.com

創業明治30年

合同会社 河村酒場

宅地部・デリカ部

代表社員 河村尚之
共同代表 河村圭子

kawamura sakaba
河村酒場
創業明治三十年
国産
Yamaguchi Ube

〒755－0073
山口県宇部市中尾1-13-3
TEL 0836－21－3441
FAX 0836－39－9451
携帯 090-1917-4749